L'accento pone in rilievo una sillaba di cui si compone la parola e ne aumenta l'intensità di pronuncia.

La Civiltà Cattolica dà questo nome a una collana che raccoglie in modo tematico la propria riflessione – ininterrotta sin dal 1850 – ponendo l'accento su un tema di attualità o di particolare valore ispirativo.

L'accento cade su una parola chiave proponendo oggi riflessioni del passato, creando connessioni e svelando motivazioni lontane. La nostra speranza: riproporre testi da leggere col senno di poi per capire meglio il presente.

www.laciviltacattolica.it
© 2018 La Civiltà Cattolica, Roma
I edizione - maggio 2018

SOMMARIO

PRESENTAZIONE

Il 14 maggio 2018 ricorreva l'anniversario della fondazione dello Stato di Israele, avvenuta nel 1948 in ottemperanza alla risoluzione delle Nazioni Unite del 29 novembre 1947. Essa stabiliva la nascita, nel territorio della Palestina, ex mandato inglese, di due Stati indipendenti e sovrani: quello ebraico e quello palestinese. Questa risoluzione, a causa dell'opposizione dei Paesi arabi alla cosiddetta «spartizione», non è stata mai attuata.

Nella ricorrenza di tale anniversario, il presidente Donald Trump ha voluto che avvenisse il trasferimento dell'ambasciata degli Stati Uniti – come aveva unilateralmente dichiarato il 6 dicembre 2017 – da Tel Aviv a Gerusalemme. Questa decisione, oltre ad avere un forte significato simbolico, ha anche una grande rilevanza politica, in quanto si oppone all'indirizzo finora seguito su questa delicata materia dalla gran parte della comunità internazionale, in ottemperanza alle varie risoluzioni delle Nazioni Unite, che per Gerusalemme Est intende mantenere per il momento lo *status quo*, in attesa di decisioni concordate.

Il Presidente ha parlato di un «passo necessario dovuto da tempo», che i suoi predecessori non avevano avuto il coraggio di fare. Di fatto, già nel 1995, durante la presidenza di Bill Clinton, il Congresso aveva riconosciuto Gerusalemme come «capitale di Israele». Al tempo stesso, esso dava mandato al Presidente di firmare una «sospensione» giuridica per mantenere l'ambasciata Usa a Tel Aviv.

La decisione di Trump, che pure ha ribadito l'impegno degli Stati Uniti a favore della soluzione dei due Stati e dei negoziati tra le parti, che sono chiamate a dirimere la questione dei confini della giurisdizione di Israele, introduce di fatto un riconoscimento delle decisioni israeliane sancite nella *Basic Law* del 1980, in contraddizione con la posizione delle Nazioni Unite in merito, che avevano disposto, in particolare, il ritiro di tutte le ambasciate dei vari Paesi da Gerusalemme.

Le vicende degli ultimi decenni dimostrano come il problema della «Città santa» e quello riguardante la soluzione del conflitto israelo-palestinese siano strettamente legati e interdipendenti, e questo fatto non può essere ignorato, né tantomeno sottovalutato.

Il passo di Trump di trasferire l'ambasciata, inoltre, ha avuto come risultato non voluto quello di sottoporre nuovamente all'interesse della comunità internazionale e dell'opinione pubblica il problema di Gerusalemme.

Ecco perché *La Civiltà Cattolica* pubblica adesso il secondo volume della collana «Accènti» su Gerusalemme, raccogliendo dall'archivio della rivista quindici saggi tra i tanti pubblicati nel tempo.

Il volume si compone di quattro parti.

* * *

La prima parte si sofferma sulla Città santa, in tensione tra il suo possibile ruolo di capitale e quello di città aperta; e si apre con una riflessione su quale sia la posizione della Santa Sede su Gerusalemme, e come si sia sviluppata nel corso degli ultimi 100 anni. Per la Chiesa, nel secolo scorso sono rimasti costanti due problemi fondamentali: la protezione dei Luoghi Santi cristiani e il libero accesso a essi; e il benessere delle comunità cristiane di Gerusalemme. In tempi recenti, si sono aggiunte due ulteriori preoccupazioni: la promozione della giustizia e della pace e la crescita del dialogo interreligioso. La Santa Sede continua a lavorare instancabilmente per promuovere la sua visione di Gerusalemme come città di pace e luogo dove ebrei, musulmani e cristiani possano vivere insieme ed essere testimoni di un Dio che ama tutti.

Segue un saggio in cui si afferma che la decisione del presidente Trump di riconoscere Gerusalemme come capitale di Israele allontana la possibilità che abbia inizio in tempi brevi un processo di pacificazione tra israeliani e palestinesi, questioni che, come detto, sono legate e interdipendenti. Dello stesso autore è il terzo saggio, il quale afferma che Gerusalemme dovrebbe essere sottoposta a uno «statuto speciale», garantito sotto il profilo internazionale; inoltre, dovrebbe essere una «città aperta», il luogo della comunione e della pace, e non della discordia e della divisione.

Chiude questa prima parte un articolo che ricorda la presenza di un terzo attore nell'intricato rapporto tra israeliani e palestinesi per ciò che concerne la Terra Santa, e in particolare per lo *status* della città di Gerusalemme: la Giordania. Dal 1948, anno di nascita dello Stato di Israele, ad oggi, circa 2.200.000 palestinesi si sono riversati in Giordania. Il re Abdallah II anche di recente si è mosso per placare le tensioni e offrire vie d'uscita. Lo documenta il suo intervento al *World Economic Forum* di Davos alla fine di gennaio, in cui, riecheggiando le parole di papa Francesco, ha parlato di internazionalizzazione dei Luoghi Santi e di Gerusalemme capitale d'Israele e della Palestina.

* * *

La *seconda parte* del volume è dedicata al contesto storico-politico. Si apre con un saggio del p. Antonio Messineo scritto nel 1951. Ci sembra importante riproporlo per dare voce a chi scriveva poco dopo il 9 dicembre 1949, quando l'Assemblea generale delle Nazioni Unite si pronunciava a gran maggioranza di voti a favore della risoluzione riguardante lo statuto speciale di Gerusalemme. L'autore del saggio – guardando con le lenti di allora – vedeva «nubi all'orizzonte ad attenuare gli entusiasmi», e di esse parla estesamente. Quindi evoca la formazione di un «blocco granitico» nella difesa dell'internazionalizzazione di Gerusalemme e dei suoi dintorni.

Seguono tre articoli più vicini all'attualità. Il primo, seguendo lo sviluppo storico-politico, mette a confronto alcune posizioni orientate a risolvere la difficile questione israeliano-palestinese. La soluzione bistatuale (due popoli, due Stati), a partire dalla fine della seconda guerra mondiale e dopo la Risoluzione Onu del 1947, è stata privilegiata dalla comunità internazionale e negli anni scorsi è stata posta come base di partenza nelle trattative tra le due parti. Il raggiungimento di tale obiettivo è ancora ufficialmente lo scopo principale delle politiche sia del Governo di Israele, sia dell'Autorità

Nazionale Palestinese. Va ricordato però che la tesi monostatuale, sostenuta apertamente dai fondamentalisti islamici, in questi ultimi anni ha guadagnato terreno tra alcuni studiosi e osservatori, anche ebrei, della realtà mediorientale. In ogni caso, entrambe le soluzioni appaiono di difficile attuazione.

Quindi si affronta uno degli effetti più disastrosi prodotti dalla guerra arabo-israeliana del 1948-49 e che ha pesato moltissimo nelle trattative tra questi Paesi: il problema dei profughi palestinesi, i quali abbandonarono, alcuni volontariamente altri forzatamente, i loro villaggi o quartieri per sfuggire alla guerra e a volte anche ai massacri, rifugiandosi in Cisgiordania, oppure nei Paesi arabi limitrofi (Libano, Siria, Giordania ed Egitto). Tale «pulizia etnica», voluta e attuata dai vincitori per «liberare» il territorio, non fu mai riconosciuta in sede internazionale come tale, e tantomeno denunciata come crimine contro l'umanità. Eppure ancor oggi il problema dei profughi palestinesi pesa molto sulle trattative di pace e aspetta, con l'aiuto della comunità internazionale, una soluzione condivisa.

Si ricorda quindi la Guerra dei sei giorni del 1967, combattuta tra lo Stato di Israele e i Paesi arabi limitrofi (Egitto, Siria e Giordania). Questo evento è stato vissuto nell'immaginario del mondo arabo come una sconfitta non solo militare, ma anche politica e culturale. Fino all'affermarsi del cosiddetto «Stato Islamico» (2014), la lotta contro il nemico sionista è stata uno dei punti centrali dei programmi dei movimenti islamici radicali.

* * *

La *terza parte* è dedicata alle visite dei Papi in Terra Santa. Si apre con un saggio che ricorda il viaggio di Paolo VI (4-6 gennaio 1964), facendo riferimento all'abbondante letteratura sulla materia e anche alla testimonianza di coloro che vi hanno partecipato. In particolare, si pone in evidenza il significato di tale viaggio nello sviluppo del dialogo tra la Chiesa cattolica e le Chiese ortodosse, nonché sulla ricaduta che ha avuto sul Concilio.

Segue – in due parti – un'ampia riflessione sul pellegrinaggio in Terra Santa compiuto da Giovanni Paolo II (20-26 marzo 2000).

Cogliendo, anche simbolicamente, la rilevanza del pellegrinaggio, lo si ripercorre dalla visita al Monte Nebo fino a Betlemme. Poi, continuando il resoconto, si dà un'informazione dettagliata degli incontri di papa Wojtyla coi cristiani, col mondo politico e religioso dell'ebraismo, e con i capi religiosi musulmani a Gerusalemme. Particolare risalto è dato ad alcuni gesti significativi del Santo Padre, come le visite al Campo dei profughi palestinesi di Deheisheh, alla Memoria dell'Olocausto (Yad Vashem) e al Muro del Pianto.

Il terzo approfondimento è dedicato al «pellegrinaggio di pace» di Benedetto XVI (8-15 maggio 2009). Egli voleva manifestare ai cattolici la vicinanza di tutta la Chiesa e incoraggiarli a non cedere alla tentazione di emigrare in Occidente. Voleva poi chiarire la posizione della Chiesa sui problemi dell'antisemitismo, del negazionismo della Shoah, dei rapporti tra l'ebraismo e il cristianesimo e del dialogo tra cristiani, ebrei e musulmani. Particolarmente importante è stata la visita allo Yad Vashem. Alla comunità palestinese papa Ratzinger ha riconosciuto il diritto di avere, al pari degli ebrei, un proprio Stato entro confini chiari.

Infine si dà conto del viaggio di papa Francesco (24-26 maggio 2014) in occasione del 50° anniversario dell'abbraccio di Paolo VI con il Patriarca Athenagoras a Gerusalemme. Il Pontefice ha abbracciato il Patriarca ecumenico Bartolomeo e ha visitato i Luoghi Santi. Tutto il viaggio si è svolto all'insegna del ritorno alle origini del cristianesimo e della ricerca della pace in una regione travagliata da decenni di guerre e conflitti. Durante la sua visita, Francesco ha invitato il presidente israeliano Peres e il presidente palestinese Abbas per un incontro di preghiera per la pace da tenersi in Vaticano, che poi è effettivamente avvenuto l'8 giugno 2014, con una cerimonia di alto valore simbolico.

***

La *quarta parte* del volume è un approfondimento storico e archeologico sulla città di Gerusalemme con due fuochi.

Il primo *focus* riguarda il Tempio di Gerusalemme, che è stato distrutto due volte: quello di Salomone da Nabucodònosor nel 587 a. C., e il secondo, ricostruito dopo l'esilio, da Tito nel 70 d. C. Nei

Vangeli, Gesù ne annuncia la distruzione: in Giovanni in occasione della «purificazione» del Tempio, e nei Sinottici nel discorso apocalittico. Gesù si riferisce forse alla prima distruzione; ma quando i Vangeli furono redatti anche la seconda era già avvenuta, e i discepoli, che subivano le persecuzioni e avevano l'esperienza della Risurrezione, potevano comprendere in modo nuovo la profezia, vedendo in essa un annuncio misteriosamente salvifico.

Il secondo *focus* riguarda le chiese di epoca bizantina a Gerusalemme e a sud di Cafarnao. Esse sono state costruite sui luoghi che ricordano la vita di Gesù, la sua predicazione, i suoi miracoli e la sua morte e risurrezione. La «Sinagoga bianca», in particolare, contiene riferimenti al Tempio di Gerusalemme per le caratteristiche architettoniche che la contraddistinguono.

* * *

Consegnando nelle mani dei lettori questo volume su Gerusalemme sappiamo di farlo in un momento in cui l'attualità si fa bruciante. A partire dagli ultimi avvenimenti, presentiamo riflessioni del recente passato con la speranza che aiutino ad amare la Città santa, a pensarla come «città aperta» e a comprendere meglio le grandi sfide del tempo presente nella speranza che, come ha detto papa Francesco in un appello del 6 dicembre 2017, «prevalgano saggezza e prudenza, per evitare di aggiungere nuovi elementi di tensione in un panorama mondiale già convulso e segnato da tanti e crudeli conflitti».

Antonio Spadaro S.I.
direttore de «La Civiltà Cattolica»

LA CITTÀ SANTA: CAPITALE O CITTÀ APERTA?

LA CHIESA CATTOLICA E LA CITTÀ SANTA

David Neuhaus S.I.

Poche ore prima che il presidente statunitense Donald Trump affermasse che il suo governo riconosce Gerusalemme come «la capitale di Israele»[1], papa Francesco aveva parlato di Gerusalemme durante l'udienza generale di mercoledì 6 dicembre 2017. Il Papa ha detto: «Non posso tacere la mia profonda preoccupazione per la situazione che si è creata negli ultimi giorni e, nello stesso tempo, non rivolgere un accorato appello affinché sia impegno di tutti rispettare lo *status quo* della città, in conformità con le pertinenti Risoluzioni delle Nazioni Unite». Ha rimarcato che «Gerusalemme è una città unica, sacra per gli ebrei, i cristiani e i musulmani, che in essa venerano i Luoghi Santi delle rispettive religioni, ed ha una vocazione speciale alla pace. Prego il Signore che tale identità sia preservata e rafforzata a beneficio della Terra Santa, del Medio Oriente e del mondo intero e che prevalgano saggezza e prudenza, per evitare di aggiungere nuovi elementi di tensione in un panorama mondiale già convulso e segnato da tanti e crudeli conflitti»[2].

Come si è sviluppata la posizione della Santa Sede su Gerusalemme nel corso degli ultimi cento anni?

La posizione della Santa Sede su Gerusalemme

Per gli ebrei, i cristiani e i musulmani, Gerusalemme è qualcosa di più che una mera connotazione geografica o una realtà socio-

1. Ricordiamo che il 21 dicembre 2017 l'Assemblea Generale dell'Onu ha approvato la risoluzione presentata da Yemen e Turchia che condanna il riconoscimento di Gerusalemme come capitale di Israele da parte degli Stati Uniti. La risoluzione è passata con 128 voti a favore, 9 contrari (compresi Stati Uniti e Israele) e 35 astenuti.
2. Francesco, *Udienza generale*, 6 dicembre 2017, in w2vatican.va

© La Civiltà Cattolica 2018 I 80-23 | 4021 (6/20 gennaio 2018)

politica. Essa è uno spazio sacro, dove la rivelazione di Dio da parte di Dio stesso si è sviluppata nel corso delle generazioni. In quanto diretta progenie dell'antico Israele, ebraismo, cristianesimo e islam guardano tutti a Gerusalemme, venerando amorosamente i Luoghi Santi che si trovano entro il perimetro della città, ma al tempo stesso vegliando con zelo affinché i fedeli di altre religioni non oltrepassino i confini invisibili stabiliti dalla tradizione e dalla storia. Nel corso dei secoli, cristiani, musulmani ed ebrei si sono tutti avvicendati nel controllo della città, eppure la vocazione di Gerusalemme in quanto «città di pace» deve ancora tradursi in realtà.

La Chiesa cattolica guarda a Gerusalemme con amore e sollecitudine. Nel 1984 Giovanni Paolo II ha dedicato a Gerusalemme la sua lettera apostolica *Redemptionis anno*, in cui ha espresso la profondità del legame con quella città: «A essa i cristiani guardano con religiosa e gelosa affezione, perché là tante volte è risuonata la parola di Cristo, là si sono svolti i grandi eventi della redenzione, cioè la passione, morte e risurrezione del Signore. A Gerusalemme è sorta la prima comunità cristiana e vi si è mantenuta nei secoli, anche in mezzo a difficoltà, una presenza ecclesiale continua. Per gli ebrei essa è oggetto di vivo amore e di perenne richiamo, ricca di numerose impronte e memorie, fin dal tempo di David che la scelse come capitale e di Salomone che vi edificò il tempio. Da allora essi guardano, si può dire, ogni giorno ad essa e la indicano come simbolo della loro nazione. Anche i musulmani chiamano Gerusalemme "la Santa" con un profondo attaccamento che risale alle origini dell'Islam ed è motivato da luoghi privilegiati di pellegrinaggio e da una presenza più che millenaria e quasi ininterrotta»[3].

La questione di Gerusalemme è anche una questione politica e, sebbene la Santa Sede non veda se stessa come una realtà politica, ponendosi al di fuori delle «competizioni temporali» e mantenendosi neutrale, si riserva d'altra parte «di far valere la sua potestà morale e spirituale»[4]. Inoltre, la Chiesa propone ai fedeli cattolici precisi orientamenti riguardo al coinvolgimento politico, convocando i cristiani affinché «con l'aiuto di Cristo, autore della pace, collaborino con tutti per stabilire tra gli uomini una pace fondata

---

3. Giovanni Paolo II, s., *Redemptionis anno*, 20 aprile 1984, in w2.vatican.va
4. *Trattato fra la Santa Sede e l'Italia*, 11 febbraio 1929, art. 24.

sulla giustizia e sull'amore e per apprestare i mezzi necessari per il suo raggiungimento» (*Gaudium et spes*, n. 77).

Nel secolo passato, i Romani Pontefici hanno ripetutamente espresso la loro preoccupazione per Gerusalemme. Le modalità prospettate per il conseguimento di questo obiettivo si sono modificate nella misura in cui è cambiata la realtà politica, e le preoccupazioni della Chiesa si sono ampliate di conseguenza. In primo luogo, riguardo a Gerusalemme sono rimasti costanti due problemi fondamentali: *1)* la protezione dei Luoghi Santi cristiani e il libero accesso a essi; *2)* il benessere delle comunità cristiane di Gerusalemme.

In tempi recenti, sono state formulate due ulteriori preoccupazioni, così come è stato evidenziato un contesto in cui si esprime la posizione della Chiesa su Gerusalemme: *1)* la promozione della giustizia e della pace; *2)* la crescita del dialogo interreligioso.

La Santa Sede auspica una soluzione negoziata che sia frutto di un dialogo tra israeliani e palestinesi, con il coinvolgimento di tutte le parti interessare e della comunità internazionale. In questo senso nel secolo scorso, possiamo ravvisare due diverse proposte per Gerusalemme: *1)* la città come un *corpus separatum*; *2)* la città dotata di «statuto speciale internazionalmente garantito».

Dal 1917 al 1962

Il 10 dicembre 1917 gli inglesi conquistarono Gerusalemme. Qualche settimana prima il governo britannico aveva diffuso la Dichiarazione Balfour, che prometteva «la costituzione in Palestina di un focolare nazionale per il popolo ebraico». Papa Benedetto XV, per quanto avesse accolto con favore il ritorno in mani cristiane di Gerusalemme e dei Luoghi Santi[5], espresse la preoccupazione che l'arrivo di un gran numero di ebrei avrebbe potuto peggiorare le condizioni delle comunità cristiane e finanche estrometterle[6].

Nel suo primo discorso ai cardinali, il successore di Benedetto XV, papa Pio XI, fece sua la preoccupazione del predecessore riguardo al fatto che i diritti dei fedeli cattolici a Gerusalemme potes-

---

5.   Cfr BENEDETTO XV, *Allocuzione ai cardinali «Antequam ordinem»*, 10 marzo 1919, in w2.vatican.va

6.   Cfr ID., *Discorso ai cardinali riuniti in Concistoro*, 13 giugno 1921, ivi.

sero essere compromessi dal cambiamento delle condizioni di ebrei, musulmani e non cattolici[7].

La Santa Sede, sebbene non fosse stata invitata a partecipare alla definizione del mandato britannico per la Palestina da parte della Società delle Nazioni, formulò la propria posizione al riguardo in termini espliciti e fece appello al governo francese affinché portasse tale posizione all'attenzione dei responsabili del processo decisionale. Il Segretario di Stato, card. Gasparri, scrisse al Segretario generale della Società delle Nazioni che, quantunque la Santa Sede non avesse obiezioni al conferimento del mandato britannico sulla Palestina, nutriva tuttavia forti riserve circa il cambiamento implicito che ciò apportava allo statuto degli ebrei. L'art. 4 del mandato prevedeva il coinvolgimento di una «appropriata agenzia ebraica» nella «creazione del focolare nazionale ebraico» e nell'evoluzione del Paese. Gasparri, pur sottolineando che «la Santa Sede non si oppone al fatto che gli ebrei abbiano in Palestina diritti civili uguali a quelli che hanno altre nazioni e altre confessioni», faceva presente come non fosse invece accettabile che agli ebrei venisse concessa una posizione privilegiata[8].

Nei trent'anni successivi alla Prima guerra mondiale la Chiesa continuò a insistere sulla protezione dei Luoghi Santi e delle comunità cristiane. Il modo più efficace per proteggere Gerusalemme, secondo la Santa Sede, era garantire lo statuto internazionale della città. In quegli anni l'idea di un *corpus separatum* (corpo separato), divenne la base della visione della Chiesa riguardo a Gerusalemme, in quanto città che fosse una casa sicura per i cristiani, accessibile a tutti e sottratta all'area del conflitto territoriale. La Santa Sede non si limitò a esprimere chiaramente questa visione, ma cominciò anche a fare pressioni attive in favore dell'idea, in particolare presso la Società delle Nazioni e successivamente alle Nazioni Unite.

Evitando di prendere posizione sul sionismo o sul nazionalismo palestinese, la Chiesa insisteva sul fatto che il mandato non poteva essere usato come un mezzo per cambiare il carattere della Città santa. Anche il piano di spartizione delle Nazioni Unite del 1947 propose un

---

7. Cfr Pio XI, *Allocuzione concistoriale «Vehementer gratum»*, 11 dicembre 1922, ivi.

8. Cfr S. Minerbi, *Il Vaticano, la Terra Santa e il sionismo*, Milano, Bompiani, 1988, 37 s.

corpus separatum per Gerusalemme e Betlemme, sotto la giurisdizione delle Nazioni Unite. Nella parte III della Risoluzione 181 (1947), l'Onu disponeva: «La città di Gerusalemme sarà costituita in *corpus separatum* sotto uno speciale regime internazionale e sarà amministrata dalle Nazioni Unite. Il Consiglio di Amministrazione Fiduciaria sarà nominato per adempiere le responsabilità dell'Autorità Amministratrice per conto dalle Nazioni Unite»[9]. La Risoluzione proponeva che questa disposizione fosse riesaminata dopo un periodo di dieci anni. La Risoluzione 181 è definitoria per il diritto internazionale e resta fondamentale per la discussione dello *status* di Gerusalemme.

Davanti al crescere della violenza in Palestina, Pio XII dedicò il mese di maggio 1948 alla speciale intercessione per la Palestina, pregando affinché «trionfino felicemente la concordia e la pace»[10], ma con scarso esito. Durante e dopo la guerra del 1948, Pio XII, profondamente addolorato per la guerra e per le sofferenze umane da essa causate, espresse anche il proprio sdegno davanti alla profanazione delle chiese e di altre istituzioni cattoliche. Delineò l'idea che a Gerusalemme venisse garantito uno statuto che la mantenesse estranea al conflitto in corso tra il neonato Stato di Israele e i suoi vicini arabi.

L'enciclica *In multiplicibus curis* era interamente dedicata alla questione della guerra in Terra Santa. Al termine di quell'Enciclica, il Papa insisteva sulla sua «persuasione dell'opportunità di dare a Gerusalemme e dintorni, ove si trovano tanti e così preziosi ricordi della vita e della morte del Salvatore, un carattere internazionale che, nelle presenti circostanze, sembra meglio garantire la tutela dei santuari»[11].

Pochi mesi più tardi, dopo la fine della Prima guerra arabo-israeliana, Pio XII scriveva che era ormai «assai opportuno che per Gerusalemme e per i suoi dintorni – là dove si trovano i venerandi monumenti della vita e della morte del divin Redentore – sia stabilito un regime internazionale, che nelle attuali circostanze sembra il più adatto per la tutela di questi sacri monumenti»[12]. Esortava i cattolici di tutto il mondo ad «adoperarsi con ogni mezzo legale affinché i loro

---

9. UNITED NATIONS. GENERAL ASSEMBLY, *Resolution 181*, 29 novembre 1947, in unipd-centrodirittiumani.it (traduzione nostra).

10. PIO XII, Enciclica *Auspicia quaedam*, 1 maggio 1948, in w2.vatican.va

11. ID., Enciclica *In multiplicibus curis*, 24 ottobre 1948, ivi.

12. ID., Enciclica *Redemptoris nostri*, 15 aprile 1959, ivi.

governanti e tutti coloro ai quali spetta la decisione di così importante problema si persuadano a dare alla città santa e ai suoi dintorni una conveniente situazione giuridica, la cui stabilità, nelle presenti circostanze, può essere assicurata e garantita soltanto da una comune intesa delle nazioni amanti della pace e rispettose dei diritti altrui».

La Santa Sede non stabilì relazioni diplomatiche con Israele o con la Giordania dopo l'armistizio del gennaio 1949. Tuttavia la Delegazione apostolica a Gerusalemme (stabilita come rappresentanza della Santa Sede in Gerusalemme e Palestina l'11 febbraio del 1948) e le autorità e comunità religiose della Chiesa locale tennero al corrente la Santa Sede di ciò che accadeva sul territorio, e Pio XII continuò a protestare per la situazione disperata dei profughi, sfollati a causa della guerra, nonché per la profanazione di vari luoghi sacri.

L'idea del *corpus separatum* per Gerusalemme venne inserita nella Risoluzione 303 delle Nazioni Unite del dicembre 1949, ma Israele e la Giordania la respinsero, perché entrambi quegli Stati si erano annessi parti della Gerusalemme divisa nelle zone che si trovavano sotto la loro piena giurisdizione. La Comunità internazionale non ha mai riconosciuto la validità di tali annessioni, e ne è prova la permanenza, nella città, di consoli generali di vari Paesi, quali Francia, Spagna, Italia, Belgio, Grecia, Turchia, Regno Unito e Stati Uniti d'America.

Dal 1962 al 1992

La convocazione del Concilio Vaticano II nel 1962 da parte di Giovanni XXIII sarebbe stata un punto di svolta nella storia della Chiesa. La promozione delle relazioni ecumeniche con ortodossi e protestanti, l'instaurazione del dialogo con gli ebrei e i musulmani e l'appello al dialogo con il mondo moderno avrebbero influito sulla maniera in cui la Chiesa formulava la sua posizione su Gerusalemme.

Al termine della seconda sessione del Concilio, Paolo VI, successore di Giovanni XXIII, annunciò che avrebbe visitato la Terra Santa: sarebbe stato il primo viaggio estero di un Papa nell'era contemporanea. Il viaggio venne inteso come un ritorno alle radici della Chiesa. Senza menzionare esplicitamente per nome Israele o la Giordania, Paolo VI spiegò che quel pellegrinaggio, motivato dalla devozione, aveva anche l'intenzione di «implorare la divina misericordia in favore della pace»[13]. Il più importante incontro a Gerusalemme non avvenne con le autorità politiche, con gli ebrei o con i musulmani, con gli israeliani o con gli arabi, ma con i Patriarchi greci ortodossi di Costantinopoli e di Gerusalemme, Atenagora e Benedictos: un simbolo duraturo del desiderio dell'unità cristiana.

Tre anni più tardi, allo scoppio della guerra del 1967, Paolo VI rinnovò questo auspicio: «È infatti di sommo interesse per tutti i discendenti della stirpe spirituale di Abramo, ebrei, musulmani, cristiani, che Gerusalemme sia dichiarata città aperta, e, sgombra di ogni operazione militare, rimanga immune dalle causalità belliche, che già la colpiscono»[14]. Aggiunse che a Gerusalemme doveva essere risparmiato «il regime di guerra» e che «resti la santa città rifugio agli inermi ed ai feriti, simbolo per tutti di speranza e di pace». La nuova situazione creatasi dopo la guerra venne vista come un colpo ulteriore ai tentativi di lasciare Gerusalemme al di fuori del conflitto.

Dopo la guerra del 1967 e la conquista di Gerusalemme est da parte degli israeliani, nella formulazione della posizione della Santa Sede si può percepire una leggera modifica. Non si insiste più sul *corpus separatum*, ossia sull'internazionalizzazione di Gerusalemme in quanto ai confini territoriali: la Santa Sede inizia invece a promuovere uno statuto speciale per i Luoghi Santi e le comunità religiose con garanzie internazionali, allo scopo di proteggerli dal conflitto in corso.

Alla fine del 1967, in un discorso rivolto al Sacro Collegio, Paolo VI descriveva la visione della Santa Sede sulla necessità di un regime internazionale capace di garantire «la libertà di culto, il rispetto, la conservazione, l'accesso ai Luoghi Santi», tenendo conto della «fisionomia storica e religiosa di Gerusalemme»[15]. La richiesta di un regime speciale per i Luoghi Santi si associava alla preoccupazione per il benessere delle comunità cristiane che vivevano in quella città. Il Papa insisteva sul «libero godimento dei diritti religiosi e civili, che legittimamente spettano alle persone, alle sedi, alle attività di tutte le comunità».

Dopo il Concilio Vaticano II emergono altri piccoli cambiamenti nel discorso cattolico riguardo a Gerusalemme. La Santa Sede non

---

13. Paolo VI, *Allocuzione alla Solenne chiusura della II Sessione del Concilio*, 4 dicembre 1963, ivi.

14. Id., *Udienza generale*, 7 giugno 1967, ivi.

15. Id., *Discorso al Sacro Collegio e alla Prelatura romana*, 22 dicembre 1967, ivi.

era più interessata unicamente ai Luoghi Santi cristiani e alle comunità cristiane, ma anche alle questioni della giustizia, della pace e del dialogo con ebrei e musulmani. Nell'agosto 1969, Paolo VI «deplorava vivamente» l'attentato contro la Moschea di Al Aqsa a Gerusalemme[16]. Alcuni anni dopo, in un discorso al Sacro Collegio. Alcuni anni dopo, il Papa sottolineava «il dovere, più ancora che il diritto, che a noi incombe di adoperarci perché ogni eventuale risoluzione toccante lo stato di Gerusalemme e dei Luoghi Santi [...] risponda alle esigenze del particolare carattere di quella Città, unica al mondo, e ai diritti e alle legittime aspirazioni degli appartenenti alle tre grandi religioni monoteistiche che hanno, nella Terra Santa, Santuari fra i più preziosi e cari al loro cuore»[17].

Il pontificato di Paolo VI ha visto una crescente accettazione della realtà dello Stato di Israele (papa Montini ha ricevuto molti dirigenti politici israeliani, pur in assenza di relazioni diplomatiche con Israele) e un riconoscimento del fatto che i palestinesi erano un popolo, con il diritto ad avere una patria in Palestina (i palestinesi non erano più designati come «profughi», bensì come «popolo»).

Il successore di Paolo VI, Giovanni Paolo II, ha promosso la nuova visione delle relazioni con gli ebrei e con i musulmani: un dialogo fraterno, che a sua volta conteneva implicazioni per la posizione su Gerusalemme. Tuttavia la Santa Sede ha continuato a insistere su uno statuto speciale di Gerusalemme, ed è stato questo il messaggio che Giovanni Paolo II ha portato alle Nazioni Unite nel 1979: «Auspico inoltre uno statuto speciale che, sotto garanzie internazionali – come ebbe ad indicare il mio Predecessore Paolo VI – assicuri il rispetto della particolare natura di Gerusalemme, patrimonio sacro alla venerazione di milioni di credenti delle tre grandi Religioni monoteistiche, l'Ebraismo, il Cristianesimo e l'Islam»[18].

Nel 1979, l'arcivescovo Cheli, Osservatore permanente della Santa Sede presso le Nazioni Unite, espresse una dichiarazione dettagliata su Gerusalemme: «Su questo argomento la Santa Sede si sforza di tenersi in contatto non soltanto con le autorità religiose delle varie Chiese cristiane, ma anche con i principali leader dell'islam e

---

16. Cfr Id., *Angelus*, 31 agosto 1969, ivi.
17. Id., *Discorso al Sacro Collegio*, 21 dicembre 1973, ivi.
18. Id., *Discorso all'Assemblea Generale delle Nazioni Unite*, 2 ottobre 1979, ivi.

dell'ebraismo» (Dichiarazione, 3 dicembre 1979). Aggiungeva che «qualunque soluzione si possa trovare alla questione della sovranità di Gerusalemme (non esclusa l'ipotesi dell'"internazionalizzazione" della città), essa deve assicurare la garanzia e la salvaguardia dei requisiti e, allo stesso tempo, la comunità internazionale dovrebbe fare da garante degli interessi che coinvolgono numerosi e diversi popoli».

La Santa Sede insisteva su una soluzione che consentisse di garantire una giustizia raggiunta con mezzi pacifici. Secondo la Santa Sede, lo «statuto speciale internazionalmente garantito per Gerusalemme» doveva includere:

– la parità tra le comunità religiose, la libertà di culto, l'accesso ai Luoghi Santi, la tutela dei diritti e la salvaguardia del patrimonio storico e urbano della città;

– uguale godimento dei diritti per tutte le comunità religiose, garantendo la promozione della vita spirituale, culturale, civile e sociale.

Alla luce di questo, non sorprende che la Santa Sede, in accordo con la maggior parte della comunità internazionale, abbia disapprovato con fermezza l'annessione di Gerusalemme est nel 1980 e la proclamazione della città come «capitale indivisibile ed eterna di Israele».

Nel 1984, nella sua lettera apostolica su Gerusalemme, Giovanni Paolo II rievocò il pellegrinaggio di Paolo VI del 1964 ed espresse il proprio desiderio di andare a sua volta in quei luoghi, affermando: «In effetti, è doveroso che si trovi, con buona volontà e lungimiranza, un modo concreto e giusto con cui i diversi interessi e aspirazioni siano composti in forma armonica e stabile e siano tutelati in maniera adeguata ed efficace da uno speciale statuto internazionalmente garantito, così che una parte o l'altra non possa rimetterlo in discrimine». Rimarcando la richiesta che gli israeliani potessero vivere in sicurezza e che ai palestinesi potesse essere concessa una patria, scrisse: «Sono convinto che la mancata ricerca di una soluzione adeguata della questione di Gerusalemme, così come un rassegnato rinvio del problema, non fanno che compromettere ulteriormente l'auspicabile composizione pacifica ed equa della crisi di tutto il Medio Oriente»[19]. Questa Lettera, particolarmente sensibile nei confronti di ebrei e musulma-

19. ID., *Redemptionis anno*, cit.

ni, israeliani e palestinesi, insisteva sul fatto che a Gerusalemme fosse consentito di realizzare la propria vocazione spirituale e universale.

Dal 1992 a oggi

Un'ulteriore sottile modifica nella natura della discussione è stata dovuta all'avvio dei negoziati che dal 1992 la Santa Sede ha intrattenuto sia con Israele, sia con l'Organizzazione per la liberazione della Palestina, alla luce dell'inizio dei negoziati tra gli israeliani e le autorità palestinesi. Benché sostenesse che la propria posizione su Gerusalemme non era cambiata, nel discorso della Santa Sede era venuto alla luce un elemento nuovo: incoraggiare trattative dirette tra israeliani e palestinesi e accettare il fatto che sarebbero state quelle trattative che, alla fine, avrebbero deciso il destino territoriale di Gerusalemme, senza cessare in alcun modo di insistere sulla necessità che venissero stabilite garanzie internazionali per la sicurezza e il benessere sia dei Luoghi Santi sia delle comunità che rendevano culto in essi.

La firma dell'Accordo fondamentale tra la Santa Sede e lo Stato di Israele, nel 1993, ha sollevato molte polemiche rispetto a cambi eventuali e imminenti nella posizione della Santa Sede su Gerusalemme, sebbene nell'accordo non si facesse menzione di Gerusalemme; la Santa Sede insisteva sul fatto che non vi era stato alcun cambio di posizione. In una sintesi delle posizioni della Santa Sede su Gerusalemme, pubblicata dalla Segreteria di Stato nel maggio 1996, la Santa Sede, mantenendo la propria neutralità, sottolineava il suo «diritto a esercitare il proprio magistero morale e spirituale». Infatti, la Santa Sede non entra in merito alla questione dei territori disputati o delle frontiere non definite, oggetto di negoziati tra le parti, ma ha il dovere e il diritto di esprimere il proprio giudizio in merito alla dimensione religiosa della Città santa, che richiede la tutela di garanzie internazionali.

La posizione della Santa Sede veniva riassunta nei seguenti termini: «La parte della città occupata militarmente nel 1967 e, successivamente, annessa e dichiarata capitale d'Israele, è un territorio occupato e tutte le misure israeliane che vanno al di là del potere di un belligerante occupante, secondo la legge internazionale, sono di conseguenza da considerare nulle e insussistenti». La dichiarazione riconosceva inoltre che l'interesse della Santa Sede per Gerusalemme andava al di là delle questioni territoriali e toccava una dimensione religiosa; asseriva che la politica della Santa Sede aveva dapprima supportato il *corpus separatum* e quindi era pervenuta all'appello per uno «statuto speciale internazionalmente garantito».

Citando ampiamente la lettera apostolica di Giovanni Paolo II su Gerusalemme, la dichiarazione spiegava che la Santa Sede era saldamente convinta che «certe rivendicazioni unilaterali, in nome dell'una o dell'altra religione, o in nome di precedenze storiche o ancora di preponderanze numeriche, non sono accettabili». Salvaguardare l'identità di Gerusalemme significa che «devono essere preservate le caratteristiche storiche e materiali della città, le sue caratteristiche religiose e culturali».

La dichiarazione metteva inoltre in chiaro come tutto ciò non doveva essere inteso come applicabile soltanto ai Luoghi Santi, bensì anche alle comunità che vivono intorno a questi siti. Circa i colloqui di pace di Oslo, la dichiarazione citava l'appello del Papa alla comunità internazionale, teso a offrire «ai partner politici più direttamente coinvolti in questo problema gli strumenti giuridici e diplomatici atti a garantire che Gerusalemme, unica e santa, sia veramente un "crocevia di pace"»[20].

Nel novembre 1997 venne firmato l'Accordo bilaterale sulla personalità giuridica tra Stato di Israele e Santa Sede, al fine di facilitare il riconoscimento della vita istituzionale della Chiesa. Sebbene Gerusalemme non fosse menzionata nel testo dell'accordo, nacque una controversia perché la lista delle istituzioni allegata al documento includeva quelle di Gerusalemme est, territorio occupato dopo la guerra del 1967. Ciò incideva direttamente sulla definizione della sovranità di Gerusalemme. A questo proposito, la Santa Sede insisteva sul fatto che, nel rispetto del diritto internazionale, era stata posta una distinzione tra la parte di Gerusalemme facente parte dello Stato di Israele e la parte di Gerusalemme occupata da Israele durante il conflitto del 1967. Nell'Accordo con Israele, la Santa Sede, pur accettando che Israele amministrasse i territori che erano stati occupati, non li considerava parte dello Stato di Israele.

---

20. *Il negoziato su Gerusalemme*, in www.peacelink.it/cd/a/17479.html

L'allora arcivescovo Tauran, segretario per i rapporti con gli Stati nella Segreteria di Stato, in una conferenza del 1998 a Gerusalemme ha spiegato come la Santa Sede vedesse le interrelazioni tra le rivendicazioni politiche sulla città e la sua vocazione religiosa universale: «Non vi è nulla che impedisca a Gerusalemme, nella sua unità e unicità, di diventare il simbolo e la capitale nazionale di entrambi i popoli che la considerano la loro capitale. Ma, se Gerusalemme è sacra per gli ebrei, per i cristiani e per i musulmani, è dunque sacra anche per molte persone di ogni parte del mondo che guardano a essa come alla loro capitale spirituale» (Discorso, 26 ottobre 1998). Mons. Tauran insisteva sul fatto che «l'intera comunità internazionale è responsabile dell'unicità e della sacralità di questa città incomparabile».

La firma dell'Accordo fondamentale tra la Santa Sede e l'Olp, nel febbraio 2000, tornava a focalizzare l'attenzione su Gerusalemme. Il prologo dell'Accordo parlava ampiamente di questa città: «Sostenendo che una giusta soluzione della questione di Gerusalemme, basata su risoluzioni internazionali, è fondamentale per un'equa e durevole pace nel Medio Oriente, e che le decisioni unilaterali e le azioni che alterano lo specifico carattere e lo *status* di Gerusalemme sono moralmente e legalmente inaccettabili. Auspicando, infine, uno speciale statuto per Gerusalemme, internazionalmente garantito, che possa salvaguardare i seguenti profili: *a)* La libertà di religione e di coscienza riconosciuta a tutti. *b)* L'uguaglianza di fronte alla legge delle tre religioni monoteiste e delle loro istituzioni e fedeli nella Città. *c)* La specifica identità e il carattere sacro della Città e del suo significato universale, il suo patrimonio religioso e culturale. *d)* I Luoghi Santi, la libertà di accedervi e di praticarvi il culto. *e)* Il regime di *status quo* in quei Luoghi Santi dove già vige»[21].

Le relazioni diplomatiche stabilite sia con Israele sia con la Palestina hanno spianato la strada a tre visite papali a Gerusalemme. Durante queste visite, i Pontefici hanno potuto attirare l'attenzione sull'identità e sulla vocazione di Gerusalemme. Giovanni Paolo II, in un incontro interreligioso a Gerusalemme nel marzo 2000, ha

---

21. *Accordo fondamentale tra la Santa Sede e l'Organizzazione di Liberazione della Palestina*, in www.vatican.va

detto: «Per tutti noi *Gerusalemme, come indica il nome, è la "Città della Pace"*. Forse nessun altro luogo al mondo trasmette il senso di trascendenza e di elezione divina che percepiamo nelle sue pietre, nei suoi monumenti e nella testimonianza delle tre religioni che vivono una accanto all'altra entro le sue mura»[22].

Benedetto XVI, che si è recato in visita a Gerusalemme nel maggio 2009, ha messo in primo piano l'identità e la vocazione dei cristiani locali e, nella Messa celebrata ai piedi del Monte degli Ulivi, ha detto: «Gerusalemme in realtà è sempre stata una città nelle cui vie risuonano lingue diverse, le cui pietre sono calpestate da popoli di ogni razza e lingua, le cui mura sono un simbolo della provvida cura di Dio per l'intera famiglia umana. Come un microcosmo del nostro mondo globalizzato, questa Città, se deve vivere la sua vocazione universale, deve essere un luogo che insegna l'universalità, il rispetto per gli altri, il dialogo e la vicendevole comprensione; un luogo dove il pregiudizio, l'ignoranza e la paura che li alimenta, siano superati dall'onestà, dall'integrità e dalla ricerca della pace. Non dovrebbe esservi posto tra queste mura per la chiusura, la discriminazione, la violenza e l'ingiustizia»[23].

Nel maggio 2014 papa Francesco è stato il quarto Papa dei tempi moderni a recarsi a Gerusalemme. Durante la sua visita al presidente israeliano, ha detto: «Sono lieto di poterLa nuovamente incontrare qui a Gerusalemme, città che custodisce i Luoghi Santi cari alle tre grandi religioni che adorano il Dio che chiamò Abramo. I Luoghi Santi non sono musei o monumenti per turisti, ma luoghi dove le comunità dei credenti vivono la loro fede, la loro cultura, le loro iniziative caritative. Perciò vanno perpetuamente salvaguardati nella loro sacralità, tutelando così non solo l'eredità del passato ma anche le persone che li frequentano oggi e li frequenteranno in futuro»[24].

Sul volo di rientro a Roma, il Papa ha commentato le varie proposte per risolvere la questione di Gerusalemme, e ha affermato in modo chiaro che a risolvere lo *status* di Gerusalemme dovrebbero essere i

---

22. GIOVANNI PAOLO II, s., *Discorso in occasione dell'Incontro inter-religioso al Pontificio Istituto «Notre Dame» di Gerusalemme*, 23 marzo 2000, ivi.
23. BENEDETTO XVI, *Omelia*, 12 maggio 2009, ivi.
24. FRANCESCO, *Discorso nella visita di cortesia al Presidente dello Stato di Israele*, 26 maggio 2014, ivi.

negoziati tra israeliani e palestinesi: «La Chiesa cattolica [...] ha la sua posizione dal punto di vista religioso: sarà la Città della pace delle tre religioni. [...] Le misure concrete per la pace devono uscire dal negoziato. [...] Ma credo che si debba entrare con onestà, fratellanza, mutua fiducia sulla strada del negoziato. E lì si negozia tutto: tutto il territorio, anche i rapporti. Serve coraggio, per fare questo, e io prego tanto il Signore perché questi due leader, questi due governi abbiano il coraggio di andare avanti. Questa è l'unica strada per la pace. Soltanto dico quello che la Chiesa deve dire e ha detto sempre: Gerusalemme, che sia custodita come capitale delle tre religioni, come riferimento, come una città di pace»[25].

La Santa Sede ha concluso un Accordo Globale con lo Stato di Palestina, firmato il 26 giugno 2015. Vi si richiede una «soluzione equa del problema di Gerusalemme, basata sulle risoluzioni internazionali», e si afferma che «le decisioni e le azioni unilaterali tese ad alterare il carattere specifico e lo *status* di Gerusalemme sono moralmente e giuridicamente inaccettabili».

Dopo venticinque anni di negoziati, in un prossimo futuro verrà sottoscritto un accordo finale con lo Stato di Israele. Purtroppo le trattative tra israeliani e palestinesi non hanno ancora portato a una pace duratura, e Gerusalemme resta tuttora un'arena del conflitto in corso. La Santa Sede insiste nella propria neutralità riguardo alle rivendicazioni territoriali, con disappunto dei palestinesi, e nel proprio rigoroso rispetto delle definizioni del diritto internazionale e delle risoluzioni delle Nazioni Unite, con disappunto degli israeliani. Considera proprio il ruolo di preservare la dimensione di Gerusalemme come Città santa, dove convergono tre religioni e dove ha le sue origini il cristianesimo: una dimensione troppo spesso messa ai margini nel conflitto nazionale tra israeliani e palestinesi. Indubbiamente la Santa Sede continua a lavorare instancabilmente per promuovere la sua visione di Gerusalemme come città di pace e luogo dove ebrei, musulmani e cristiani possano vivere insieme ed essere testimoni di un Dio che ama tutti, chiamati a fare di Gerusalemme un luogo dove si venera il nome di Dio.

---

25. ID., *Conferenza stampa durante il volo di ritorno dalla Terra Santa*, 26 maggio 2014, ivi.

LA QUESTIONE DI GERUSALEMME CAPITALE

Giovanni Sale S.I.

La dichiarazione di Trump su Gerusalemme

Il 6 dicembre 2017 il presidente degli Stati Uniti, Donald Trump, ha riconosciuto ufficialmente Gerusalemme come capitale di Israele, dichiarando anche che vi avrebbe trasferito appena possibile l'ambasciata americana. Il Presidente ha annunciato questa decisione come un «passo necessario dovuto da tempo» e che i suoi predecessori non avevano avuto il coraggio di fare. Di fatto, già nel 1995, durante la presidenza di Bill Clinton, il Congresso aveva riconosciuto Gerusalemme come «capitale di Israele». Al tempo stesso, esso dava mandato al Presidente di firmare una «sospensione» giuridica per mantenere l'ambasciata Usa a Tel Aviv, in accordo con la comunità internazionale[1]. Va anche tenuto presente che, nella sua dichiarazione, Trump non ha riconosciuto Gerusalemme – come avrebbe voluto Netanyahu – come capitale «eterna e indivisibile» di Israele, ma semplicemente, senza nulla specificare, come sua capitale politica: «Ogni Stato sovrano – ha affermato – ha diritto di scegliersi la propria capitale dove crede»[2].

La decisione di Trump, pur ribadendo l'impegno degli Stati Uniti a favore della soluzione dei due Stati e dei negoziati tra le parti che dovrebbero decidere sulla questione dei confini della giurisdizione di Israele, introduce di fatto un riconoscimento delle decisioni israeliane sancite nella *Basic Law* del 1980, in contraddizione con la posizione delle Nazioni Unite in merito. Infatti, nel condannare l'occupazione israeliana dei territori palestinesi e l'annessione di Ge-

---

1. Cfr L. CREMONESI, «Trump riconosce Gerusalemme e devia il corso del processo di pace», in *Corriere della Sera*, 7 dicembre 2017.
2. Ivi.

© La Civiltà Cattolica 2018 I 331-342 | 4024 (17 feb/3 mar 2018)

rusalemme Est, negando alla decisione della Knesset di trasformare la città nella sua capitale qualsiasi validità giuridica per il diritto internazionale, le Nazioni Unite avevano disposto il ritiro di tutte le ambasciate dei vari Paesi da Gerusalemme. Il Presidente statunitense non esclude in teoria che anche i palestinesi possano avere una loro capitale nei quartieri orientali della città. In pratica, nonostante si veicoli una proposta di negoziatori statunitensi del villaggio palestinese di Abu Dis, di cui si parlava ai tempi di Yasser Arafat quale capitale per lo Stato di Palestina, tale soluzione pare poco fattibile, anche perché respinta decisamente dai leader palestinesi. Benjamin Netanyahu ha accolto la dichiarazione con soddisfazione, affermando che «per tremila anni Gerusalemme è stata la capitale degli ebrei» e che il presidente degli Stati Uniti non ha fatto altro che riconoscere la realtà dei fatti.

Questa decisione di Trump non è stata accolta da tutti i suoi collaboratori con lo stesso entusiasmo. Sia il ministro della Difesa, Jim Mattis, sia il segretario di Stato, Rex Tillerson, nelle loro dichiarazioni, hanno cercato di minimizzarne la portata politica, affermando che per il trasferimento dell'ambasciata sarebbero stati necessari alcuni anni. Secondo loro, questa «propaganda» avrebbe nuociuto soprattutto ai soldati americani presenti nei diversi teatri di guerra mediorientali, esponendoli a inutili rischi[3].

Le reazioni internazionali alla dichiarazione di Trump

La dichiarazione di Trump è stata condannata – con toni diversi e con successive ratifiche – da tutti i Paesi arabi (soprattutto dalla Turchia e dall'Iran), nonché dall'Onu, dall'Unione Europea (Ue), dalla Russia e da molti altri Paesi. La Santa Sede, molto sensibile alla questione di Gerusalemme, è intervenuta con una Dichiarazione della Sala stampa, il 10 dicembre 2017, e nella persona del Segretario di Stato, card. Pietro Parolin, il quale ha manifestato la preoccupazione per delle prese di posizione «unilaterali»

3.   Cfr L. CARACCIOLO, «Gerusalemme: l'alleanza a tre e il nodo Iran», in *la Repubblica*, 8 dicembre 2017.

che si pongono contro le risoluzioni votate in materia dall'Onu[4]. Successivamente, in una lettera del 1° gennaio 2018 al Grande Imam di Al-Azhar in occasione della Conferenza internazionale di Al-Azhar a sostegno di Gerusalemme, ha affermato: «La Santa Sede, da parte sua, non cesserà di richiamare con urgenza la necessità di una ripresa del dialogo tra israeliani e palestinesi per una soluzione negoziata, finalizzata alla pacifica coesistenza di due Stati all'interno dei confini tra loro concordati e internazionalmente riconosciuti, nel pieno rispetto della natura peculiare di Gerusalemme, il cui significato va oltre ogni considerazione circa le questioni territoriali. Solo uno speciale statuto, anch'esso internazionalmente garantito, potrà preservare l'identità, la vocazione unica di luogo di pace alla quale richiamano i luoghi sacri, e il suo valore universale, permettendo un futuro di riconciliazione e di speranza per l'intera regione».

Papa Francesco è intervenuto nella questione in diverse occasioni: ad esempio, nell'allocuzione di Natale e nel discorso al Corpo diplomatico accreditato presso la Santa Sede[5]. Già precedentemente – nell'Udienza generale del 6 dicembre 2017 – si era espresso con chiarezza: «Non posso tacere la mia profonda preoccupazione per la situazione che si è creata negli ultimi giorni e, nello stesso tempo, non rivolgere un accorato appello affinché sia impegno di tutti rispettare lo *status quo* della città [Gerusalemme], in conformità con le pertinenti Risoluzioni delle Nazioni Unite»[6].

---

4.   In un'intervista rilasciata al *Corriere della Sera*, il card. Parolin ha dichiarato che Gerusalemme, in quanto città sacra alle tre religioni monoteiste abramitiche, «dovrebbe avere uno statuto speciale, che ne faccia una "città aperta", offra assicurazioni di libertà religiosa per i membri delle tre religioni che condividono i luoghi santi e permetta l'accesso ai pellegrini. Il cuore della proposta, quindi, è quello di uno statuto speciale garantito internazionalmente» (G. G. VECCHI, «Gerusalemme città di pace, ma solo con il dialogo diretto», in *Corriere della Sera*, 21 dicembre 2017).

5.   Sullo sviluppo nel tempo della posizione della Santa Sede su Gerusalemme, cfr D. NEUHAUS, «La Chiesa cattolica e Gerusalemme», in *Civ. Catt.* 2018 I 10-22.

6.   Il Papa ha anche detto: «La Terra Santa è per noi cristiani la terra per eccellenza del dialogo tra Dio e l'umanità. [...] Il dialogo si instaura a tutti i livelli: con se stessi, attraverso la riflessione e la preghiera, in famiglia, all'interno della comunità religiosa, tra le diverse comunità religiose, e anche con la società civile. La sua con-

Abu Mazen, presidente dell'Autorità nazionale palestinese (Anp), ha dichiarato con fermezza che la «decisione di Trump su Gerusalemme equivale a una rinuncia, da parte degli Usa, al loro ruolo di mediatori di pace e ci trascinerà in guerre senza fine». E ha ribadito che «Gerusalemme è la capitale eterna dello Stato di Palestina»[7]. In effetti, nei giorni successivi egli non ha voluto incontrare il rappresentante statunitense (la visita del vicepresidente Mike Pense era prevista per la fine di dicembre) per discutere le condizioni di un possibile avvio di nuovi negoziati di pace. «Basta con la favola degli Stati Uniti nella parte dei *broker*», ha «tuonato» nella riunione del comitato direttivo dell'Olp del 15 gennaio 2018. «Il piano di pace che avrebbe dovuto portare all'accordo del secolo tra israeliani e palestinesi – ha continuato – s'è rivelato lo schiaffo del secolo, ma noi questo lo restituiremo»[8].

Il Consiglio centrale dell'Olp, riunitosi a Ramallah il 15 gennaio 2018, ha deciso la sospensione degli Accordi di Oslo. Tuttavia, in questo incontro Abu Mazen non ha escluso la possibilità di riprendere i negoziati di pace con la controparte. Egli, come pure la comunità internazionale, resta legato alla soluzione dei due Stati come la più idonea per porre fine al conflitto in corso da 70 anni tra israeliani e palestinesi. Per alcuni analisti, proprio su questo punto si rivelano la fragilità della sua strategia e quella del suo partito. La soluzione mono-statuale sembra a non pochi politologi e intellettuali di varia tendenza la più praticabile per garantire la pace, la sicurezza e il godimento di tutti i diritti – compresi quelli politici – a due

dizione primaria è il rispetto reciproco e, nello stesso tempo, mirare a consolidare questo rispetto al fine di riconoscere a tutte le persone, ovunque si trovino, i loro diritti» («Dove Dio parla all'umanità», in *Oss. Rom.*, 7 dicembre 2017, 8).

7. Cfr *Corriere della Sera*, 7 dicembre 2017. Saeb Erekat, segretario generale dell'Olp, in un'intervista al *New York Times*, ha dichiarato che «Netanyahu è riuscito a distruggere la speranza di uno Stato palestinese. Ora l'unica possibilità per noi è lo Stato unico con gli israeliani, ma con i palestinesi che godano degli stessi diritti civili. Non ci hanno lasciato altra *chance*» (*Corriere della Sera*, 9 dicembre 2017). Questa posizione però non è condivisa dalla maggioranza del partito.

8. A. STABILE, «L'ira di Abu Mazen cancella Oslo e gli Stati Uniti come mediatori», in *la Repubblica*, 16 gennaio 2018.

popoli che coabitano, volenti o nolenti, nello stesso «fazzoletto» di terra[9].

Il vicepresidente Pence, in visita a Gerusalemme il 22 gennaio (dopo essere stato in Egitto e in Giordania), ha definito esplicitamente questa città «la capitale di Israele» e, davanti ai deputati israeliani riuniti nella Knesset, ha promesso l'apertura a Gerusalemme dell'ambasciata statunitense entro la fine del prossimo anno. Inoltre, da questa stessa tribuna ha esortato i palestinesi a ritornare al «tavolo del negoziato», facendo intendere che gli Usa sono ancora orientati alla soluzione dei due Stati e che su questo si sta lavorando. Ma non ha fornito alcuna indicazione sul «piano statunitense-saudita» – messo a punto da Trump e dal principe ereditario Salman – che, a quanto pare, dovrebbe «sbloccare» la situazione, in una prospettiva diversa dai progetti precedenti[10].

Abu Mazen si è rifiutato di fissare un colloquio con Pence, e proprio in quei giorni si è recato in visita a Bruxelles, dove si è incontrato con i ministri degli Esteri europei e con l'Alto rappresentante per la politica estera, Federica Mogherini, ai quali ha chiesto di riconoscere «rapidamente» la Palestina come Stato indipendente. La risposta dei 28 ministri è stata che tale compito spetterebbe istituzionalmente ai singoli Paesi dell'Unione, anche perché non tutti su questo tema sono dello stesso avviso.

Tra i ministri europei, su proposta della Francia, si sta facendo strada l'ipotesi di avviare negoziati per un «accordo di associazione» tra i 28 Stati membri dell'Ue e la Palestina. Questa forma di cooperazione economico-commerciale darebbe all'Europa la possibilità di trattare con tale «istituzione» come se fosse una vera e propria entità statale. La Mogherini, inoltre, ha assicurato al Presidente palestinese che per l'Ue i quartieri arabi di Gerusalemme Est potrebbero formare la capitale di un futuro Stato palestinese[11].

---

9. Cfr C. De Martino, *Il nuovo ordine israeliano. Oltre il paradigma dei due Stati*, Roma, Castelvecchi, 2017, 19 s; N. Chomsky - I. Pappé, *Palestina e Israele che fare?*, Roma, Fazi, 2015. Sulla materia del bi-statualismo, si veda A. Oz, *Cari fanatici*, Milano, Feltrinelli, 2017.

10. Cfr G. Stabile, «Pence sfida i leader palestinesi: "Tornate al negoziato di pace"», in *La Stampa*, 23 gennaio 2018.

11. Cfr M. Bresolin, «Ma Abu Mazen guarda all'Europa: riconosceteci subito come Stato», ivi.

Abu Mazen ritiene che l'Ue possa avere un ruolo propositivo per attivare un'eventuale ripresa dei negoziati. Su questo punto, gli europei si sono vagamente impegnati a rilanciare il tradizionale «quartetto per il Medio Oriente» (Onu, Usa, Russia, Ue), allargandolo anche ai Paesi arabi, nella speranza di rivitalizzare un processo di pace che è bloccato dal 2014. I leader palestinesi, però, sono fermamente convinti che gli Usa «siano ormai parte del problema, più che della soluzione»[12]. Ma, secondo la Mogherini, non sarebbe in nessun modo possibile riprendere negoziati di pace tra israeliani e palestinesi senza gli Stati Uniti: «Gli Usa – ha detto – da soli non ce la possono fare, ma senza gli Usa non ce la possiamo fare neppure noi»[13].

Secondo la stampa filo-palestinese, la recente decisione di Trump sarebbe semplicemente il risultato di cinquant'anni di politica estera statunitense che avrebbe sempre favorito gli interessi di Israele, appoggiando nei fatti, anche se non nelle parole, negli ultimi decenni, l'espansione «coloniale» israeliana in Cisgiordania e a Gerusalemme Est. Fa eccezione un caso in cui un rappresentante statunitense si astenne nel Consiglio di Sicurezza dell'Onu. A questo riguardo, va ricordato che tra il 1967 e il 2017 il governo degli Stati Uniti ha posto il veto a 43 risoluzioni del Consiglio di Sicurezza dell'Onu che intendevano sanzionare la costruzione di nuove «colonie» o insediamenti ebraici nei territori a maggioranza palestinese[14].

Il 21 dicembre 2017 l'Assemblea generale dell'Onu ha votato una risoluzione, presentata dalla Turchia e dallo Yemen, di condanna politica della dichiarazione di Trump su Gerusalemme: 128 Paesi su 172 hanno votato a favore della risoluzione; 35 – tra cui molti Paesi dell'Est Europa – si sono astenuti, e 9 hanno votato contro. Prima del voto, la rappresentante statunitense aveva esplicitamente minacciato di rappresaglia (economica) i Paesi che si fossero espressi contro gli Usa.

---

12. D. FRATTINI, «Ambasciata Usa a Gerusalemme per la fine del 2019», in *Corriere della Sera*, 23 gennaio 2018.

13. M. BRESOLIN, «Ma Abu Mazen guarda all'Europa...», cit.

14. Cfr N. ERATAK, «La pace si ferma a Gerusalemme», in *Internazionale*, 1235, 15 dicembre 2017, 18. Secondo la scrittrice e attivista palestinese, «con l'aiuto di Washington, Israele è riuscito a far aumentare la popolazione dei coloni in Cisgiordania dai 200.000 ai 600.000 di oggi, e nel frattempo dava l'impressione di voler negoziare con i palestinesi» (ivi, 19).

Negli ultimi giorni del 2017, in alcuni Paesi arabi, alle denunce ufficiali sono seguite le proteste davanti alle ambasciate israeliane. A Gerusalemme e nei Territori ci sono stati scontri tra l'esercito israeliano e i palestinesi che hanno provocato 8 morti e centinaia di feriti. Non vi è stata però la sollevazione popolare, cioè l'intifada, fortemente richiesta sia dall'Anp sia da *Hamas* contro gli «usurpatori». La ragione di questa mancata intifada, secondo alcuni analisti, va individuata nella sfiducia che gran parte dei palestinesi nutrono nei confronti della classe politica che li governa, accusata di essere corrotta e su molte questioni connivente con il nemico, e nella condizione di rassegnazione che vive il popolo palestinese, il quale si sente abbandonato sia dai Paesi arabi – che spesso strumentalizzano la causa palestinese per interessi propri –, sia dalla stessa comunità internazionale, ormai sbilanciata su altre emergenze, come quella della lotta al terrorismo jihadista, in particolare all'Isis.

Secondo altri analisti, invece, la mancata mobilitazione va attribuita al fatto che in questo momento una parte dei palestinesi partecipa in qualche modo al boom economico israeliano. «Con la disoccupazione irrisoria (ufficialmente sotto l'1% della forza lavoro) e un reddito *pro capite* attorno ai 40.000 dollari annui, Israele ama definirsi la nazione *start-up*»[15].

Secondo il *New York Times*, la dichiarazione di Trump su Gerusalemme va interpretata soprattutto in chiave di politica interna, in un momento di forte crisi della sua *leadership* a causa del *Russiagate*. Così egli ha voluto accreditarsi come «il Presidente che mantiene le promesse», e lanciare un messaggio persuasivo ad alcune *constituencies* americane che lo avevano portato alla Casa Bianca, cioè ad alcune *lobby* ebraiche (tra cui, il magnate dei casinò di Las Vegas, Mark Landler, e il suo amico Morton Klein), al mondo degli evangelici tradizionalisti (che sono lo zoccolo duro del suo elettorato) e ai cosiddetti «cristiano-sionisti», i quali attendono, per motivi religioso-apocalittici, la «restaurazione della casa di Israele»[16].

15. F. RAMPINI, «Perché Trump non ha perso», in *la Repubblica*, 8 gennaio 2018.

16. Cfr E. DUSI - P. PIERACCINI, «La battaglia per Gerusalemme», in *Limes* (www.limesonline.com/cartaceo/la-battaglia-per-Gerusalemme), 2 luglio 2010.

Questi ultimi, infatti, come gli ebrei ultraortodossi, aspettano la ricostruzione del terzo Tempio (e quindi l'occupazione della Spianata delle moschee da parte degli israeliani), perché pensano che ciò sia il presupposto necessario per il ritorno del Messia e per il «grande giorno del giudizio». Ma, una volta costruito il Tempio, la comune «attesa» prenderebbe direzioni diverse, anzi opposte: i cristiani sarebbero condotti alla salvezza, mentre gli «ostinati ebrei» alla dannazione eterna. Sembra che questo movimento messianico abbia avuto un ruolo decisivo anche nell'elaborazione della celebre dichiarazione di Balfour nel 1917[17].

Il significato della dichiarazione di Trump è difficile da comprendere, invece, sul piano specificatamente geopolitico. Alcuni Paesi arabi da sempre alleati degli Usa – tra cui l'Arabia Saudita – hanno condannato la decisione del Presidente, ma nello stesso tempo sembra che abbiano dato disposizione ai loro organi di propaganda di minimizzare il «caso Gerusalemme», e di incrementare invece la lotta contro il nemico sciita di sempre. In questo momento i Paesi arabi pagano il prezzo della loro debolezza e della loro divisione, sia politica sia settaria (sunniti-sciiti). Molti di loro, inoltre, sono legati a doppio filo con gli Stati Uniti[18]. Il vertice dei 57 Paesi arabi, che si è tenuto a Istanbul il 13 dicembre 2017 per volontà del presidente turco Erdoğan – animato dall'ambizione di guadagnare, contro le pretese della casa regnante saudita, la *leadership* del mondo sunnita –, per protestare contro la dichiarazione di Trump, ha avuto un valore più di facciata che di sostanza[19]. In ambito sciita, è stato invece l'Iran a condannare, con parole molto dure, la decisione di

---

Su questo tema, cfr anche A. SPADARO - M. FIGUEROA, «Fondamentalismo evangelicale e integralismo cattolico. Un sorprendente ecumenismo», in *Civ. Catt.* 2017 III 105-113.

17. Cfr ivi.

18. Cfr A. SAMRANI, «Ai Paesi arabi, manca una voce unica», in *Internazionale*, 1235, 2017, 23.

19. I 57 Capi di Stato arabi, oltre a condannare la posizione di Trump, hanno dichiarato Gerusalemme Est capitale dello Stato di Palestina ma, come molti osservatori hanno sottolineato, questa dichiarazione sarebbe stata più efficace se l'avessero fatta i singoli Paesi, assumendosene anche la responsabilità politica. Cfr M. ANSALDO - F. CAFERRI, «Erdogan usa Gerusalemme per sedurre gli arabi», in *la Repubblica*, 14 dicembre 2017.

Trump, definita dal massimo leader, l'*ayatollah* Ali Khamenei, «un preoccupante segnale di incompetenza e di fallimento».

Poco tempo prima di questa decisione, la Casa Bianca stava progettando un accordo con l'Arabia Saudita in chiave anti-iraniana. Lo scopo era di bloccare l'avanzata dell'Iran nello scacchiere mediorientale – avanzata finalizzata a creare una «mezzaluna sciita», che avrebbe unito Teheran, Beirut e Damasco –, dopo che questo Paese era risultato, insieme alla Russia di Putin, vincitore del conflitto siriano.

Dopo questa sconfitta, l'Arabia Saudita – in particolare, il principe ereditario Mohammad bin Salman – ha cercato, con la mediazione degli Usa, un'alleanza strategica con il nemico di sempre, Israele, cementata dalla comune convinzione che l'Iran costituisca per entrambi i Paesi un pericolo reale. Questa insolita alleanza, un tempo considerata aberrante, oggi in qualche modo viene accettata da gran parte dei Paesi arabi sunniti.

Ma la dichiarazione di Trump su Gerusalemme è stata come una bomba lanciata contro questo progetto di pace, peraltro pilotato da Washington. Non si deve dimenticare che Gerusalemme è il terzo luogo santo dell'islam, e che la monarchia saudita fonda il suo diritto alla *leadership* del mondo sunnita nel fatto di essere custode degli altri due Luoghi Santi: la Mecca e Medina. Ora, avallare apertamente la scelta di Trump e abbandonare Gerusalemme agli israeliani significherebbe, per i sauditi, entrare in conflitto con i capi religiosi wahhabiti. Questi non sono troppo favorevoli alla politica – definita «modernista» – del principe ereditario e potrebbero togliere alla dinastia regnante quella legittimazione religiosa che da sempre ha fondato il loro potere sullo Stato. Ciò ha fatto sì che su tale questione l'Arabia Saudita tenesse un profilo basso, lasciando ad altri – in particolare alla Turchia e all'Iran – il compito di ergersi a difensori della Città santa di Gerusalemme e dell'islam dall'attacco dei sionisti e degli statunitensi[20].

Secondo alcuni osservatori, la causa della pace potrebbe andare avanti solo se i *leader* palestinesi accettassero di uscire dall'orbita de-

---

20. Cfr R. GUOLO, «Se Trump dà una mano ad Hamas», in *la Repubblica*, 9 dicembre 2017.

gli Stati Uniti e di internazionalizzare il conflitto per delegittimare il progetto coloniale israeliano. L'Unione Europea, secondo loro, potrebbe avere un ruolo di mediazione importante. Questa ipotesi appare però poco realistica, considerando il momento di crisi che attualmente – dopo i fatti della Brexit – l'Ue sta vivendo dal punto di vista sia istituzionale sia identitario-culturale. Dal canto suo, Trump ha promesso che nel 2018 si sarebbe impegnato a risolvere il conflitto arabo-israeliano. Ma sulla base di quale proposta concreta? Ancora non si vede un tavolo negoziale. Anzi, la decisione su Gerusalemme, presa unilateralmente, senza un accordo tra le parti interessate, allontana di molto la possibilità che un processo di pacificazione tra israeliani e palestinesi possa iniziare in tempi brevi. La storia degli ultimi decenni dimostra che il «problema di Gerusalemme» e quello riguardante la soluzione del conflitto israelo-palestinese sono strettamente legati e interdipendenti.

Gerusalemme e lo Stato di Israele

Gerusalemme (in arabo *Al-Quds*) è la città sacra alla quale fanno riferimento circa tre miliardi di persone nel mondo. Tutti i luoghi carichi di grande significato religioso per le tre fedi abramitiche – cioè, il Muro del Pianto, la Spianata delle moschee e il Santo Sepolcro – sono ubicati in uno spazio non superiore al chilometro quadrato. Il luogo santo degli ebrei e le moschee dell'islam condividono lo stesso spazio, cioè la grande Spianata, dove si trovava il Tempio di Erode (distrutto nel I secolo d.C.) e dove oggi si trovano la Cupola della Roccia (da cui Maometto sarebbe asceso in paradiso per parlare con *Allah*) e la moschea di *al-Aqsa* («quella più lontana»).

Per gli ebrei osservanti è vietato calpestare il luogo dove sorgeva lo spazio più interno del Tempio, il *Sancta sanctorum*. Ora, poiché non se ne conosce l'esatta ubicazione, la proibizione vale per l'intera Spianata. Dal canto loro, i musulmani nei secoli passati hanno esteso a tutta la Spianata lo spazio del recinto sacro (l'*Haram al sharif*). L'unica parte rimasta alla venerazione degli ebrei è il cosiddetto «Muro del Pianto», o muro occidentale – un muro di cinta risalente al secondo Tempio –, davanti al quale, subito dopo la «Guerra dei sei giorni», fu costruita una grande piazza per rendere più agevole il culto, eliminando il quartiere medievale magrebino, insieme a una serie di antiche moschee. A meno di trecento metri da questi luoghi si trova la «Via dolorosa», che porta alla basilica del Santo Sepolcro. Tutto questo, come dicevamo, in un «francobollo» di terra.

Eppure il sionismo, che circa un secolo fa ha dato avvio al movimento di ritorno degli ebrei della Diaspora in Palestina, con l'obiettivo di costruirvi uno Stato autenticamente ebraico, aveva posto ai margini della sua propaganda la sacralità della città di Gerusalemme. Esso professava valori laici, fondati sulla centralità della terra, della cooperazione e del lavoro, mentre Gerusalemme di solito veniva considerata come una città «bigotta, superstiziosa e improduttiva», lontana dalle vie commerciali del Medio Oriente e circondata da un territorio povero di risorse materiali. Come capitale dello Stato al quale aspiravano – e che a partire dalla dichiarazione Balfour del 1917 iniziò a diventare una realtà – essi pensavano a una nuova città, abitata da coloni, da costruire sul monte Carmelo, cioè nel Nord del Paese. Tuttavia, i primi esponenti del movimento stabilirono il loro centro di coordinamento nella città costiera di Giaffa, e non a Gerusalemme.

Theodor Herzl, il fondatore del sionismo, che visitò Gerusalemme nel 1898, rimase disgustato dal cattivo odore di questa città e dalla spazzatura che si trovava ovunque; e Chain Weizmann nel 1919 descrisse il quartiere ebraico ubicato nella città vecchia come un luogo di estrema povertà, dominato dall'ignoranza e dal fanatismo[21].

Lo Stato di Israele nacque a prescindere da Gerusalemme o nonostante la dibattuta questione di Gerusalemme. Sono state le successive guerre combattute dal giovane Stato israeliano – come quella del 1948 contro i Paesi arabi confinanti, all'indomani della dichiarazione di indipendenza del 14 maggio 1948; e quella del 1967, la cosiddetta «Guerra dei sei giorni» – a porre al centro della rinnovata identità dello Stato ebraico – dove ormai viveva

---

21. Cfr E. Dusi - P. Pieraccini, «La battaglia per Gerusalemme», cit.

un numero non trascurabile di ebrei ortodossi – la questione di Gerusalemme.

È a partire da questo momento che la Città santa entra a pieno titolo nella storia dello Stato di Israele, divenendone, per motivi sia politici sia religiosi, un elemento costitutivo. Così, quando l'Onu, il 9 dicembre 1949, approvò la proposta di internazionalizzazione della città, il «laico» Ben-Gurion decise immediatamente di spostare la Knesset – ossia il Parlamento israeliano – e diversi ministeri a Gerusalemme, in modo da renderne definitiva l'annessione e lanciare alla comunità internazionale il chiaro segnale che Israele non era intenzionata a «mollare» sullo *status* della città.

La comunità internazionale – Stati Uniti e Inghilterra *in primis* – continuò a tenere le proprie ambasciate a Tel Aviv e a non riconoscere a Gerusalemme il rango di capitale di Israele[22]. Soltanto nel 1980, dopo l'unificazione della città in seguito alla «Guerra dei sei giorni», il Parlamento israeliano votò una «legge fondamentale», cioè di livello costituzionale, che dichiarava Gerusalemme «capitale unica e indivisibile dello Stato ebraico»[23]. L'Assemblea delle Nazioni Unite, con la risoluzione n. 478 del 20 agosto 1980, definì la legge «nulla e priva di validità», in quanto violava il diritto internazionale e ostacolava il raggiungimento della pace tra israeliani e palestinesi. Occorre notare che tale risoluzione non è obbligatoria, perché non è stata adottata dal Consiglio di Sicurezza; tuttavia vincola moralmente la comunità internazionale alla sua osservanza.

A motivo dell'importanza che Gerusalemme ha per le tre grandi confessioni religiose, tutto quello che avviene in essa ha ripercussioni internazionali. In realtà, questa città è come una polveriera che per motivi religiosi può esplodere da un momento all'altro, mandando in frantumi uno *status quo* accolto e contestato allo stesso tempo dalle comunità che la abitano. Pertanto, il conflitto arabo-israeliano non sarà mai risolto finché non si troverà una soluzione condivisa su Gerusalemme.

---

22. Ivi.

23. Cfr E. Dusi - P. Pieraccini, «Gerusalemme: un accordo possibile?», in *Limes*, 1, 2001, 103.

CITTÀ SACRA, CITTÀ APERTA*

Giovanni Sale S.I.

Il 14 maggio di quest'anno ricorreva l'anniversario della fondazione dello Stato di Israele, avvenuta nel 1948 in ottemperanza alla risoluzione delle Nazioni Unite del 29 novembre 1947, che stabiliva la nascita, nel territorio della Palestina, ex mandato inglese, di due Stati indipendenti e sovrani: quello ebraico e quello palestinese. Questa risoluzione, a causa dell'opposizione dei Paesi arabi alla cosiddetta «spartizione», non è stata mai attuata. Nella ricorrenza di tale anniversario, il presidente Donald Trump ha voluto che avvenisse il trasferimento dell'ambasciata degli Stati Uniti – come aveva unilateralmente dichiarato il 6 dicembre 2017[1] – da Tel Aviv a Gerusalemme. Questa decisione, oltre ad avere un forte significato simbolico, ha anche una grande rilevanza politica, in quanto si oppone all'indirizzo finora seguito su questa delicata materia dalla gran parte della comunità internazionale in ottemperanza alle varie risoluzioni delle Nazioni Unite, che per Gerusalemme Est intende mantenere per il momento lo *status quo*, in attesa di decisioni concordate.

Occorre anche notare che il giorno successivo, il 15 maggio, il mondo arabo ha ricordato il settantesimo anniversario della cosiddetta *Nakba* (catastrofe): in questa occasione si fa memoria dell'espulsione – in seguito alla guerra arabo-israeliana del 1948-49 – di circa 500.000 (secondo altri, più di 700.000) palestinesi dalle loro case e dalla loro terra, costretti a cercare asilo in Paesi limitrofi[2]. Questo evento è stato ricordato, come tutti gli anni,

---

*   Titolo originale: «Gerusalemme città sacra e città aperta».

1.   Cfr G. SALE, «La questione di Gerusalemme capitale», in *Civ. Catt.* 2018 I 331-342; G. PANI, «La Giordania e Gerusalemme», ivi 2018 II 257-264.

2.   La nostra rivista si è interessata più volte di questo tema: cfr G. SALE, «La fondazione dello Stato di Israele e il problema dei profughi palestinesi», in *Civ. Catt.* 2011 I 107-120.

   © La Civiltà Cattolica 2018 II 327-342 | 4030 (19 mag/2 giu 2018)

nella Striscia di Gaza con diverse manifestazioni, che sono iniziate il 30 marzo e si sono tenute nei pressi della frontiera con Israele[3]. Ciò ha dato origine a scontri tra le due parti: l'esercito israeliano in diverse occasioni ha risposto aprendo il fuoco contro i manifestanti che tentavano di oltrepassare il reticolato di confine, e questo ha provocato la morte di 49 persone, tra cui due giornalisti, e il ferimento di almeno altre 1.500 persone.

Questi avvenimenti cadono in un momento molto delicato per il Governo israeliano, impegnato a impedire che la Siria diventi una «terra di conquista» dei *pasdaran* iraniani e degli *Hezbollah* sciiti, da dove poter minacciare la sicurezza di Israele. Secondo gli analisti, ciò spiega i frequenti bombardamenti di obiettivi militari iraniani in Siria – di solito non rivendicati – operati negli ultimi mesi dall'artiglieria e dall'aviazione israeliane.

In ogni caso, il recente trasferimento dell'ambasciata Usa a Gerusalemme ha certamente una rilevanza storica. Le vicende degli ultimi decenni dimostrano come il problema della «Città santa» e quello riguardante la soluzione del conflitto israelo-palestinese siano strettamente legati e interdipendenti, e questo fatto non può essere ignorato, né tantomeno sottovalutato.

La decisione di Trump di trasferire l'ambasciata, inoltre, ha avuto come risultato non voluto quello di sottoporre nuovamente all'interesse della comunità internazionale e dell'opinione pubblica il problema di Gerusalemme, dopo che negli ultimi anni, a causa della lotta contro l'Isis e il terrorismo islamico, non se ne parlava quasi più[4]. Anche i «nuovi jihadisti», infatti, a differenza di *al-Qaeda*, nella loro propaganda politica hanno in qualche modo «derubricato» la questione palestinese (che per decenni aveva agitato il mondo arabo), ritenendola non più fondamentale per l'unità del mondo musulmano.

---

3. La cosiddetta «Marcia del ritorno» è una manifestazione, iniziata il 30 marzo 2018, per reclamare il diritto dei palestinesi a ritornare nei loro territori, da cui furono cacciati dall'esercito israeliano nel 1948, e anche per denunciare il blocco imposto da Israele nel 2007 sulla Striscia di Gaza. Cfr A. AYMAN, «La resistenza che unisce gli abitanti di Gaza», in *Internazionale*, 4 maggio 2018, 22.

4. Cfr T. MARSHALL, *Le 10 mappe che spiegano il mondo*, Milano, Garzanti, 2017, 181.

Gerusalemme città sacra delle tre religioni monoteiste

Gerusalemme (in arabo *al-Quds*) è città sacra per le tre grandi religioni abramitiche – l'ebraismo, il cristianesimo e l'islam –, alle quali fanno riferimento circa tre miliardi di persone nel mondo. Per gli ebrei, è il luogo dove si trova il loro tempio, la dimora di Dio. Anche se esso fu completamente distrutto dai romani nel I secolo d.C., e l'intero popolo ebraico fu costretto alla diaspora. Ogni volta che gli ebrei venivano cacciati dalla loro patria, il loro sogno era di ritornare a Gerusalemme; da qui l'augurio che gli ebrei della diaspora si scambiavano da secoli per la festa di *Pesach*: «L'anno prossimo a Gerusalemme», riaffermando la centralità di questa città nella loro vita.

Gerusalemme è città santa anche per i cristiani di tutte le confessioni. Infatti, in essa si sono svolti i fatti decisivi della vita di Gesù Cristo. In questa città si trovano alcuni fra i più importanti luoghi di culto della cristianità, come ad esempio la basilica costantiniana del Santo Sepolcro, oggi divisa tra ortodossi, cattolici, armeni, copti e altre confessioni cristiane. Dopo la dolorosa e controversa esperienza delle crociate, nel XIV secolo fu istituita – e riconosciuta dal Sultano – la «Custodia di Terra Santa», alla quale era affidata la tutela dei Luoghi Santi, e non soltanto di Gerusalemme. Essa è ancora affidata ai frati francescani e ha un certo riconoscimento in ambito internazionale.

Per i musulmani di tutto il mondo, sia sunniti sia sciiti, Gerusalemme è la terza città santa, dopo Mecca e Medina. È la città da dove (precisamente dal luogo dove oggi si trova la moschea di Omar o Cupola della Roccia) il profeta Maometto – secondo una tradizione medievale – è asceso al cielo per parlare con Dio. In questo stesso luogo si trova una delle più antiche e venerate moschee dell'islam, «quella più lontana», cioè *al-Aqsa*.

Tutti questi luoghi, carichi di grande significato religioso per le tre fedi abramitiche – cosa unica al mondo –, si trovano in un raggio spaziale non superiore al chilometro quadrato. Due di questi – cioè il luogo santo degli ebrei e le moschee dell'islam – sono ubicati nello stesso spazio fisico, cioè la grande Spianata del Tempio. Per gli ebrei osservanti è vietato calpestare il luogo dove era ubicato il Santuario, lo spazio più interno del Tempio, il *Sancta Sanctorum*; e poiché non se ne conosce l'esatta ubicazione, la proibizione vale per l'intera Spianata.

Dal canto loro, i musulmani nei secoli passati hanno esteso a tutta la Spianata lo spazio del recinto sacro, definendolo *al-Haram al-sharif* («il nobile santuario»). L'unica parte rimasta alla venerazione degli ebrei è il cosiddetto «Muro del Pianto» o muro occidentale (che era un muro di sostegno, risalente all'epoca del Secondo Tempio), davanti al quale, in occasione della «Guerra dei sei giorni» del 1976 (quando gli israeliani occuparono buona parte di Gerusalemme Est), fu realizzata una grande piazza, per rendere più agevole il culto, eliminando un fatiscente quartiere arabo. Non lontano da questi luoghi si trova la «Via dolorosa», che porta alla basilica del Santo Sepolcro.

A motivo dell'importanza che Gerusalemme ha per le tre grandi confessioni religiose, quello che avviene in questa città ha ripercussioni internazionali. Il più piccolo errore nella gestione dei luoghi di culto può provocare gravi conflitti, come di fatto è accaduto nel passato recente tra arabi e israeliani. Gerusalemme è come una polveriera che può esplodere in ogni momento, mandando in frantumi uno *status quo* accolto e contestato allo stesso tempo dalle comunità che la abitano. In ogni caso, il conflitto israelo-palestinese non sarà mai risolto fino a quando non si troverà una soluzione condivisa su Gerusalemme.

Eppure il sionismo, che dalla fine del XIX secolo ha dato avvio al movimento di ritorno degli ebrei della diaspora in Palestina con l'obiettivo di costruirvi uno Stato «autenticamente ebraico», aveva posto ai margini della sua propaganda politica e ideologica la sacralità della città di Gerusalemme. Esso era un movimento filo-europeo e laico, che sposava le idealità della sinistra e considerava Gerusalemme un relitto del passato, una città «bigotta, superstiziosa e improduttiva», lontana dalle vie commerciali del Medio Oriente e circondata da un territorio arido e povero di risorse materiali.

Va però anche ricordato che i nuovi arrivati dall'Europa, oltre alle idee di progresso e di civiltà – dichiarandosi ora socialisti ora liberali –, portarono nel nuovo Paese anche il fanatismo religioso e settario (che di solito considera il ghetto come una fortezza), il nazionalismo militarista e tutte le sue rivendicazioni pseudo-imperialiste. «Mentre – secondo lo scrittore israeliano Amos Oz – sono stati proprio gli immigrati d'Oriente (ebrei sefarditi e altri) a portare qui con sé un antico patrimonio di moderazione, di relativa tolleranza religiosa e di abitudine a vivere in un regime di buon vicinato anche con chi non ti assomiglia»[5].

Gerusalemme e la fondazione dello Stato di Israele

Quando, il 29 novembre 1947, l'Onu approvò, con la risoluzione n. 181, il progetto di spartizione della Palestina (che fino ad allora era stata sotto il mandato britannico) in due Stati autonomi e indipendenti – uno arabo e l'altro ebraico –, i capi sionisti del tempo si affrettarono ad accettare il piano delle Nazioni Unite, e il 14 maggio 1948, in una sala del museo di Tel Aviv – che divenne la capitale del nuovo Stato nazionale – David Ben Gurion dichiarò l'indipendenza dello «Stato ebraico». In questo testo solenne, Gerusalemme – la città da sempre invocata dai pii ebrei della diaspora – non veniva citata neppure una volta. Lo Stato di Israele dunque nacque a prescindere da Gerusalemme.

A differenza degli ebrei, gli Stati arabi non accettarono il «piano di spartizione», ritenendolo una violazione dei diritti inalienabili e indisponibili dei palestinesi, che da secoli avevano abitato quella terra. Per quanto riguardava Gerusalemme, considerate le difficoltà che presentava una sua eventuale divisione, il piano di spartizione del 1947 affermava che essa doveva essere istituita come un *corpus separatum* sotto un regime internazionale speciale e doveva essere amministrata dalle Nazioni Unite[6]. Il suo territorio doveva, inoltre, includere altri piccoli villaggi limitrofi, come Betlemme.

Il primo ministro David Ben Gurion, al fine di non inimicarsi gli ebrei osservanti, affermò che la perdita di Gerusalemme (città da lui non amata) era il prezzo che si doveva pagare per la fondazione di uno Stato ebraico. Presto però essa sarebbe stata in parte occupata, *manu militari*, dagli eserciti israeliani. Ciò avvenne quando, nel maggio del 1948, gli Stati arabi confinanti con Israele (Egitto, Libano, Siria, Giordania e persino l'Iraq) gli dichiararono guerra. Guerra che fu vinta dal nuovo Stato, il quale ne approfittò per «estendere» i confini indicati dal piano di spartizione a proprio

---

5. A. Oz, *Cari fanatici*, Milano, Feltrinelli, 2017, 19.
6. Cfr D. Neuhaus, «La Chiesa cattolica e la Città Santa», in *Civ. Catt.* 2018 I 10-22.

vantaggio, inglobando una parte di Gerusalemme, e per «liberare» alcune aree del Paese dalla presenza dei residenti palestinesi (da cui l'insolubile problema dei profughi).

Gli Accordi di armistizio del 1949 tra Israele e gli Stati arabi divisero in due parti, con la cosiddetta «Linea Verde», la città di Gerusalemme: la parte occidentale (Gerusalemme Ovest) fu assegnata agli israeliani, mentre la parte orientale (Gerusalemme Est), dove si trovava la Città Vecchia, e quindi il Monte del Tempio e i luoghi sacri dei cristiani, fu attribuita ai giordani.

L'Onu non riconobbe questi accordi e si attenne ai confini fissati dal piano di spartizione. Negli anni successivi, però, sia la Giordania sia Israele preferirono lasciare divisa Gerusalemme. Come per tutte le città spaccate in due da un conflitto – ad esempio, Berlino e Belfast –, anche per Gerusalemme la divisione è stata percepita da tutti come dilaniante: una città che fino ad allora era stata vissuta come una realtà unitaria, complessa ma complementare, veniva da un giorno all'altro smembrata, sia sul piano materiale sia su quello culturale e spirituale: «Gerusalemme – scrive un religioso residente a un suo confratello – lascia una sensazione di tristezza nella mia memoria. La città è surreale come se la divisione fosse una sorta di congegno malvagio piazzato nel cuore della notte da un demone, come se fosse una beffa oscena. Ma non è uno scherzo, e la crudeltà è rimarcata dai muri, le barriere, i fili spinati, i fucili e i soldati»[7].

Pio XII, con due encicliche – *In multiplicibus*, del 1948, e *Redemptoris nostri*, del 1949 –, chiese l'instaurazione di un «regime internazionale» nella Città santa, al fine di «garantire la tutela dei santuari», assicurare libertà di accesso ai luoghi di culto e rispettare i costumi e le tradizioni religiose del luogo. Questo appello non fu accolto dalle parti, anzi fu ostacolato perfino dalle altre confessioni cristiane presenti in Terra Santa, perché temevano che il Vaticano volesse in qualche modo garantirsi una condizione di vantaggio su di esse[8].

---

7. P. CARIDI, *Gerusalemme senza Dio. Ritratto di una città crudele*, Milano, Feltrinelli, 2017, 189. Sulle vicende di Gerusalemme dopo la guerra del 1948, cfr V. LEMIRE (ed.), *Gerusalemme. Storia di una città-mondo*, Torino, Einaudi, 2017, 90 s.

8. Cfr P. PIERACCINI - E. DUSI, «Gerusalemme: un accordo impossibile?», in *Limes*, 1/2001, 98. Sui rapporti tra Santa Sede e Gerusalemme, cfr D. NEUHAUS, «La Chiesa cattolica e la Città Santa», cit.

È a partire da questo momento che Gerusalemme entra a pieno titolo nella storia dello Stato di Israele, divenendone, per motivazioni sia politiche sia religiose, un elemento costitutivo. Il primo ministro Ben Gurion già nel 1950, in seguito alla proposta dell'Onu di internazionalizzazione della città, decise con determinazione di spostare la *Knesset* (cioè il Parlamento israeliano) e diversi ministeri a Gerusalemme, in modo da renderne definitiva l'annessione.

Poi, soltanto nel 1980, dopo l'unificazione della città in seguito alla «Guerra dei sei giorni», il Parlamento israeliano votò una «legge fondamentale», cioè di livello costituzionale, che dichiarava Gerusalemme «capitale unica e indivisibile dello Stato ebraico». L'Onu, con la risoluzione n. 478, definì la legge «nulla e priva di validità», in quanto violava il diritto internazionale e ostacolava il raggiungimento della pace tra israeliani e palestinesi. La comunità internazionale continuò pertanto a tenere le proprie ambasciate a Tel Aviv e a non riconoscere a Gerusalemme il rango di capitale di Israele[9].

Gerusalemme e la «Guerra dei sei giorni»

Per quanto riguarda la recente storia dello Stato di Israele e della città di Gerusalemme, la «Guerra dei sei giorni» ha un'importanza fondamentale[10]. Fu questa guerra infatti – combattuta in meno di una settimana (5-10 giugno 1967) tra il potente e motivato esercito israeliano e quelli degli Stati arabi confinanti, numericamente più cospicui, ma peggio equipaggiati – che ridefinì i confini fissati dall'Onu, successivamente dilatati a favore di Israele dalla guerra del 1948. In seguito Israele occupò militarmente la Cisgiordania (dove sarebbe dovuto nascere lo Stato palestinese) e Gerusalemme Est, togliendole alla Giordania, strappò all'Egitto la penisola del Sinai e la Striscia di Gaza e alla Siria le alture del Golan. Questa «vittoria maledetta», come recita il titolo di un recente libro di Ahron Bregman[11], fu all'o-

---

9. Cfr E. Dusi - P. Pieraccini, «La battaglia per Gerusalemme», in *Limes* (www.limesonline.com/cartaceo/la-battaglia-per-Gerusalemme), 13 luglio 2010.

10. Cfr G. Sale, «A cinquant'anni dalla guerra dei sei giorni», in *Civ. Catt.* 2017 II 262-275.

11. Cfr A. Bregman, *La vittoria maledetta. Storia di Israele e dei Territori occupati*, Torino, Einaudi, 2017.

rigine di infinite questioni, dispute, accordi falliti, sanguinose intifade e sofferenze indicibili per i due popoli – quello palestinese e quello israeliano –, che vivevano uno accanto all'altro, uno contro l'altro.

Le truppe israeliane occuparono la Città Vecchia e la Spianata del Tempio il 7 giugno 1967. In quell'occasione il rabbino capo dell'esercito, il generale Shlomo Goren, fu uno dei primi ad accorrere sul luogo per portarvi il rotolo della Legge e per suonare lo *shofar*; egli propose anche al generale Uzi Narkiss – secondo la testimonianza di questi – di far esplodere con la dinamite la moschea di Omar.

Fu Moshe Dayan, ministro della Difesa, a riportare ordine nel luogo sacro e a impedire il peggio, innanzitutto ordinando di rimuovere le bandiere israeliane fatte sventolare in cima alla Cupola della Roccia e alla moschea di *al-Aqsa*, e intimando ai paracadutisti di sgomberare la Spianata[12]. Poi riconsegnò alle milizie musulmane la custodia del luogo: di fatto, otto delle nove porte che davano accesso alla Spianata furono consegnate al *waqf* (custode dei Luoghi Santi dell'islam); gli israeliani presero possesso soltanto della nona entrata, la cosiddetta «Porta dei maghrebini», dove fu istituito un comando di polizia[13].

Questa decisione fu avversata dagli ebrei tradizionalisti e ultraortodossi, che avrebbero desiderato impossessarsi della Spianata in vista di una possibile ricostruzione del Terzo Tempio. Al fine di scoraggiare tentativi di questo tipo, pochi giorni dopo il rabbinato di Israele proibì l'ingresso nella Spianata – in virtù della legge ebraica, che vieta di calpestare il luogo (sconosciuto) del *Sancta San-*

12. Cfr B. MORRIS, *Vittime. Storia del conflitto arabo-sionista 1881-2001*, Milano, Rizzoli, 2001, 405 s.

13. Dopo la «Guerra dei sei giorni» la Giordania dovette abbandonare Gerusalemme. Essa conservò però il diritto di nominate il gran *muftì*, cioè il capo religioso dei musulmani gerosolimitani e il custode della Spianata delle moschee. Questo potere nel 1994 passò dalla Giordania all'Autorità nazionale palestinese, in seguito a un conflitto che sorse tra queste due autorità. Nel trattato di pace firmato quell'anno tra Israele e Giordania si affermava: «Israele rispetta il ruolo speciale della Giordania nei luoghi santi di Gerusalemme. Durante i negoziati verso lo status finale, Israele darà alta priorità al ruolo storico della Giordania su questi santuari». Questo passo suscitò le ire di Arafat che, appena morì il gran *muftì* di Gerusalemme, si affrettò a nominarne uno palestinese e a installarlo nella carica, consegnandogli anche le chiavi della Spianata. Lo stesso fece la Giordania, ma quest'ultimo gran *muftì* rimase in carica per poco tempo, senza un potere effettivo. Sul ruolo della Giordania, cfr G. PANI, «La Giordania e Gerusalemme», cit.

ctorum – a tutti gli ebrei. Da quel momento sulla Spianata, oltre ai musulmani, salgono soltanto turisti ed ebrei non religiosi.

Nel novembre di quell'anno il Consiglio di Sicurezza delle Nazioni Unite votò la risoluzione n. 242, in cui si stabiliva che Israele doveva prontamente restituire tutti i territori occupati in cambio di una pace duratura. Questo avrebbe dovuto vincolare Israele a mantenere lo *status quo* nei territori, cosa che però Israele non attuò: anzi, nei fatti palesò la volontà di estendere la sua sovranità sulla Cisgiordania e soprattutto su Gerusalemme Est, espellendone, per quanto possibile, la popolazione araba[14].

Gli eventi del 1967 provocarono anche un importante cambiamento nella politica della Santa Sede nei confronti della Terra Santa. Paolo VI abbandonò l'ipotesi dell'internazionalizzazione di Gerusalemme, considerata non più realistica, e propose, in alcune allocuzioni, uno «statuto internazionalmente garantito», finalizzato alla tutela della libertà di culto e alla conservazione dei Luoghi Santi, «con particolare riguardo alla fisionomia storica e religiosa di Gerusalemme»[15].

A partire dal giugno 1967 Israele occupò gran parte di Gerusalemme Est: in tal modo, la cosiddetta «Linea Verde» perse molto del suo significato. I nuovi confini amministrativi della città vennero così estesi alla parte orientale, e la sua superficie passò da 38 a 108 kmq[16]. Da questo tracciato furono lasciati fuori i quartieri più densamente popolati di palestinesi, perché considerati difficili da amministrare e da gestire anche sul piano del *welfare*. Furono invece incorporate diverse aree, a quel tempo disabitate, che cingevano la Città Vecchia

14.   Israele annesse la parte orientale di Gerusalemme dopo la sua occupazione militare, cioè alla fine di giugno 1967. In seguito l'Onu approvò due importanti risoluzioni (nn. 2253 e 2254), in cui condannava l'annessione e chiedeva allo Stato di Israele di astenersi da ogni azione che potesse alterare lo *status quo* della città. Mentre il Regno Unito votò a favore di entrambe le risoluzioni, gli Stati Uniti, come avevano fatto altre volte, si astennero, dichiarando però che si opponevano all'espansione territoriale di Israele. Nessuno dei due Paesi però trasferì la propria ambasciata da Tel Aviv a Gerusalemme. Cfr N. ERAKAT, «La pace si ferma a Gerusalemme», in *Internazionale*, 15-21 dicembre 2017, 20.

15.   Cfr D. NEUHAUS, «La Chiesa cattolica e la Città Santa», cit., 16 s.

16.   Gli abitanti di Gerusalemme salirono così a 263.000, di cui 197.000 ebrei, 55.000 musulmani e 11.000 cristiani. Cfr P. PIERACCINI - E. DUSI, «Gerusalemme: un accordo impossibile?», cit., 99.

e che furono destinate al verde pubblico. Su queste terre negli ultimi decenni sono sorti diversi insediamenti israeliani, vere e proprie «colonie-città» (alcune con più di 50.000 abitanti), dove vive una parte considerevole dei gerosolimitani.

I primi permessi per la costruzione di nuovi e moderni quartieri ebraici a Gerusalemme furono concessi dall'amministrazione comunale già dal 1968. Il più convinto sostenitore della strategia di «ebraicizzare» Gerusalemme – contravvenendo alle risoluzioni dell'Onu – attraverso l'edilizia residenziale fu il sindaco di allora Teddy Kollek. In questo modo la città sarebbe rimasta per sempre in mano a Israele, e non sarebbe passata a un eventuale Stato palestinese. Tale indirizzo nei decenni successivi fu seguìto – e non soltanto a Gerusalemme – sia dai governi di destra sia da quelli di sinistra.

Questa politica di annessione condotta da Israele nei confronti di Gerusalemme Est venne fortemente condannata, oltre che dall'Onu, anche dall'Ue, che la considerava di ostacolo al processo di pace. «Attraverso nuovi insediamenti – denunciava una sua dichiarazione –, costruzione della barriera, politiche edilizie discriminatorie, demolizione delle case, restrizione dei permessi e ripetute chiusure delle istituzioni palestinesi si rafforza la presenza ebraica a Gerusalemme Est, s'indebolisce la comunità araba, si impedisce lo sviluppo urbano palestinese e si separa Gerusalemme Est dal resto della Cisgiordania»[17].

Oggi non è per nulla facile per gli ebrei acquistare terreni per costruire case o altro nella parte Est di Gerusalemme. Tuttavia questo può essere fatto o costringendo (in vario modo) i possidenti arabi ad abbandonare le loro proprietà, oppure attraverso l'emanazione di ordinanze di demolizione di edifici vecchi, pericolanti o abusivi da parte del Comune. La vendita di case o di terreni agli israeliani è vietata da una *fatwa* (editto religioso) del 1925, ribadita poi nel 1997. Il colpevole che si macchia di questo «delitto» viene di fatto espulso dalla comunità, e quindi non può beneficiare di funerali religiosi, né può essere sepolto insieme agli altri credenti. Arafat stesso aveva ordinato ai suoi collaboratori di usare il pugno di ferro per vietare la vendita di proprietà agli ebrei, e il ministero di Giustizia palestinese propose la pena di morte contro questo crimine.

17. E. DUSI - P. PIERACCINI, «La battaglia per Gerusalemme», cit.

A Gerusalemme oggi ci sono circa 880.000 residenti, di cui il 63% sono israeliani e il 37% palestinesi. Nella parte orientale della città, cioè quella annessa dopo la guerra del 1967, abitano circa 300 palestinesi. Questi, avendo rifiutato nel 1967 la cittadinanza israeliana, al fine di non legittimare la politica dei «fatti compiuti» dell'unificazione, sono considerati «residenti permanenti». Pagano le tasse e godono dei diritti riservati agli israeliani, ma non hanno il diritto di voto nelle elezioni legislative.

Secondo molti osservatori, il problema principale con il quale Gerusalemme si dovrà confrontare in futuro sarà quello demografico (cioè, il mantenimento dell'ebraicità dello Stato). A questo proposito, in alcuni ambienti si parla di «bomba demografica», con la quale alla fine i palestinesi sconfiggeranno i loro nemici[18]: di fatto, il tasso di crescita dei palestinesi è da diversi anni molto superiore a quello degli ebrei. Questi ultimi, negli anni Ottanta e Novanta del secolo scorso, hanno beneficiato dell'arrivo di molti ebrei aschenaziti, per lo più osservanti, con numerosa prole al seguito, che provenivano dalla Russia o da Paesi ex comunisti. Questa immigrazione ora però è cessata.

Gerusalemme tra gli Accordi di Oslo e il Vertice di Camp David

La «questione di Gerusalemme» – la sua divisione e le sue contraddizioni – ha contribuito in questi decenni a fomentare il contrasto tra palestinesi e israeliani. La storia recente insegna che non è possibile raggiungere un accordo di pace tra i due popoli senza prima definire lo *status* della Città santa. I vari tentativi fatti dalla comunità internazionale, sotto la regia degli Stati Uniti, per risolvere il problema arabo-palestinese hanno cercato di mettere provvisoriamente tra parentesi il problema di Gerusalemme, pur sapendo che la tenuta del processo di pacificazione sarebbe poi dipesa dall'equa risoluzione di tale questione, su cui attentamente vigilavano i gruppi religiosi di ambedue la parti, ora ricattando i vari Governi, ora aizzando le masse popolari.

---

18. Cfr S. Della Pergola, *Israele e Palestina: la forza dei numeri. Il conflitto mediorientale fra demografia e politica*, Bologna, il Mulino, 2007, 206.

Il tentativo più serio per risolvere l'intricata questione israelo-palestinese, da cui dipendeva la pace in Medio Oriente, fu certamente quello dei cosiddetti «Accordi di Oslo», dell'estate del 1993, il cui mediatore fu il presidente Clinton, mentre gli attori principali furono Yitzhak Rabin e Yasser Arafat. Non va dimenticato che tali Accordi, pur criticati da entrambe le parti, fissarono dei punti fondamentali per avviare un «processo» di pace e rendere possibile la convivenza tra i due popoli. Ad esempio, nei protocolli si fissava il ritiro israeliano da alcune aree densamente popolate da palestinesi, come la Striscia di Gaza, e da alcune zone della Cisgiordania (indicate nel protocollo come «zona A», mentre per le altre, indicate come zona B e C, erano fissate regole diverse). Inoltre, si affermava il diritto dei palestinesi all'autogoverno in tali aree, attraverso la creazione dell'Autorità nazionale palestinese (Anp).

Dopo cinque anni dal ritiro israeliano si prevedeva che sarebbe stato negoziato un accordo definitivo, che avrebbe affrontato anche problemi molto delicati, come la questione di Gerusalemme, quella dei coloni ebrei in Cisgiordania e il rientro dei profughi palestinesi. Tutti problemi scottanti e di non facile soluzione[19]. Le due parti, inoltre, firmarono lettere di mutuo riconoscimento tra le due autorità, e questo è certamente uno degli aspetti più positivi degli Accordi. Il governo israeliano si impegnava a riconoscere l'Organizzazione per la Liberazione della Palestina (Olp) come legittima rappresentante del popolo palestinese, mentre questa a sua volta riconosceva il diritto dello Stato di Israele di esistere e rinunciava alla violenza e al terrorismo come strumenti di lotta politica.

Secondo l'attivista palestinese Noura Erakat, gli Accordi non si basavano sul diritto internazionale – anche se si ripromettevano di rispettare le risoluzioni dell'Onu in materia (come la n. 242) –, ma semplicemente su accordi negoziali, ai quali si dava valore di legge. A suo avviso, le conseguenze di tali Accordi per i palestinesi sono state disastrose. «Gli Accordi di Oslo – scrive – sono diventati una struttura permanente, che ha portato alla situazione attuale: una barriera attraverso cui Israele ha confiscato il 13% delle terre della

---

19. Cfr V. DE GIOVANNANGELI, «Il negoziato impossibile», in *Limes*, 13 luglio 2010.

Cisgiordania. Un'aggressiva politica di pulizia etnica a Gerusalemme, con l'obiettivo di ridurre la popolazione palestinese, per mantenere una maggioranza ebraica»[20].

Va anche ricordato che, sulla base degli Accordi di Oslo, Israele ha il controllo militare e amministrativo sull'intera zona C, che corrisponde al 59% del territorio della Cisgiordania. Sta di fatto che in definitiva il «processo» di Oslo si è dimostrato favorevole più agli israeliani che ai palestinesi: il suo gradualismo ha giocato certamente a sfavore di questi ultimi e permesso ai primi di approfittare della situazione.

Successivamente, l'unico colloquio di pace – peraltro fallito – che si occupò direttamente della situazione di Gerusalemme fu quello di Camp David, svoltosi fra l'11 e il 24 luglio del 2000. Anche in questo caso, le trattative furono volute e condotte con la mediazione del presidente statunitense Clinton. Per la prima volta gli israeliani accettarono di discutere – nonostante le pressioni in senso contrario esercitate dai partiti religiosi – della divisione di Gerusalemme con i coabitanti arabi, abbandonando la posizione caparbiamente tenuta fino a quel momento, e di concedere ai palestinesi una certa autonomia amministrativa sulla parte di Gerusalemme Est.

I negoziati cominciarono a complicarsi nel momento in cui si iniziò a trattare della Città Vecchia, e in particolare del Monte del Tempio. Una delle proposte avanzate fu quella di dividere in due parti la Città Vecchia, affidando agli israeliani il quartiere ebraico e quello armeno, e ai palestinesi quello musulmano e quello cristiano. Soluzione che, oltre a non soddisfare nessuna delle due parti, suscitò un certo allarme tra le Chiese e confessioni cristiane presenti nei Luoghi Santi. Esse sottoscrissero e inviarono a Camp David una lettera in cui si protestava contro la divisione della Città Vecchia e si chiedeva per essa uno «statuto speciale, garantito internazionalmente».

Mentre gli israeliani e gli statunitensi optavano per trattare un problema alla volta, al fine di trovare soluzioni concrete per le singole questioni che si dovevano affrontare, i palestinesi chiesero di iniziare la trattativa partendo dalla definizione dei princìpi generali. In particolare, Arafat disse che la trattativa sarebbe andata avan-

---

20. N. ERAKAT, «La pace si ferma a Gerusalemme», cit., 19.

ti soltanto se la parte israeliana (rappresentata dal primo ministro Barak) avesse riconosciuto la sovranità palestinese su Gerusalemme Est. E fu proprio sul rapporto tra il principio di «sovranità» e quello di «autorità funzionale» che si giocò l'esito del Vertice di Camp David. Gli israeliani, infatti, proposero di affidare la gestione autonoma dei quartieri a maggioranza araba di Gerusalemme Est ai palestinesi, e di portare la loro capitale nel popoloso quartiere di Abu Dis. In cambio, i confini municipali della città sarebbero stati allargati secondo il modello della *Greater Jerusalem*[21].

Circa la Spianata delle moschee, si propose di affidarne la «custodia» (con diritto di piantarvi la bandiera) all'Anp. Arafat disse che era disposto a trattare della delicata questione (sulla quale vigilava l'intero mondo arabo) solo a condizione che venisse trasferita ai palestinesi la «sovranità» dell'intera Spianata, ad eccezione del Muro del Pianto. Barak a sua volta propose che una parte del Monte del Tempio venisse riservata agli ebrei per il culto. Ma Arafat respinse la proposta. Gli americani proposero allora una «divisione verticale della sovranità», per cui i palestinesi avrebbero avuto la superficie della Spianata dove si trovavano le moschee, e gli israeliani il sottosuolo. Ma anche questa soluzione fu respinta dagli arabi. Gli israeliani, in ogni caso, non si fecero intimorire dalla posizione intransigente degli arabi, e anche negli anni successivi continuarono i loro scavi archeologici sotto e a lato della Spianata.

Al ritorno da Camp David, Arafat venne accolto a Ramallah come un vincitore, per aver resistito alle pressioni congiunte degli israeliani e degli statunitensi e per aver salvato l'onore dei palestinesi. Prima di partire dalla tenuta presidenziale, egli disse a Clinton: «Non è ancora nato il leader arabo che cederà Gerusalemme». In realtà, ancora una volta il processo di pace si era bloccato, e questa volta, almeno sul tema di Gerusalemme, in modo definitivo.

I risultati del fallimento del Vertice di Camp David furono rovinosi. Alla fine di settembre dello stesso anno scoppiò la seconda intifada, detta «di al-Aqsa» (la prima era scoppiata nei campi profughi nel 1987 e aveva portato agli Accordi di Oslo), quando il leader del

---

21. Cfr P. PIERACCINI - E. DUSI, «Gerusalemme: un accordo impossibile?», cit., 109.

Likud (un partito di destra), Ariel Sharon, spavaldamente decise di fare una «semplice passeggiata», insieme ad alcuni suoi sostenitori, sulla Spianata e di andare a visitare gli scavi israeliani nelle cosiddette «Stalle di Salomone», che si trovano sotto la moschea. Questo fatto fu considerato dai palestinesi come una provocazione e come una profanazione del loro luogo sacro. L'intifada, come è noto, durò circa cinque anni e provocò più di 5.000 vittime tra i palestinesi e circa un migliaio tra gli israeliani.

Altro importante risultato del fallimento del Vertice di Camp David, di cui ancora oggi si pagano le conseguenze, fu che a partire da allora i leader politici israeliani decisero di applicare a Gerusalemme il principio, già da tempo sperimentato in Cisgiordania e in parte anche a Gaza, di «occupare il massimo di territorio con il minimo di presenze palestinesi». Dopo Camp David, si decise di rimodellare la città in modo da includervi la gran parte degli insediamenti israeliani, tenendone fuori i quartieri a maggioranza palestinese. Questa misura di sicurezza fu poi rafforzata a partire dal 2002 – cioè negli anni bui dell'intifada – dalla costruzione di una «barriera divisoria» tra Israele e Territori occupati, che intorno a Gerusalemme segue un tracciato tortuoso di circa 150 km e a volte taglia a metà alcuni villaggi arabi, modificando lo stato giuridico di migliaia di persone. Decine di migliaia di palestinesi si sono così trovati nella parte della Cisgiordania, pur avendo la carta di identità israeliana.

Conclusione

Negli ultimi anni, sia a Gerusalemme sia nei Territori la convivenza tra israeliani e palestinesi è diventata difficile e a volte impossibile. Più di 400.000 israeliani (i cosiddetti «coloni»), spesso con motivazioni politico-religiose, si sono trasferiti in Cisgiordania, dove doveva sorgere lo Stato palestinese. Oggi sono molti gli osservatori politici e gli intellettuali, anche progressisti e di sinistra, che considerano la soluzione del bi-statualismo ormai superata e impraticabile. Essi propongono la soluzione del mono-statualismo – uno Stato per due popoli –, dove tutti i cittadini, ebrei e palestinesi, godano degli stessi diritti civili e politici. Ritengono che il vecchio progetto del bi-statualismo oggi sia finalizzato solo a tenere in vita una classe politica corrotta, cioè l'Anp, che ha fallito i suoi obiettivi e che non avrebbe più l'appoggio della maggioranza dei palestinesi. La comunità internazionale – in particolare l'Onu, che non ha mai riconosciuto l'annessione di Gerusalemme Est e dei Territori – ribadisce l'importanza della soluzione dei due Stati, che vivano uno accanto all'altro in pace e sicurezza entro confini riconosciuti. In questa direzione si è espresso anche papa Francesco nel recente discorso al Corpo diplomatico.

Ora, a prescindere dalle questioni legate al bi-statualismo o mono-statualismo, che non rientrano in questo studio[22], per quanto riguarda Gerusalemme, alcuni settori del mondo politico e intellettuale sia israeliano sia palestinese guardano ad essa (oltre la gabbia di Oslo) come a una città aperta, unita, senza confini interni, capitale dei due popoli che la abitano. Cioè, una città «una e condivisa», dove «tutto il mosaico di quartieri, insediamenti, colonie, sobborghi storici, Città Vecchia, luoghi sacri dovrebbe rappresentare un corpo urbano unico, in cui vi sia totale libertà di movimento»[23]. Una città di questo tipo dovrebbe, però, avere uno statuto speciale, con un sindaco eletto da tutti gli abitanti e un Consiglio municipale che rappresenti in modo paritetico le due comunità. «Gerusalemme – scrive Paola Caridi – deve rimanere aperta oltre le diverse cinte di mura che la racchiudono e la feriscono»[24]. Per tutti gli uomini essa dovrebbe essere una «città aperta»[25] e rappresentare il luogo della comunione e della pace, e non della discordia e della divisione.

---

22. Sul dibattito in corso, cfr C. De Martino, *Il nuovo ordine israeliano. Oltre il paradigma dei due Stati*, Roma, Castelvecchi, 2017, 19 s; N. Chomsky - I. Pappé, *Palestina e Israele che fare?*, Roma, Fazi, 2015. In favore del bi-statualismo si dichiara A. Oz, *Cari fanatici*, cit., 87 s. «Sì, un compromesso tra Israele e Palestina. Sì, due Stati. Spartizione di questa terra, che deve diventare una casa bifamiliare» (ivi, 96).

23. P. Caridi, *Gerusalemme senza Dio...*, cit., 191.

24. Ivi, 189.

25. Così ha detto in un'intervista il Segretario di Stato, card. Pietro Parolin: «Gerusalemme dovrebbe avere uno statuto speciale che ne faccia una città aperta» (G. G. Vecchi, «Gerusalemme città di pace, ma solo con il dialogo diretto», in *Corriere della Sera*, 21 dicembre 2017).

LA GIORDANIA E GERUSALEMME

Giancarlo Pani S.I.

Più volte la nostra rivista si è interessata al problema dell'intricato rapporto tra israeliani e palestinesi per ciò che concerne la Terra Santa, in particolare per lo *status* della città di Gerusalemme[1]. In tale contesto, non si deve dimenticare la presenza di un terzo attore nella vicenda, oltre Israele e la Palestina, e cioè la Giordania. Si calcola che, a partire dalla proclamazione della nascita dello Stato di Israele, nel 1948, si siano riversati in Giordania non meno di 2.200.000 palestinesi (su circa 10 milioni di abitanti). Molti di essi oggi si sono in qualche modo «naturalizzati», ma ci sono ancora coloro che vivono da profughi e che vorrebbero ritornare nelle loro case.

Va ricordato anche che il luogo santo per antonomasia, *al'Haram ash-Sharif* («il recinto sacro»), che gli ebrei chiamano *Har ha-Bait* («il monte della casa [di Dio]»), è sotto il controllo formale dell'ente islamico-giordano *Al Waqf*, la fondazione pia musulmana che si occupa dei luoghi sacri dell'islam. Tuttavia il grande piazzale delle moschee e la Città Vecchia di Gerusalemme sono legati ad antichissime tradizioni delle tre grandi religioni abramitiche monoteiste: l'ebraismo, il cristianesimo e l'islam.

La crisi del processo di pace

Nell'attuale fase critica del processo di pace va rilevato l'atteggiamento discreto e prudente, ma senza ambiguità, che il re di Giordania, Abdallah II, sta cercando di mantenere. Dopo la dichiarazione del presidente degli Usa Trump di voler trasferire l'ambasciata da

---

1. Cfr D. NEUHAUS, «Gerusalemme e la Chiesa cattolica», in *Civ. Catt.* 2018 I 10-23; G. SALE, «La questione di Gerusalemme capitale», ivi 2018 I 331-342.

Tel Aviv a Gerusalemme – riconoscendo in tal modo la città come la capitale di Israele – e l'immediato e netto rifiuto dell'Autorità palestinese della mediazione statunitense, il re Abdallah si muove per placare le tensioni e offrire vie d'uscita.

Lo documenta l'intervento pubblico del sovrano fatto al *World Economic Forum* di Davos alla fine di gennaio e ora integralmente pubblicato in inglese sul quotidiano di Amman *The Jordan Times*: «Sto ancora aspettando il piano americano, ma ho enorme simpatia per quanto stanno provando i palestinesi. [...] Se questi adesso si rivolgono agli europei è perché comunque vogliono la pace. [...] Essi devono allora capire che non c'è pace senza gli Usa. [...] Il problema che Washington ha oggi con Israele è che il loro piano, per avere senso, deve proporre qualcosa di veramente buono per i palestinesi. [...] Vedremo allora se a quel punto gli israeliani accetteranno. [...] Non penso ci sia un piano "B" a questo stadio»[2].

L'intervento del re riassume il delicato impegno diplomatico che egli sta svolgendo. Il sovrano hashemita sembra riecheggiare il messaggio augurale per il 2018 che papa Francesco ha rivolto ai membri del Corpo diplomatico presso la Santa Sede, ribadendo la criticità della sfida, nel senso che Gerusalemme può essere il luogo capace di riunire tutti o generare aggressione e violenza a livelli non ancora raggiunti[3].

La gravità di tali affermazioni riflette la minaccia che incombe sulla Giordania. Se avverrà la prevista inaugurazione dell'ambasciata Usa a Gerusalemme, in concomitanza con il 70° anniversario

---

2.   Z. Fareed, «Jerusalem is a city of hope that should bring us together. King: One-state solution will hold challenging obstacles to Israel», in *The Jordan Times*, 25 gennaio 2018.

3.   Ecco le parole del Papa ai membri del Corpo diplomatico accreditato presso la Santa Sede per la presentazione degli auguri per il nuovo anno: «Un pensiero particolare rivolgo a Israeliani e Palestinesi, in seguito alle tensioni delle ultime settimane. La Santa Sede rinnova il suo pressante appello a ponderare ogni iniziativa affinché si eviti di esacerbare le contrapposizioni, e invita a un comune impegno a rispettare, in conformità con le pertinenti Risoluzioni delle Nazioni Unite, lo *status quo* di Gerusalemme, città sacra a cristiani, ebrei e musulmani. Settant'anni di scontri rendono quanto mai urgente trovare una soluzione politica che consenta la presenza nella Regione di due Stati indipendenti entro confini internazionalmente riconosciuti. Pur tra le difficoltà, la volontà di dialogare e di riprendere i negoziati rimane la strada maestra per giungere finalmente a una coesistenza pacifica dei due popoli» (cfr w2.vatican.va/ 8 gennaio 2018).

della nascita dello Stato di Israele, e se Trump accetterà l'invito di Netanyahu a presiedere alla cerimonia, è prevedibile che ad Amman, e in tutto il mondo islamico, le tensioni riesploderanno.

È certo che in Giordania a essere inquieti non sono soltanto i parlamentari e gli esponenti politici riconducibili all'«islam politico» – per esempio, i «Fratelli musulmani» nella loro frangia giordana, o formazioni simili – ma anche molte componenti della società in cui sono vivissimi i legami con le radici palestinesi. La delusione e lo sconforto per la decisione dell'amministrazione statunitense sono molto forti.

Le testimonianze e le reazioni dei profughi

Sono esemplari le reazioni di diversi testimoni diretti della delicata interazione tra Palestina, Israele e Giordania negli ultimi 70 anni. Molti di loro hanno legami familiari con la Palestina antecedenti agli accordi Sykes-Picot (16 maggio 1916)[4] e alla Dichiarazione di Balfour (2 novembre 1917), ma hanno poi servito con dedizione e spirito patriottico il regno hashemita di Giordania. Le loro reazioni meritano di essere considerate, perché riflettono quanto siano in gioco la loro stessa identità nazionale e l'impossibilità di sottrarsi ai conflitti e alle crisi che da ogni parte circondano la Giordania.

Rimane attuale la proposta che l'ex ministro Abu Odeh lanciò, negli anni Novanta, in una conferenza alla *Catholic University of America* di Washington D. C., per una «Gerusalemme indivisa, capitale dei due Stati». In quella circostanza egli proponeva l'internazionalizzazione della Città Vecchia e dei Luoghi Santi con *al-Quds* (denominazione araba di Gerusalemme Est, come capitale dello Stato palestinese) e *Yrushalaim* (denominazione ebraica di Gerusalemme Ovest, come capitale dello Stato israeliano)[5].

Questa proposta è stata ripresa recentemente dal re Abdallah e, nella sua formulazione, non troverebbe ostacoli insormontabili nel

4. Cfr G. SALE, «È la fine del Trattato Sykes-Picot? A un secolo dagli accordi che hanno ridisegnato il Medio Oriente», in *Civ. Catt.* 2016 III 110-124.

5. Cfr A. ABU ODEH, «Religious Inclusion, Political Inclusion: Jerusalem as an Undivided Capital», in *Catholic University Law Review* 45 (1996/3) 693.

linguaggio diplomatico – accuratamente cesellato – della dichiarazione di Trump dello scorso 7 dicembre 2017. In questa si afferma infatti esplicitamente una condizione: «ove le parti trovassero direttamente un accordo in proposito»[6].

Sullo sfondo di questa riproposizione di una formula «ecumenica» si staglia un giudizio politico che sta rapidamente mutando. Per decenni gli arabi non si sono fidati degli europei, perché colonialisti, preferendo puntare sulla *leadership* americana; ora la manovra politica di Trump fa crollare questa fiducia, e fa sorgere le attese di un ruolo determinate dell'Europa per aiutare a perseguire una sempre più problematica soluzione dei due Stati (*Two-State Solution*). Questa non sarà una panacea, ma potrebbe almeno promuovere l'avvio di un quadro regionale più dignitoso, ove sperimentare qualcosa che possa in qualche modo avvicinarsi al modello di collaborazione europea del dopoguerra.

Si ritiene che la Giordania avrebbe un forte interesse per un tale disegno, in quanto garantirebbe un equilibrio tra il potere politico-militare (detto della «Componente beduina») e l'alta borghesia (la *Business Community*), diretta prevalentemente da gruppi e famiglie di origine palestinese. Non avrebbe invece alcun senso – anzi, sarebbe controproducente – una formula politica di associazione giordano-palestinese (la *Jordan Option*), favorita da alcuni ambienti israeliani avversi alle soluzioni a uno o due Stati, ma che vorrebbero rinviare l'intera popolazione palestinese al di là del Giordano, nel regno hashemita.

Il punto nodale è che occorrerebbe escogitare una soluzione per dare ai palestinesi una chiara statualità, che permetta loro non sol-

---

6. Dichiarazione del 7 dicembre 2017. Cfr l'editoriale di *SicurezzaInternazionale*: «Trump: Gerusalemme è la capitale di Israele», in http://sicurezzainternazionale.luiss.it/2017/12/07/trump-gerusalemme-la-capitale-israele/ Il presidente Trump parla di Gerusalemme, ma non usa l'espressione «eterna e indivisibile capitale di Israele». Egli aggiunge che saranno poi i negoziatori delle due parti in causa a definire i confini dei loro rispettivi Stati, non escludendo in via di principio la possibilità che anche i palestinesi possano avere la propria capitale nei quartieri orientali della città. Tale opzione è decisamente rifiutata dalla destra israeliana, tanto che si costruiscono nuovi quartieri ebraici per vanificarla (cfr L. Cremonesi, «Trump riconosce Gerusalemme capitale di Israele: "Scelta necessaria per la pace"», in *Corriere della Sera*, 7 dicembre 2017).

tanto un dinamismo imprenditoriale – che è una loro caratteristica –, ma anche un ampliamento di mercato su scala regionale o addirittura sovranazionale.

Sullo sfondo va ricordato anche il discorso di papa Francesco nell'udienza generale di mercoledì 6 dicembre 2017 (e quindi prima della dichiarazione del presidente Trump), con un appello per Gerusalemme: «Non posso tacere la mia profonda preoccupazione per la situazione che si è creata negli ultimi giorni e, nello stesso tempo, non rivolgere un accorato appello affinché sia impegno di tutti rispettare lo *status quo* della città, in conformità con le pertinenti Risoluzioni delle Nazioni Unite»[7].

Il Papa ha inoltre affermato: «Gerusalemme è una città unica, sacra per gli ebrei, i cristiani e i musulmani, che in essa venerano i Luoghi Santi delle rispettive religioni, e ha una vocazione speciale alla pace. Prego il Signore che tale identità sia preservata e rafforzata a beneficio della Terra Santa, del Medio Oriente e del mondo intero e che prevalgano saggezza e prudenza, per evitare di aggiungere nuovi elementi di tensione in un panorama mondiale già convulso e segnato da tanti e crudeli conflitti»[8].

La Giordania e i fondamentalismi

La posizione della Giordania, come pure le Risoluzioni delle Nazioni Unite e la posizione della Santa Sede si scontrano con le aspettative fondamentaliste che circolano sia in Israele sia negli Stati Uniti, su un piano religioso più che politico, basate sulla convinzione di una ormai imminente «seconda discesa del Messia» e dell'arrivo dell'Apocalisse finale.

Al riguardo è interessante, e quanto mai attuale, un articolo scritto nel novembre del 1947 da Abdallah I, bisnonno dell'attuale

---

7. Francesco, *Discorso* nell'Udienza generale del 6 dicembre 2017, in w2.vatican.va

8. Ivi. Per sapere come si è sviluppata nel tempo la posizione della Santa Sede, cfr D. Neuhaus, «Gerusalemme e la Chiesa cattolica», cit., 10-23; J.-D. Montoisy, *Le Vatican et le problème des Lieux Saints*, Jerusalem, Franciscan Printing Press, 1984.

re, e ripubblicato nel febbraio del 2009[9]. Vi si ribadisce che «le sole cose che la gran parte degli Americani sanno sulla Palestina sono quelle che hanno letto nella Bibbia: era a quell'epoca una terra giudaica e pensano che sia sempre rimasta tale»[10].

L'articolo prosegue affermando che arabi ed ebrei hanno coabitato quasi pacificamente in Palestina per circa 2.000 anni nel segno del reciproco rispetto; l'equilibrio si è alterato quando, su iniziativa del movimento sionista, sono arrivati flussi crescenti di immigrazione ebraica dall'Europa orientale, con difficoltà di acclimatamento socio-culturale non ancora superate, che rendono estremamente problematico ogni serio discorso – storico e religioso – sul perdurante diritto esclusivo dell'identità ebraica della Palestina.

Il fondamentalismo – secondo il quale «le esegesi bibliche si sono sempre più spinte verso letture decontestualizzate dei testi veterotestamentari sulla conquista e sulla difesa della "terra promessa", piuttosto che essere guidate dallo sguardo incisivo e pieno di amore del Gesù dei Vangeli»[11] – costituisce forse la minaccia più insidiosa al processo di pace, perché taglia alla radice ogni possibilità di accordo e di compromesso nel segno della coesistenza e della reciproca accettazione.

La pace è più forte della guerra

In una simile prospettiva, il principale ostacolo non sarebbe affatto Israele, ma piuttosto gli integralisti di ogni fede e colore, soprattutto se entusiasti e fanatici della mentalità autolesionista di chi è assediato da ogni parte e può difendersi solo con la forza e la

---

9. Cfr Abdullah I of Jordan, «As the Arabs see the Jews», in *Institute for Historical Rewiew* (www.ihr.org/other/abdullahpalestine); orig. *The American Magazine*, novembre 1947. Ora in *Information Clearing House*, 26 febbraio 2009.

10. Ivi.

11. Cfr A. Spadaro - M. Figueroa, «Fondamentalismo evangelicale e integralismo cattolico. Un sorprendente ecumenismo», in *Civ. Catt.* 2017 III 105-113, in particolare 106. Questo giudizio è condiviso da quanti, come l'ex ministro Abu Jaber, sono impegnati sia sul piano del dialogo interreligioso sia su quello dell'ecumenismo. Cfr Kamel S. Abu Jaber, «Christian Khawarij», in *The Jordan Times* (www.jordantimes.com/opinion/kamel-s-abu-jaber/christian-khawarij/), 15 gennaio 2018. Abu Jaber è un cristiano ortodosso.

violenza. È la mentalità del «Muro di ferro» (*Iron Wall*), teorizzato dall'ideologo del sionismo revisionato, Ze'ev Jabotinsky[12], l'ispiratore del Likud più intransigente, da Begin a Netanyahu.

Al confronto, anche un «falco» come Moshe Dayan appare una «colomba». Rileggendo le note biografiche su Dayan dello storico israeliano Avi Shlaim, colpisce la definizione del personaggio: «un uomo nato in guerra, vissuto tutta la vita in guerra, e con la propria filosofia di guerra»[13], fermamente convinto che la sopravvivenza di Israele non fosse la guerra e la violenza, ma «la possibilità di un accordo con il mondo arabo»[14]. Riemerge dunque la questione del dialogo e del reciproco rispetto.

Mosè, il Monte Nebo e la «Terra Santa»

Nel settembre del 2017, nel convento sul Monte Nebo, si è svolto un seminario dal titolo «Il profeta Mosè nel giudaismo, nel cristianesimo e nell'islam», in occasione dell'800° anniversario della Custodia francescana di Terra Santa. Vi hanno partecipato i francescani, i rappresentanti dell'Istituto reale per gli studi interreligiosi di Giordania e la Fondazione per le scienze religiose Giovanni XXIII di Bologna. Va rilevata l'importanza del comunicato finale, sottoscritto da tutti i presenti: «Lo sforzo ermeneutico e le interpretazioni teologiche indicano quanto sia importante ascoltare e interrogare, con onestà e rispetto, la propria tradizione e quella degli altri. Riuniti per ascoltare i diversi aspetti e le interpretazioni di Mosè, abbiamo capito quanto siano importanti il cammino e l'incontro da prospettive diverse verso nuovi sentieri di dialogo, nella consapevolezza e nel riconoscimento della dignità delle differenze»[15].

12. Cfr Z. Jabotinsky, *The Iron Wall (We and the Arabs)*, scritto in russo nel 1923; cfr L. Brenner, *The Iron Wall*, London, Zed Books, 1984.

13. A. Shlaim, *The Iron Wall: Israel and the Arab World*, New York, W. W. Northon, 2001, 102. Shlaim è un autorevole giornalista, storico israeliano e apprezzato biografo del re Hussein di Giordania.

14. Ivi. Nel testo è scritto *accommodation*, che propriamente significa «alloggio, sistemazione», ma anche «accordo».

15. Cfr *A Message from Mount Nebo*, in http://ambamman.esteri.it/ambasciata_amman/resource/doc/2017/10/a_message_from_mount_nebo.pdf

Il messaggio, in chiave ecumenica, riprende gli appelli che la Giordania fa periodicamente per rilanciare il dialogo interreligioso e il patrimonio di valori comuni sotteso, unica garanzia per la pace, la sicurezza e la prosperità in questa travagliata regione da cui hanno preso le mosse e si sono irradiate le grandi religioni monoteistiche dei nostri tempi.

Guardando in lontananza Gerusalemme dalle alture del Monte Nebo, viene spontaneo condividere quanto ha scritto Franco Cardini sul fatto che non vi è altro posto al mondo ove si senta «così forte il respiro di Dio»[16], in una città «dove il Sacro si fa continuamente materia e dove non esiste cosa materiale che non sia pervasa di sacralità»[17].

16. F. Cardini, *Gerusalemme. Una storia*, Bologna, il Mulino, 2012, 23.
17. Ivi, 25.

IL CONTESTO
STORICO E POLITICO

I LUOGHI SANTI
TRA GLI SCOGLI DELLA POLITICA*

Antonio Messineo S.I.

Riesce oggi difficile all'uomo comune seguire gli avvenimenti, che con tanta rapidità si susseguono, s'intrecciano e si accavallano, come le onde di un mare agitato nel vasto settore della vita internazionale, e ciò gli torna ancora più arduo, quando nubi minacciose di tempesta si addensano all'orizzonte e tengono sospeso l'animo nel timore che la minaccia non si attui in un nuovo cataclisma mondiale, com'è avvenuto nella seconda metà dell'anno appena tramontato dallo scoppio del conflitto coreano. Non reca, quindi, meraviglia se, durante questo periodo di tensione spirituale, in cui l'occhio si fissa, quasi reso immoto dallo stupore doloroso, sul punto dello scacchiere mondiale, dove l'edificio della pace sembra debba franare da un momento all'altro, i cattolici del mondo e la stampa, nella quale si esprime la loro voce, non abbiano avvertito quanto andava svolgendosi in seno all'Organizzazione delle Nazioni Unite a proposito della sicurezza dei Luoghi Santi e della divisata internazionalizzazione della città di Gerusalemme e suoi immediati dintorni, espressamente domandata per mezzo di alcuni documenti solenni dal regnante Pontefice, Pio XII.

L'attenzione della stampa cattolica e benevola agli interessi preponderanti del mondo cristiano, particolarmente occidentale, è stata di recente ridestata della voce autorevole dell'*Osservatore Romano,* il quale metteva sull'avviso intorno alla piega poco favorevole dei negoziati presso le Nazioni Unite riguardo al problema palestinese, e ribadiva alcuni punti essenziali per una sua equa soluzione. I quotidiani italiani hanno fatto discretamente eco a questa voce, nella

* Titolo originale: «La sicurezza dei Luoghi Santi tra gli scogli della politica».

quale anche noi sentiamo risonare l'invito a riprendere il tema altra volta trattato, facendo il punto sulla condizione incresciosa, che si è venuta a determinare per effetto della resistenza dei due governi più immediatamente interessati, non senza l'appoggio di alcune grandi potenze, ed esprimere senza veli un parere chiaro sul problema, che da anni si trascina senza ricevere una soluzione pratica e definitiva.

Il mondo cattolico aveva tratto un sospiro di sollievo, liberandosi in parte dalle ansie fino allora nutrite insieme col suo Capo supremo sulla sorte dei Luoghi Santi e della città di Gerusalemme, quando il 9 dicembre 1949 l'Assemblea generale delle Nazioni Unite si pronunciava a gran maggioranza di voti, 38 favorevoli, 14 contrari e 7 astenuti, a favore della risoluzione riguardante lo statuto speciale della città santa e la tutela internazionale dei luoghi sacri dispersi nella Palestina, precedentemente approvata dalla Commissione politica speciale con 35 voti favorevoli, 13 contrari e 11 astenuti. Per richiamare alla mente dei membri delle Nazioni Unite le responsabilità e gli impegni con queste votazioni assunti dinanzi al mondo cristiano, e far vedere al lettore quanto nette fossero le posizioni prese e perciò stesso impegnative per tutti gli Stati aderenti alla nuova Organizzazione internazionale, è opportuno riferire in parte il testo della nominata risoluzione.

In essa veniva affermato che l'Assemblea generale era nella convinzione che i princìpi stabiliti nelle risoluzioni anteriori relative al problema di Gerusalemme e della tutela dei Luoghi Santi ne costituivano una soluzione giusta ed equa. Come punto di riferimento si richiamava in modo espresso la risoluzione del 29 novembre 1947, nella quale si approvava il piano di ripartizione della Palestina in due Stati indipendenti, ma economicamente uniti, con una riserva particolare per la città di Gerusalemme e suoi immediati dintorni, che avrebbero dovuto essere eretti in *corpus separatum* con uno statuto speciale sotto la tutela delle Nazioni Unite. È importante notare come alla data cui ci riferiamo, questo disegno d'internazionalizzazione è giudicato giusto ed equo non solo, ma attuabile nelle sue linee essenziali, altrimenti rimarrebbe un controsenso l'approvazione ricevuta con una così vistosa maggioranza di suffragi.

Questa valutazione positiva spiega perché l'Assemblea generale abbia deciso di «riaffermare la sua intenzione di vedere instaurato a Gerusalemme un regime internazionale permanente, che predisponga delle garanzie soddisfacenti per la protezione dei Luoghi Santi, tanto a Gerusalemme quanto fuori di questa città, e di confermare espressamente le disposizioni seguenti della sua risoluzione 181: *1)* La città di Gerusalemme sarà costituita in *corpus separatum* sotto un regime internazionale speciale e sarà amministrata dalle Nazioni Unite; *2)* Il Consiglio di tutela sarà incaricato di assicurare le funzioni dell'autorità cui sarà commessa l'amministrazione». Seguono nello stesso paragrafo primo della risoluzione le indicazioni esatte dei confini, entro i quali dovrà essere circoscritto il *corpus separatum,* mentre nel secondo si invita il Consiglio di tutela a mettere a punto lo Statuto di Gerusalemme senza pregiudicarne i princìpi fondamentali riguardo al suo regime internazionale, già stabiliti nel 1947, modificandolo in modo da renderlo più democratico, di approvarlo e di prendere immediatamente le misure necessarie per metterlo in esecuzione.

La questione palestinese sembrava con questo atto risolta nelle sue linee essenziali in conformità dei desideri manifestati dal mondo cattolico, del quale erano state espressione autorevole particolarmente due lettere encicliche del S. Padre. Non mancavano però delle nubi all'orizzonte ad attenuare gli entusiasmi. Innanzi tutto l'esecuzione pratica del disegno era stata pregiudicata gravemente dalla stessa Assemblea generale, quando accolse Israele tra le Nazioni Unite, riconoscendo giuridicamente l'esistenza del nuovo Stato. Con questo passo poco accorto, come abbiamo già rilevato a suo tempo, le potenze che si erano schierate per l'internazionalizzazione di Gerusalemme e suoi dintorni, si lasciavano sfuggire di mano una carta, che avrebbero potuto usare efficacemente per piegare Israele, ponendo come condizione al suo riconoscimento giuridico e alla sua inserzione nelle Nazioni Unite l'accettazione dello statuto speciale della città santa. Aver ottenuta l'uno e l'altra senza contro partita è stata una vittoria per lo Stato d'Israele, dalla quale avrebbe preso animo a più osare per l'avvenire.

A confortare ed accrescere questo maggiore ardire, facilmente prevedibile, è concorso l'atteggiamento di due delle grandi potenze, che hanno seggio permanente nel Consiglio di Sicurezza, gli Stati Uniti e l'Inghilterra, le quali, per motivi diversi, ne hanno in certo modo incoraggiato la resistenza, astenendosi in seno al Consiglio di tutela dal votare la redazione ultima dello statuto speciale per Gerusalemme. L'astensione equivale a non approvazione e manifesta l'intenzione dell'astenuto di non appoggiare positivamente l'esecuzione della risoluzione, che è riuscita ad avere la maggioranza. Una gran parte della responsabilità riguardo alla piega poco felice degli avvenimenti, che purtroppo minaccia di travolgere nell'insuccesso la decisione a suo tempo presa dalle Nazioni Unite, va attribuita alle potenze sopra nominate, la cui posizione netta avrebbe potuto suggerire migliori consigli alle parti interessate, particolarmente ad Israele, tenuto, come membro dell'Organizzazione, a rispettarne i disegni e gli ordini, conformandosi al voto della maggioranza.

Con questo rilievo abbiamo alquanto precorso lo svolgersi dell'azione del Consiglio di tutela, cui, come si è visto, era stato demandato dall'Assemblea l'ufficio di rivedere lo Statuto di Gerusalemme, già redatto nel 1947, e di procedere immediatamente alla sua esecuzione. Questo si è subito riunito, per iniziare il proprio lavoro, il 13 dicembre, ma si è trovato dinanzi a un'iniziativa unilaterale dello Stato d'Israele, che, non tenendo nessun conto delle deliberazioni dell'Assemblea, verso le quali lanciava una sfida con un fatto compiuto, aveva trasferito nella città nuova di Gerusalemme in suo possesso alcuni ministeri e uffici, confermando con questo atto illegale e arbitrario la volontà, all'occasione espressamente dichiarata, di erigerla a capitale dello Stato. Naturalmente l'attenzione del Consiglio si polarizzò in modo quasi esclusivo su tale avvenimento. Nella risoluzione votata il 21 dicembre 1949 si dichiarava scosso del trasferimento avvenuto, che non teneva «conto delle disposizioni del paragrafo II della risoluzione 303 (IV) dell'Assemblea generale del 9 dicembre 1949», con la quale si dimostrava incompatibile, e condannava il procedimento dello Stato d'Israele come pregiudizievole all'attuazione dello statuto di Gerusalemme.

L'accettazione da parte del Consiglio di tutela della mozione franco-belga rimase una deplorazione platonica. Come osservava quasi ironicamente il delegato dell'Irak, se il Consiglio considerava l'azione dello Stato d'Israele come illegale e dannosa per la pace e la stabilità del Medio Oriente, una mancanza di rispetto all'Assemblea generale e a tutti quelli appartenenti alle due religioni mondiali, suo dovere era di agire in conformità di questa valutazione giuridica e morale. Il problema, egli aggiungeva, è chiaro nei suoi termini: il Consiglio può passar sopra all'aggressione del governo d'Israele, o agire rapidamente affinché Gerusalemme rimanga il centro di tre religioni e assicurare il rispetto della risoluzione dell'Assemblea generale. Questo ragionamento era chiaro e limpido nelle sue premesse e nelle sue conseguenze, e tuttavia non condusse a nessun provvedimento pratico, come avrebbe dovuto fare, affinché la politica del fatto compiuto non pregiudicasse la divisata soluzione del problema palestinese, riconosciuta giusta ed equa.

Le debolezze e gli errori si scontano così nella vita individuale come in quella politica: l'acquiescenza alla violazione della giustizia conduce chi ha avuto successo a procedere imperturbato lungo la via imboccata. Il Consiglio di tutela ha dovuto sperimentare l'inesorabilità di questa legge. Infatti, dopo aver approvato il 4 aprile 1950 la stesura definitiva dello statuto speciale della città di Gerusalemme, per la sua erezione in *corpus separatum*, con nove voti favorevoli e due astenuti (Stati Uniti e Inghilterra) non è stato poi in grado di metterlo in atto, a causa della resistenza incontrata sia da parte della Giordania sia da parte d'Israele, avendo la prima assunto un atteggiamento passivo con la mancata risposta all'invito del presidente, e il secondo manifestata un'opposizione attiva con una mossa più politica del suo avversario.

Occorre qui notare di passaggio a questo proposito la poca coerenza degli Stati Uniti e d'Israele riguardo alla sistemazione di Gerusalemme e alla tutela dei Luoghi Santi. Promotore principale del piano di spartizione della Palestina in due Stati indipendenti era stato il governo statunitense, dal quale era emanato il disegno approvato nel 1947 dall'Assemblea generale, in cui era espressamente prevista l'internazionalizzazione di Gerusalemme e dei suoi dintorni per la tutela dei santuari e luoghi sacri alle tre religioni, che ad essa variamente si ricollegano. Il delegato degli Stati Uniti ha votato in favore dell'accoglimento di tutto il progetto di spartizione, accettando implicitamente la parte riguardante Gerusalemme; quando pero la divisione in due Stati è stata approvata, ha ritirato la propria adesione – poiché l'astensione, come si è notato, non significa altro – ai paragrafi che più interessavano il mondo particolarmente cattolico e nei quali questo vedeva il coronamento di aspirazioni secolari, per la cui attuazione aveva lungo parecchi secoli versato il sangue e contribuito generosamente con i suoi averi. Si penserebbe, e forse non si andrebbe lontano dal vero, a una poco pulita manovra politica, per far raggiungere allo Stato d'Israele alcuni determinati scopi. Questo a sua volta ha accolto di buon vino la ripartizione della Palestina, perché gli dava il modo di legalizzare un fatto compiuto, ma ha respinto, sotto l'egida di un così potente protettore, l'internazionalizzazione di Gerusalemme, sfidando le deliberazioni dell'Assemblea generale.

La coerenza, si dirà, non è una dote della politica; principio senza dubbio errata particolarmente quando esistono diritti e interessi più universali, che vanno rispettati, se si vuole rimanere entro i limiti della morale e della giustizia; che altrimenti e machiavellismo deteriore e non vera e sana politica. Ad ogni modo non si può non rilevare la maggiore coerenza della Giordania c del mondo arabo, i quali fin dall'inizio hanno mostrato la loro contrarietà a tutto il progetto di divisione, sebbene sia da deplorare che questa ripulsa, particolarmente per quanto riguarda l'internazionalizzazione di Gerusalemme, abbia impedito la sua erezione in *corpus separatum*, secondo il disegno gradito e auspicato dall'occidente cattolico.

La situazione che in tal modo si è venuta a creare rilancia sulle acque torbide della politica la sicurezza dei Luoghi Santi, che sembrava ormai raggiunta con soddisfazione di tutti i cattolici del mondo, mediante la risoluzione del dicembre 1949. Infatti il Consiglio di tutela, il 14 giugno 1950, dopo aver preso visione della relazione presentata il 2 dello stesso mese dal presidente uscente, Sign. Garreau (Francia), sulla sterilità dei suoi sforzi per mettere in esecuzione lo statuto speciale per la città di Gerusalemme, a causa della mancata cooperazione dei due Stati più direttamente interessati, ha approvato con 9 voti e uno solo contrario una risoluzione, con la quale rinvia la questione dell'internazionalizzazione della città santa all'Assemblea generale. Si è cosi ritornati quasi al punto di partenza, col pericolo di veder sommerse le giuste aspirazioni del mondo cattolico, i desideri e le proposte, così chiaramente e autorevolmente espressi dalla somma autorità che lo governa per mandato divino.

Affinché l'opinione pubblica delle nazioni cattoliche si renda conto della gravità di questo pericolo e reagisca contro la possibile e deprecabile violazione dei suoi diritti secolari sui Luoghi Santi, occorre portare a sua conoscenza alcuni elementi, donde potrà raccogliere verso quale soluzione si tenta di orientare il futuro voto dell'Assemblea generale delle Nazioni Unite, dalla cui decisione dipende ormai la sorte di Gerusalemme e dei santuari cristiani.

* * *

Il governo d'Israele si è affrettato a presentare al Consiglio di tutela un memorandum ufficiale, nel quale, dopo aver ribadita la sua opposizione all'internazionalizzazione di Gerusalemme, espone delle controproposte, la cui sostanza è la seguente. Invece dell'erezione della città santa e suoi dintorni in *corpus separatum,* per la protezione dei Luoghi Santi, propone uno statuto, mediante il quale dovrebbe rimanere fissato che i diritti delle Nazioni Unite riguardo ai Luoghi Santi di Gerusalemme derivano direttamente dall'Assemblea generale. In tal maniera l'autorità delle Nazioni Unite sui Luoghi Santi avrebbe un carattere statutario, e non dipenderebbe da un accordo contrattuale. Queste per esercitare le funzioni, che mediante tale statuto verrebbero loro attribuite riguardo alla sicurezza dei Luoghi Santi, dovrebbero nominare un rappresentante o un organo, che avrebbe il carattere di un'autorità indipendente, come emanazione dell'Assemblea generale, dalla quale rileverebbe i poteri. Il rappresentante o l'organo delle Nazioni Unite avrebbe la funzione di assicurare la protezione dei Luoghi Santi, decidere sulle contese che potranno sorgere tra le comunità riguardo ai loro diritti, tutelare i diritti esistenti, prendere l'iniziativa delle eventuali riparazioni, facilitare la circolazione dei pellegrini e vigilare per il mantenimento delle esenzioni fiscali di cui essi godono. Per i Luoghi Santi posti fuori Gerusalemme, il medesimo rappresentante potrebbe negoziare degli accordi con i due governi interessati circa la loro protezione.

Queste le linee essenziali delle controproposte d'Israele per la soluzione del problema dei Luoghi Santi, nelle quali occorre un poco fissare lo sguardo con ponderatezza per coglierne tutta l'insidiosità.

Innanzi tutto è chiaro dallo stesso loro tenore che, mentre per Gerusalemme e i suoi santuari avrebbe vigore uno statuto, che rende più stabili i diritti delle Nazioni Unite sulla loro protezione, per i santuari dislocati sul suolo della Palestina fuori della città, dovrebbero essere stipulati accordi, che conservano carattere contrattuale e non statutario. Ciò significa che tali santuari, se queste proposte venissero accolte, al momento del loro accoglimento rimarrebbero senza alcuna tutela per la loro sicurezza e il libero accesso dei pellegrini, e che il conseguimento di siffatto scopo rimarrebbe alla discrezione della buona o cattiva volontà dei governi interessati. Questa soluzione può essere comoda per Israele, giacché i pochi luoghi sacri giudaici, due in tutto, si trovano dentro la città di Gerusalemme, ed esattamente nella parte ora sotto il dominio arabo, ma non può in nessun modo incontrare il gradimento del mondo cattolico, per la semplice ragione che alcuni Luoghi Santi cari al suo cuore e da secoli venerati, come, ad esempio, Betlemme e Nazareth, rimarrebbero senza alcuna tutela internazionale. Con essa i sionisti tendono ad assicurarsi il libero accesso e la libera circolazione nella città vecchia in possesso degli Arabi, mettendo questo loro diritto sotto l'egida delle Nazioni Unite, mentre un eguale trattamento viene escluso per i santuari cristiani fuori del perimetro di Gerusalemme. L'unilateralità della proposta è evidente, come è evidente la sua insufficienza a rispondere alle esigenze pur minime di un'efficace protezione di tutti i Luoghi Santi della Palestina.

L'unilateralità dell'atteggiamento sionista non riguarda soltanto questo aspetto delle controproposte presentate al Consiglio di tutela. Chi getta uno sguardo anche fugace sopra una pianta di Gerusalemme, nella quale siano segnati i luoghi venerati dalle tre religioni, che ad essa ricollegano le loro memorie, e tiene presente la divisione operata con la forza dopo la cessazione del mandato britannico, si accorgerà come la maggioranza di essi si trovi disseminata nella parte vecchia oggi sotto il dominio della Giordania. Lo statuto proposto dallo Stato d'Israele cadrebbe, pertanto, totalmente a carico dell'autorità araba, nel cui territorio quasi in modo esclusivo il divisato rappresentante delle Nazioni Unite verrebbe ad esercitare le funzioni commessegli dall'Assemblea generale. In altri termini, mentre Israele conserva quasi integra la propria libertà, poiché nella citta nuova non esiste gran che di sacro, e si assicura il possesso della parte oggi occupata, per trasferirvi, secondo il disegno manifestato, la capitale dello Stato, esso vorrebbe soltanto imporre alla Giordania impegni di carattere statutario, che ne restringano i poteri e le facoltà.

Con ciò il sionismo sembra non rendersi conto che la parte araba, contro la quale si tenta la manovra, già soccombente nella questione della ripartizione della Palestina, dovrà necessariamente irrigidirsi, mandando a vuoto ogni tentativo d'accordo. Un passo intelligente dal canto suo sarebbe l'accettazione dell'internazionalizzazione di Gerusalemme, alleandosi col mondo cattolico, che questa desidera ardentemente, per lasciare in ogni caso la responsabilità del fallimento allo Stato d'Israele e all'inesplicabile debolezza dell'Assemblea generale delle Nazioni Unite, se mai questa, perdendo di vista l'essenza religiosa del problema, ne approvasse le proposte. Questo sembra l'orientamento ultimo degli Stati arabi, se dobbiamo prestar fede alle dichiarazioni del rappresentante dell'Irak nella riunione ultima del Consiglio di tutela, il 12 giugno 1950. Egli, infatti, ha affermato che il suo governo ha sempre richiesto un regime internazionale completo per la città di Gerusalemme, intera e indivisa. Quest'atteggiamento, ha soggiunto, ha l'appoggio di tutti i cristiani, che hanno gioito dinanzi alla prospettiva di vedere preservata Gerusalemme dal frazionamento, e ha trovato consenso presso i Sommi Pontefici, dei quali quello oggi regnante stima che solo l'internazionalizzazione completa può assicurare sufficienti garanzie per la protezione dei Luoghi Santi.

Senza dubbio questa linea politica non è del tutto nuova, poiché lo stesso rappresentante dell'Irak aveva antecedentemente approvato l'erezione di Gerusalemme e suoi dintorni in *corpus separatum,* secondo l'originario progetto delle Nazioni Unite. Tuttavia nelle sue ultime dichiarazioni sono contenute delle verità, che nessuno spirito imparziale può contestare. Una di queste merita di essere messa particolarmente in rilievo, e cioè che solo l'internazionalizzazione può assicurare sufficienti garanzie per la protezione dei Luoghi Santi. Si sente da più parti invocare un maggiore realismo nella soluzione della questione di Gerusalemme, e questo motivo ammonitore è risonato ripetutamente nella sessione del Consiglio di tutela, che l'ha rimandata all'Assemblea generale. Ora crediamo che, se le proposte d'Israele venissero accolte, l'Assemblea darebbe prova di un irrealismo superlativo a dimostrare il quale non si richiede molto.

Innanzitutto, considerata del tutto realisticamente la situazione, non può sfuggire come le supposte funzioni del divisato rappresentante delle Nazioni Unite si riducano nella sostanza a funzioni amministrative. Si creerebbe cioè un'amministratore dei Luoghi Santi con nessun potere politico o diritto dominativo su di essi, dovendo questo restare allo Stato interessato. La sua autorità sarebbe, quindi, se non addirittura nulla, talmente debole da confinare con la paralisi per poco che l'autorità politica del luogo metta ostacoli al suo lavoro. Si dirà, le Nazioni Unite veglieranno per il rispetto dei diritti statutari. Promessa poco convincente, perché se la loro vigilanza sarà eguale, e non potrà non esserlo, a quella usata verso Israele, quando questi sfidò apertamente le decisioni dell'Assemblea generale del 9 dicembre 1949, non tenendone per nulla conto, si potrà con tutta certezza concludere alla perfetta inutilità del sistema di protezione proposto.

Non allontanandosi ancora dal sano realismo, si può anzi prevedere che la volontà di resistenza degli arabi sarà rafforzata, per mandare a monte qualsiasi accomodamento pratico e la sua attuazione. Se, infatti, l'opposizione d'Israele, definita dallo stesso Consiglio di tutela illegale e offensiva delle Nazioni Unite al momento del trasferimento degli uffici statali nella città di Gerusalemme, invece di essere contrastata efficacemente, ricevesse un premio con l'accoglimento delle sue nuove proposte, come si può cadere nell'illusione che la Giordania sarà ubbidiente ed esatta esecutrice di uno statuto, che la mette in posizione d'inferiorità, rispetto al suo irriducibile avversario? Se la resistenza viene premiata, anch'essa può aspettarsi, deve anzi aspettarsi, il medesimo trattamento. E siamo di nuovo alla medesima conclusione: lo statuto proposto da Israele sarebbe un mezzo illusorio per la protezione dei Luoghi Santi, poiché senza la cooperazione dello Stato, nel cui territorio essi si trovano, la sua pratica efficacia sarà nulla.

Il regime statutario, che s'intenderebbe creare, in sostituzione dell'avversata internazionalizzazione di Gerusalemme, ha delle lontane somiglianze con le capitolazioni, che ressero fino a pochi decenni fa la protezione dei Luoghi Santi. Ma quella sistemazione poté sorreggersi e dare qualche buon frutto perché le stipulazioni erano appoggiate sopra un contratto bilaterale, alla cui osservanza invigilava la potenza contraente, gelosa dei suoi diritti, dei suoi interessi e del suo influsso politico nell'Oriente. Questi stimoli mancano all'areopago delle Nazioni Unite, o, se in qualche potenza esistono, vengono neutralizzati dal giuoco politico, così che, senza essere profeti, si può fin d'ora affermare che queste non saranno disposte a mettere il dito nell'acqua per proteggere interessi religiosi, quali sono in modo preponderante quelli, che si riannodano ai Luoghi Santi. La storia insegna come la così detta politica pura opprime e spegne sovente il senso della giustizia; possiamo allora immaginare che cosa sarà del sentimento religioso, quando essa avrà degli obiettivi da conseguire.

Né a questo proposito è da dimenticare come dall'Organizzazione delle Nazioni Unite sono oggi escluse le maggiori nazioni cattoliche europee, le quali, sotto la pressione dell'opinione pubblica, potrebbero più vivamente e acutamente sentire il carattere sacro dei luoghi in discussione. Sulle protestanti non si può fare assegnamento, giacché, purtroppo, in questa svolta storica, in cui si decide la sorte di una terra tanto venerata e sacra, il protestantesimo degli Stati Uniti e dell'Inghilterra si trova schierato quasi in fronte unico dalla parte del sionismo. Quelli fin qui messi in rilievo ci sembrano dati reali, sui quali è da sperare che l'Assemblea generale vorrà posare la sua attenzione, se non spontaneamente, almeno invitata a ciò fare dalle nazioni cattoliche, che hanno voce nel suo seno.

Ma esiste ancora un altro elemento realistico di grande importanza, dal quale emerge più evidentemente che solo l'internazionalizzazione può garantire in modo efficace la protezione dei Luoghi Santi. Se venissero accolte le suggestioni d'Israele, la città di Gerusalemme rimarrebbe divisa in due tronconi, la vecchia in mano degli arabi, la nuova in mano ebraica, e si avrebbe la conseguenza che il confine tra i due Stati correrebbe dentro la sua cerchia. Passando sopra agli intralci confinari per lo svolgimento regolare della sua vita cittadina e per la sua economia generale, che non sarebbero né pochi né indifferenti, rileviamo soltanto come il punto di attrito tra lo Stato arabo e lo Stato ebraico sarebbe nel cuore stesso della città; e poiché è noto con quale simpatia essi si guardino a vicenda e si può prevedere con quale simpatia si guarderanno per lungo tempo ancora nel futuro, Gerusalemme diverrebbe il luogo di conflitti continui, di rappresaglie e di ritorsioni, le quali, appena che degenerassero in lotta più consistente, travolgerebbero i Luoghi Santi, su cui incomberà in modo perpetuo il pericolo della distruzione. Se questa possa chiamarsi sicurezza, giudichino realisticamente i grandi esponenti della politica: per noi sarebbe una beffa giocata maldestramente al mondo cristiano.

Ci sembra che abbia un valore indiscutibilmente pratico il principio fissato dalla Commissione *ad hoc,* nominata dalle Nazioni Unite per la soluzione del problema palestinese, la quale, avendo il 25 novembre 1947 approvato il piano di spartizione, stabiliva che, nel disegnare le frontiere, si evitasse, per quanto era possibile, che si tagliassero in due i villaggi. Lo scopo della raccomandazione riferita è palmare per ogni uomo di buon senso. Ora, se il buon senso suggerisce questa misura di sana politica realistica per un villaggio, quanto più dovrà imporla in modo categorico per una città, dalla vita più complessa, e per una città come Gerusalemme, il cui territorio è tutto sacro per l'anima cristiana e i cui santuari devono essere sottratti ad ogni eventuale pericolo di profanazione e di distruzione bellica, e, se non da questa, dalle perturbazioni endemiche generate dall'antagonismo arabo-giudaico. Una strada cittadina come frontiera tra due Stati è un assurdo pratico, tanto più grave nel caso specifico in quanto non è da sperare una convivenza pacifica tra di essi per lo spazio di lunghi anni, e non sarà a sanarlo una risoluzione delle Nazioni Unite, né l'ipotetico rappresentante privo di poteri, che esse potranno designare, il quale, com'è ovvio, non potrà ingerirsi nei loro affari interni.

Da qualsiasi punto, dunque, si guarda la questione la conclusione è sempre la medesima: per la sicurezza e protezione efficace dei Luoghi Santi è indispensabile dare a tutta intera la città di Gerusalemme, parte vecchia e nuova, uno statuto internazionale, erigendola col suo immediato territorio circostante in *corpus separatum,* così come prudentemente e opportunamente aveva stabilito l'Assemblea generale nel dicembre 1949. La soluzione allora proclamata giusta ed equa rimane ancora oggi tale.

* * *

In appoggio degli argomenti fin qui svolti, vogliamo richiamare alla mente delle potenze responsabili, che saranno presenti alla prossima discussione del problema, ad esse rimandato dal Consiglio di tutela, che le parti, delle quali bisogna conciliare i diritti, non sono due, arabi ed ebrei, ma tre, poiché diritti acquisiti secolari sui Luoghi Santi hanno i cattolici del mondo interno, i cui antenati hanno sparso sangue e profuso capitali per la loro manutenzione e preservazione e si sono battuti indomitamente per conservare a se stessi e ai posteri la libertà di accesso a venerarli. Fuori della Palestina esiste un nucleo umano di alcune centinaia di milioni, che ha delle esigenze da fare valere per la conveniente protezione di una terra, che sta al centro del suo culto religioso e di luoghi ardentemente venerati. Queste esigenze non si possono trascurare se la soluzione della questione palestinese dovrà essere appoggiata sulle richieste inderogabili della giustizia.

Tanto più che i suoi diritti sono i più antichi e più venerandi. I più antichi perché derivano da un'opera secolare svolta con costanza dalla Chiesa e dalle nazioni cattoliche dell'occidente europeo, le quali hanno volto sempre lo sguardo ansioso alla terra, che racchiude il sepolcro di Cristo e le care e tenere memorie della sua vita terrena, e in ogni tempo sono andate incontro ai più gravi sacrifici per proteggerla. Chi mai può misurare in tutto il suo valore l'opera della Custodia francescana di Terra Santa e le fatiche, cui si sono sottoposti i figli di San Francesco per un lungo volgere di anni? Sono i più venerandi perché affondano le loro radici, non nell'interesse materiale o politico contingente, ma nel terreno religioso, nel sentimento di profonda venerazione per il paese di Gesù, sul dovere di culto e di rispetto per i luoghi da lui santificati. Il materialismo politico forse non riuscirà a comprendere la trascendenza di questa visione universale del problema palestinese, ma ciò non toglie che essa sia preminente su tutte le altre considerazioni di ordine umano.

Ora, diciamo, se le parti interessate nella soluzione della questione dei Luoghi Santi sono tre, occorre udire la voce della terza ed esaminare ponderatamente quali siano le sue richieste, e non solo occorre udirla, come un qualsiasi soggetto della contesa, ma darle il peso, che in ragione della trascendenza dei suoi diritti, le è dovuto. E questa si chiama ancora politica realistica, non quella di valutare con un criterio ingiusto di preferenza, ad esempio, il parere contrario dell'unione delle chiese protestanti, le quali non si sono curate della Palestina e dei Luoghi Santi se non fiaccamente in quest'ultimo secolo, o quello d'Israele che vi è arrivato, dopo duemila anni di assenza, soltanto dopo l'infelice risoluzione del Balfour e per la conseguente politica sionista dell'Inghilterra, amministratrice del mandato palestinese, terminato con la guerra civile.

Da questo particolare aspetto della questione dei Luoghi Santi si raccoglie che nella prossima tornata dell'Assemblea generale delle Nazioni Unite, la quale si occuperà di essa, sarà presente spiritualmente, come ha dovuto esser presente nelle passate, la più alta autorità spirituale, morale e religiosa del mondo, dietro la quale si schiera compatta e unanime tutta intera la cattolicità. Quest'autorità ha già parlato nel modo solenne ed eloquente, mediante le sue encicliche al mondo cattolico, della cui rappresentanza è divinamente investita, tracciando chiaramente le linee della soluzione da essa desiderata e richiesta e con lei da tutti i cattolici. Tali linee coincidono in gran parte con la risoluzione dell'Assemblea generale del 9 dicembre 1949. E poiché non si ha nessun segno che la sua scelta sia cambiata, anzi se ne hanno dei contrari, come dimostra la comunicazione dell'*Osservatore Romano* del 20-21 novembre 1950, occorre concludere che l'internazionalizzazione di Gerusalemme con i suoi dintorni rimane ancora oggi un suo postulato per la sicurezza e tutela dei Luoghi Santi. Se la giustizia e l'equità torneranno a trionfare ancora una volta come nel dicembre del 1949 in seno alle Nazioni Unite, questo postulato supererà la nuova prova; se invece gli interessi politici contingenti e materiali avranno il sopravvento, le Nazioni Unite avranno perduto un'altra occasione per rendere omaggio ai valori morali e giuridici, compromettendo il loro prestigio dinanzi al mondo cattolico, che non potrà non segnare nei nefasti della storia una decisione dettata dalla debolezza, camuffata di realismo politico, e lesiva dei suoi diritti.

Le obiezioni che si sollevano contro l'internazionalizzazione di Gerusalemme non sono serie. Si dice che essa è inattuabile; ma non si considera che la presunta inattuabilità dipende da una resistenza illegale, e tale è stata definita dal Consiglio di tutela riguardo allo Stato d'Israele, delle parti che dovrebbero piegarsi alle decisioni dell'organismo internazionale, del quale Israele è membro. L'ostacolo, quindi, è superabile, purché, s'intende, le Nazioni Unite abbiano l'intenzione di sostenere la propria autorità e le grandi potenze non giuochino sornionamente la politica di Pilato, disgraziato governatore della Palestina, che per politica commise un deicidio. Le difficoltà economiche, enormemente esagerate nel memorandum d'Israele, si possono attenuare e vincere con opportuni provvedimenti. Infatti, il 4 dicembre 1947, M. Mcgillivray, membro della delegazione inglese per l'amministrazione della Palestina, richiesto dal comitato eletto dal Consiglio di tutela sul regime amministrativo di Gerusalemme, rispondeva che a suo avviso solo una parte delle entrate doganali dei due Stati arabo ed ebraico avrebbero potuto coprire qualsiasi eventuale deficit nell'amministrazione della città. Il testimonio è competente e imparziale e giova a sfatare da solo ogni contraria pessimistica affermazione.

Ultimo tema, sul quale i sionisti amano insistere, è quello della democrazia, ma esso ha poco valore quando il principio democratico viene sfoderato o ringuainato secondo la tesi che si vuole sostenere. È norma democratica che il parere della maggioranza s'impone come legge alla minoranza e a ciascun membro di essa: ora nell'Assemblea generale più volte ricordata, che approvò l'internazionalizzazione di Gerusalemme, una maggioranza qualificata si dichiarò favorevole a questa soluzione, definendola, è bene ripeterlo, giusta ed equa. In ossequio al principio democratico, dunque, Israele, che era già membro del nuovo organismo internazionale, avrebbe dovuto accettare la soluzione approvata e col voto della maggioranza diventata legale. Sono purtroppo noti, invece, la sua ulteriore irriducibile opposizione e le misure immediatamente prese, col trasferimento di molti uffici governativi nella città di Gerusalemme, per mettere il Consiglio di tutela dinanzi al fatto compiuto e così pregiudicare l'applicazione dello statuto speciale prevista dalla risoluzione dell'Assemblea. La politica del fatto compiuto è agli antipodi del metodo democratico.

I 900.000 rifugiati arabi, costretti ad abbandonare la loro terra e i loro focolari, conoscono per esperienza propria di quale tolleranza politica è capace la democrazia sionista, la quale si trova oggi insediata a Gerusalemme, non in conseguenza di un libero voto popolare, ma in conseguenza di un atto di forza. Sarebbe, dunque, opportuno lasciar da parte l'appello ai princìpi della democrazia, giacché l'argomento è pericoloso per colui stesso che lo invoca a sostegno della propria tesi quando torna comodo. Del resto, anche adottando il sistema democratico, crediamo che i più che trecento milioni di voti dei cattolici hanno il loro peso e possano vittoriosamente bilanciare il contrario pronunziamento di arabi ed ebrei uniti insieme.

Non bisogna, infatti, dimenticare che la sicurezza dei Luoghi Santi è una questione internazionale, alla cui conveniente soluzione non sono soltanto interessati arabi ed ebrei, ma è interessato tutto il mondo cattolico quanto e più di essi. Se la questione si rimpicciolisse a una competizione nazionale di lievi spostamenti di confini, se ne perderebbe l'intima essenza e l'alto valore religioso. Ha colto perfettamente questo aspetto il delegato della Cina, quando, il 16 dicembre 1949, dinanzi al Consiglio di tutela rilevava che il problema di Gerusalemme è stato sempre considerato un problema essenzialmente religioso e non politico, e che la regione di Gerusalemme non avrebbe potuto conseguentemente essere amministrata da un gruppo politico qualsiasi rappresentante di una sola religione, concludendo che la soluzione logica era di mettere questa regione sotto la vigilanza delle Nazioni Unite mediante l'opera del Consiglio di tutela.

Ci sia permesso ora di raccogliere le vele e di concludere. Lo Stato d'Israele sta per svolgere una propaganda attiva e generale, profondendo capitali che potrebbero sciogliere per qualche anno le difficoltà economiche di Gerusalemme internazionalizzata, al fine di spingere la prossima Assemblea generale ad accogliere le sue proposte. Sembra che abbia trovato degli Stati membri delle Nazioni Unite, i quali le faranno sostanzialmente proprie, includendole in una mozione da presentarsi, se non è stata già presentata, per l'approvazione dell'Assemblea. Si profila, dunque, all'orizzonte il pericolo che la soluzione del problema di Gerusalemme e della conseguente tutela dei Luoghi Santi, a suo tempo, occorre qui ripeterlo ancora una volta, affinché sia tenuto ben fisso nelle menti degli organi responsabili, giudicata giusta ed equa, venga annullata da un voto contrario, deludendo le aspettative del mondo cattolico, tradito nelle sue speranze e leso gravemente nei suoi diritti secolari.

Non resta, dunque, che opporre alla propaganda una propaganda più efficace, per muovere l'opinione pubblica contro un'eventuale manomissione delle esigenze prime di un'efficace tutela dei Luoghi Santi, e premere sui rappresentanti delle nazioni cattoliche, affinché formino un blocco granitico nella difesa dell'internazionalizzazione di Gerusalemme e dei suoi dintorni, così com'era stata approvata nel dicembre del 1949. Per invogliare tutti al compimento di tale dovere, non sarà fuori luogo ricordare come questa sia stata la speranza più volte espressa dal regnante Pontefice, Pio XII, e come Egli abbia incluso nelle intenzioni dell'Anno Santo, svoltosi con un meraviglioso crescendo di fervore cristiano nelle innumerevoli folle di pellegrini venuti a Roma, la soluzione giusta ed equa della questione palestinese, particolarmente nel suo aspetto religioso.

Tocca ora ai cattolici del mondo intero, e in modo più diretto a quelli che sono investiti di funzioni pubbliche, far sì che le speranze del Padre comune non vadano deluse e i diritti dallo stesso affermati e difesi a nome del suo gregge non vengano disconosciuti.

UNO O DUE STATI
NELLA PALESTINA STORICA?*

Giovanni Sale S.I.

Sviluppo storico della tesi bistatuale

L'ipotesi di una spartizione della Palestina storica tra ebrei e palestinesi fu accolta per la prima volta in un documento ufficiale nel luglio del 1937, quando la Commissione Peel – istituita dal Governo inglese un anno prima per indagare le cause della rivolta araba e per regolarizzare l'immigrazione di ebrei nel territorio palestinese – indicò come soluzione del difficile problema la divisione tra le due comunità presenti nel territorio palestinese. I commissari, oltre ad auspicare al più presto, nell'interesse della Gran Bretagna, la fine del Mandato, proposero la creazione di due Stati confinanti: uno palestinese, costituito dal 75% del territorio del mandato, e l'altro, ebraico, notevolmente più piccolo e comprendente il 20% del Paese, cioè la Galilea e una parte della costa. La Commissione, inoltre, raccomandava che la parte araba fosse congiunta alla Transgiordania, in modo che venisse creato, sotto il sovrano hashemita, un grande regno capace di confrontarsi con le altre monarchie della regione. Gerusalemme e Betlemme sarebbero rimaste sotto il dominio inglese.

Per esaminare tale proposta fu immediatamente convocato a Zurigo un Congresso internazionale sionista. Esso, dopo una lunga e contrastata discussione, decise a maggioranza di due terzi di accettare il principio della spartizione: David Ben-Gurion, presidente dell'Agenzia ebraica, e il *leader* del movimento Chaim Weizmann, svolsero un ruolo importante nell'orientare i congressisti verso tale soluzione. Proposero però di negoziare con gli inglesi la quota loro riservata, che era ritenuta troppo esigua per accogliere un numero

---

* Titolo originale: «La questione israeliano-palestinese».

© La Civiltà Cattolica 2010 II 546-558 | 3840 (19 giugno 2010)

considerevole di ebrei che avevano chiesto il trasferimento in quella terra, e in ogni caso ingiustificata sul piano storico e religioso. Ricordiamo, inoltre, che nella relazione presentata dalla Commissione Peel la spartizione del territorio andava di pari passo con il progetto di trasferimento di popolazioni da una zona all'altra. «Siamo incoraggiati – è scritto nel testo – dal precedente storico della dislocazione obbligatoria di 1.300.000 greci dall'Asia Minore alla Tessaglia e alla Macedonia e di 400.000 turchi nella direzione inversa. Il tutto è stato realizzato in 18 mesi e da allora le relazioni tra Grecia e Turchia sono migliorate»[1]. Questa – raccomandava il testo – è la soluzione ideale, perché non lascia minoranze che possono causare frizioni o rivolte nei nuovi Stati. Tanto più che il numero di arabi da trasferire dalla zona controllata dagli ebrei – 300.000 persone – non sembrava troppo elevato.

Naturalmente non tutti i leader sionisti erano d'accordo con la soluzione formulata a Zurigo; ad esempio, Zeev Jabotinsky sostenne che la proposta della Commissione Peel offriva «meno di una goccia nell'oceano delle sofferenze degli ebrei; nel mare della loro fame di territorio». Criticò la speranza, espressa da Ben-Gurion, che il mini-Stato ebraico potesse diventare il «Piemonte ebreo», un trampolino di lancio per un'espansione futura. Le grandi potenze e i Paesi arabi, a suo avviso, non avrebbero permesso la «dilatazione» dello Stato ebraico né attraverso la guerra, né attraverso la costruzione di nuovi insediamenti pacifici. Con il passare degli anni e con l'aumento della conflittualità e dei casi di violenza tra le due comunità, e con l'inizio della persecuzione degli ebrei nell'Europa nazista, la riflessione sui trasferimenti (volontari o forzati) degli arabi dai territori controllati dagli ebrei fece un salto di qualità: divenne una realtà non più ipotetica, ma attuale[2].

In ogni caso delle proposte della Commissione Peel non si fece nulla: esse furono respinte sia dal Governo britannico sia dai leader del mondo arabo-palestinese, che non erano disposti a dare un centimetro di terra islamica al nemico sionista, il quale avrebbe dovuto ridurre la presenza di ebrei in Palestina, bloccando le immigrazioni

---

1.   Riportato in B. Morris, *Due popoli una terra*, Milano, Rizzoli, 2008, 67.
2.   Cfr ivi, 71.

(ritenute illegali anche dal Governo mandatario) e, quindi, accettare la protezione di un Governo islamico, oppure affrontare una guerra di liberazione con i Paesi arabi circostanti. Cosa che di fatto avvenne dieci anni dopo.

Il 2 agosto 1947 il Parlamento inglese in sessione speciale, dopo la difficile situazione creatasi nei mandati alla fine della seconda guerra mondiale, decise di abbandonare senza ulteriori indugi la Palestina. L'amministrazione del mandato passò quindi, come già si era convenuto nel febbraio di quell'anno, alle Nazioni Unite, la cui Assemblea Generale nell'aprile-maggio 1947 aveva nominato una Commissione *ad hoc* per studiare la situazione, il Comitato Speciale per la Palestina (Unscop). Il 29 novembre 1947 le Nazioni Unite, sulla base della relazione presentata da tale Commissione, votarono a maggioranza assoluta la spartizione della Palestina tra israeliani e palestinesi. La Risoluzione n. 181 non fu però accettata dai Paesi arabi, che difesero il principio della intangibilità del territorio islamico, fondato sul diritto concesso da Allah ai palestinesi di occupare tutta la terra dal Giordano fino al Mediterraneo. Insomma, la soluzione bistatuale (due popoli due Stati indipendenti), proposta in ambito internazionale fin dal 1937, alla fine si impose.

Fin dalla nascita di Israele (maggio 1948), le discussioni sulla spartizione del territorio si sono concentrate sulla possibilità di una coesistenza tra lo Stato di Israele, territorialmente definito (e ampliato rispetto alla Risoluzione Onu) entro i confini stabiliti dagli accordi di armistizio seguiti alla guerra del 1948-49, e uno Stato arabo-palestinese che sarebbe dovuto sorgere nella maggior parte della Cisgiordania e sulla Striscia di Gaza. La soluzione bistatuale, a partire dalla fine della seconda guerra mondiale, è stata privilegiata dalla comunità internazionale, in particolare dalle potenze occidentali, e negli anni passati è stata posta come base di partenza nelle trattative tra le due parti. Il raggiungimento di tale obiettivo è ancora ufficialmente lo scopo principale delle politiche sia del Governo di Israele, sia dell'Autorità Nazionale Palestinese, guidata dal presidente Abu Mazen.

I fondamentalisti islamici, sia Hamas (che amministra la Striscia di Gaza), sia il Jihad islamico – come anche gli Hezbollah filo-iraniani del Libano – sostengono al contrario la vecchia tesi monostatuale, rivendicando il possesso di tutta la Palestina agli arabi musulmani[3]; perciò essi combattono per l'eliminazione dello Stato di Israele e per la costituzione di un unico Stato palestinese, governato secondo i princìpi della *sharia*. In realtà, tale principio, che oggi è presente nello statuto fondativo di Hamas, fino a pochi anni fa era fissato anche nella Carta Nazionale Palestinese; e su tale principio era stata formata, fino agli anni Novanta, un'intera generazione di attivisti dell'Olp, che soltanto a malincuore e senza troppa convinzione successivamente, per motivi di opportunità politica, si convertirono con il loro leader Yasser Arafat al principio «occidentale» del bistatualismo strategico.

Di fatto, la soluzione bistatuale, adottata nel 1947 dalla Risoluzione Onu numero 181 e appoggiata dalle cancellerie occidentali, fu, come si è detto, immediatamente respinta dai Paesi arabi, principalmente, ma non soltanto, per motivi di carattere ideologico-religioso. Se la sera del 14 maggio 1948, subito dopo la dichiarazione di indipendenza dello Stato di Israele proclamata da Ben-Gurion al museo di Tel Aviv, il Gran Muftì di Gerusalemme, Muhammad Amin al-Husseini, avesse rilasciato una dichiarazione simile – non importa quanto polemica, ostile o critica nei confronti della Risoluzione Onu – proclamando l'indipendenza dello Stato palestinese, la storia del Medio Oriente sarebbe stata molto diversa. Non avremmo, infatti, assistito a mezzo secolo di conflitti sanguinosi e attentati terroristici che hanno portato morte, insicurezza e povertà in quella regione e non soltanto in essa, come ne è prova la propaganda del terrorismo transnazionale, che strumentalizza tale conflitto per attaccare Israele e l'Occidente cristiano, ritenuto suo alleato. Fatto sta che il leader religioso palestinese, anziché reagire con realismo e pragmatismo, come fece il suo collega israeliano, approfittando della congiuntura internazionale e dell'esistenza di un pronuncia-

---

3.   In questo articolo si parla soltanto di palestinesi musulmani, perché la percentuale dei palestinesi cristiani negli ultimi decenni è considerevolmente diminuita passando dal 10% del 1947 al 4/5% di oggi. Di fatto i cristiani palestinesi lasciano la Terra Santa dove sono vissuti da sempre (come, ad esempio, a Betlemme) ed emigrano in Occidente. Purtroppo le cause di tale scelta sono da addebitare sia agli eccessi del fondamentalismo islamico, sia alla violenza del conflitto in atto, che crea insicurezza soprattutto nelle minoranze e rende difficile la convivenza tra fedi e popolazioni diverse.

mento della maggiore autorità internazionale riconosciuta (l'Onu), si lasciò coinvolgere dalle faide interne esistenti tra le grandi famiglie palestinesi e dai giochi politici e dagli antagonismi dei Paesi arabi circostanti. Così perse un'occasione importante per dare uno Stato ai palestinesi, o almeno per attivare le proprie rivendicazioni di carattere territoriale a partire da quanto già riconosciuto in sede internazionale. La soluzione bistatuale, come si è visto, fu ufficialmente rifiutata per (apparenti) motivazioni di ordine ideologico-religioso e a partire da tale momento la questione israelo-palestinese si andò complicando in modo inestricabile, soprattutto in seguito alle guerre del 1948-49 e del 1967, che rafforzarono Israele.

Parte della responsabilità, nella mancata attuazione del principio bistatuale nel lungo periodo, va però attribuita anche agli israeliani. Secondo lo storico Sergio Della Pergola, se la sera dell'11 giugno 1967, al termine della clamorosa vittoria israeliana sugli eserciti arabi, la dirigenza israeliana non avesse pronunciato la fatidica frase : «Aspettiamo una telefonata del re Hussein», intendendo con ciò la prova del riconoscimento politico di parte araba, in cambio del quale Israele avrebbe restituito i territori conquistati, e se quella telefonata l'avesse fatta essa stessa, «forse i successivi 40 anni del rapporto tra Israele e Palestina sarebbero stati meno segnati da sanguinosi avvenimenti»[4]. E vero che la storia non si fa con i «se», ma gli avvenimenti del passato, comprese le occasioni mancate, servono per comprendere meglio il presente e, soprattutto, per non ripetere gli errori commessi.

La tesi monostatuale e i suoi critici

La tesi monostatuale, sostenuta apertamente dai fondamentalisti islamici, in questi ultimi anni ha guadagnato terreno tra alcuni studiosi e osservatori della realtà mediorientale. Tra questi troviamo non solo alcuni politologi palestinesi, che vivono e lavorano in Occidente, ma persino importanti studiosi ebrei. La prima intellettuale che negli ultimi tempi ha inaugurato tale tendenza è stata l'attivista

4.   S. Della Pergola, *Israele e Palestina. La forza dei numeri, il conflitto mediorientale tra demografia e politica*, Bologna, il Mulino, 2007, 249.

palestinese Ghada Karmi, che vive in Gran Bretagna. Essa parla di un processo graduale di integrazione tra i due popoli che vivono nella Palestina e ipotizza che si potrebbe iniziare con una «politica formale di binazionalismo», che «potrebbe alla fine anche spianare la strada alla creazione di uno Stato democratico laico nella Palestina storica»[5]. L'autore che ha maggiormente influito sulla messa a punto di tale tesi è stato però il politologo palestinese (statunitense) Rashid Khalidi, il quale nel suo volume *The Iron Cage* del 2006, ha delineato le caratteristiche generali della questione[6].

Secondo Khalidi, negli ultimi anni è cresciuta tra gli osservatori la consapevolezza che la soluzione bistatuale, proposta dalle Nazioni Unite con la celebre Risoluzione n. 181 del 1947, col passare degli anni è diventata improponibile. Tale consapevolezza è maturata indipendentemente dai meriti o demeriti della soluzione accennata, ma semplicemente per la constatazione della sua inapplicabilità. «In questa prospettiva – scrive il politologo palestinese – l'inesorabile consolidamento del controllo israeliano sui territori occupati della Cisgiordania e di Gerusalemme Est ha reso dubbia la possibilità della creazione di ciò che potrebbe essere legittimamente chiamato Stato palestinese, a fianco di quello israeliano»[7]. Per Stato palestinese si intende uno Stato sovrano e indipendente, in grado di funzionare su una porzione di territorio che corrisponde a quel 22% di Palestina stabilita all'epoca del mandato britannico e che oggi è costituito dai territori palestinesi occupati da Israele nella guerra dei sei giorni nel 1967.

Tale stato di cose, secondo l'Autore, ha promosso una rinnovata considerazione della vecchia teoria monostatuale, intesa o come il risultato ideale di un processo storico o come l'esito comunque più probabile per risolvere l'intricata questione israeliano-palestinese. Alcuni infatti ritengono che poco alla volta ci si stia muovendo verso una strisciante annessione *de facto* della Cisgiordania e di Gerusalemme Est da parte dello Stato israeliano: ciò produrrà quella che

<hr>

5. G. KARMI, «Uno Stato democratico laico nella Palestina storica: un'idea per cui tempi sono maturi?», in *Al-Adab*, Libano, luglio 2002.

6. Cfr R. KHALIDI, *The Iron Cage. The Story of the Palestinian Struggle for Statehood*, Boston, Beacon Press, 2006.

7. Ivi, 206.

a tutti gli effetti sarà una singola entità politica, dominata da Israele ed estesa a quasi tutta la Palestina storica, con un'approssimativa parità demografica tra arabi e israeliani, che nel giro di poco tempo si risolverà a tutto vantaggio della parte araba della popolazione. «In questo scenario, secondo alcuni, col tempo si dimostrerà impossibile mantenere i due popoli segregati in un'unica sottile striscia di terra, o mantenere questa entità sotto il dominio ebraico, proprio come alla fine divenne impossibile mantenere il dominio bianco sul Sudafrica»[8]. Khalidi, sebbene condivida l'analisi dei commentatori monostatualisti, non nasconde la difficoltà di tale percorso; egli infatti ritiene che sia gli israeliani, sia gli statunitensi non sarebbero disposti a smantellare lo Stato ebraico (anche in vista della costituzione di un nuovo Stato binazionale laico e democratico) fondato su una Risoluzione Onu e riconosciuto dalla comunità internazionale.

La teoria monostatuale ha ripreso forza in ambito palestinese dopo il fallimento dei negoziati di pace intrapresi nel 2000 da Arafat e Barak, sotto la benevola protezione del presidente statunitense Bill Clinton. Il fallimento di quegli accordi e la situazione di conflitto e di continua provocazione che ne è derivata hanno certamente favorito l'ala intransigente del movimento islamista. Di fatto nelle elezioni politiche del gennaio 2006 Hamas ottenne la maggioranza dei suffragi: come è noto il movimento è contrario in linea di principio a tutti gli accordi di pace e sostiene la teoria della indivisibilità della Palestina storica, quindi la tesi monostatuale. La vittoria dei fondamentalisti non fu riconosciuta dalle potenze occidentali, che accordarono la loro fiducia al partito di *al-Fatah*, il quale si professava favorevole alla soluzione bistatuale e disponibile, almeno a parole, al dialogo con la controparte israeliana. A partire dal 2007 Hamas controlla il territorio di Gaza, sgomberato due anni prima dagli israeliani e sottoposto all'amministrazione indipendente palestinese.

La tesi monostatuale, come si è detto, è stata di recente approfondita da un gruppo di studiosi statunitensi, guidati dal politologo Tony Judt. Secondo questo studioso di origine ebraica, l'idea stessa di Stato-nazione, dopo le guerre iugoslave degli anni Novanta, è

---

8.   Ivi, 210.

entrata in crisi. Lo Stato ebraico, fondato dopo la seconda guerra mondiale, si è strutturato secondo un modello tardo-ottocentesco, ormai superato nei fatti. Almeno concettualmente, sostiene Judt, lo Stato-nazione è morto «e l'idea stessa di uno Stato ebraico, radicata in un altro tempo e in un altro spazio, è un anacronismo [...]. In un mondo dove le nazioni e i popoli sono sempre più amalgamati e imparentati; dove gli impedimenti culturali e nazionali alla comunicazione sono quasi completamente superati; dove un numero sempre crescente di noi ha molteplici identità scelte da sé; in un mondo come questo, Israele è davvero un disfunzionale anacronismo»[9]. A questa critica di tipo storico-concettuale l'Autore ne aggiunge un'altra, ancora più incalzante, di carattere politico. Il processo di pace israeliano-palestinese iniziato con gli accordi di Oslo degli anni Novanta e basato sul principio della coesistenza di due Stati per due popoli, a suo dire, è sostanzialmente fallito a causa dell'ostruzionismo israeliano. Oggi, considerando la realtà dei fatti, è impossibile riproporre la soluzione bistatuale, anche perché la realtà demografica poco alla volta sta cambiando la composizione etnica del Paese. Tra due decenni tra il Giordano e il Mediterraneo, a dire degli esperti di demografia, ci saranno più arabi che ebrei. In tal modo, continua Judt, per continuare a governare la Palestina, gli ebrei dovranno scegliere o di espellere una parte degli arabi, in modo da assicurare la connotazione ebraica del loro Stato-nazione, oppure istituire un regime di apartheid, ma ciò sarebbe inconciliabile con i valori su cui si fonda e crede la società israeliana.

Insomma, nessuna di queste due opzioni, indirizzate a conservare il carattere ebraico dello Stato di Israele, ma ambedue antidemocratiche, sembrerebbero praticabili. L'unica alternativa, continua provocatoriamente lo studioso, sarebbe quella di ritirarsi dai territori occupati nel 1967 (cioè la Cisgiordania) e consentire che i palestinesi costituiscano un loro Stato nazionale in tale territorio. Ma ciò, afferma Judt, non può accadere a motivo del numero troppo alto di insediamenti (sviluppatisi nel territorio a macchia di leopardo) e di coloni ebrei (circa 400.000) che vivono in tale lembo di ter-

---

9. T. JUDT, «Israel: The Alternative», in *New York Review of Books*, 23 october 2003.

ra; essi infatti non accetterebbero mai di abbandonare la terra «dei loro padri», né di vivere in uno Stato arabo-palestinese, e d'altronde nessun leader israeliano probabilmente avrà la forza o il coraggio di riportare in patria un numero così elevato di coloni, senza dare inizio a una guerra civile, devastante per la sopravvivenza di Israele. Quale dovrebbe essere, quindi, per Judt la soluzione dell'intricatissimo problema? A suo avviso, potrebbe consistere «nella creazione di un singolo Stato binazionale integrato di ebrei e arabi, israeliani e palestinesi». Tale soluzione sarebbe non soltanto possibile, ma anche desiderabile, perché in sintonia con lo spirito dei tempi moderni. A tale riguardo, egli infatti ipotizzava l'aiuto della comunità internazionale e, in particolare, degli Stati Uniti. «Una forza internazionale potrebbe, inoltre, garantire la sicurezza sia degli arabi sia dei palestinesi e, in ogni caso, per uno Stato binazionale legittimamente costituito sarebbe molto più facile sorvegliare i militanti di ogni tipo all'interno dei suoi confini»[10].

Come era prevedibile, la posizione di Judt, divulgata dai suoi allievi in varie pubblicazioni, fu fortemente criticata da molti politologi, in particolare da quelli di origine israeliana. Il primo autore che ha replicato alle audaci tesi di Judt dalle colonne della *New York Review of Books* è stato Omer Bartov, che lo ha accusato di scrivere con la stessa prospettiva di chi discute della delicata questione israeliano-palestinese «in un caffè parigino o in un pub londinese». Secondo lo studioso israeliano il modello monostatuale e binazionale proposto da Judt sarebbe assurdo, per il semplice fatto che né gli israeliani né i palestinesi lo vogliono; essi infatti vorrebbero abitare e governare uno Stato proprio, fondato sulle loro tradizioni culturali e religiose. Da parte araba, scrive Bartov, i fondamentalisti islamici considerano l'ipotesi di condividere la sovranità con gli ebrei come una maledizione, e i moderati sanno che uno Stato binazionale significherebbe una guerra civile, che condurrebbe a un continuo spargimento di sangue, creando così nel giro di poco tempo una situazione insostenibile. «Quella dei due Stati, forse anche separati

10. Ivi.

da un'orribile muro di sicurezza, sarebbe un'ipotesi di gran lunga migliore e auspicabile»[11].

Dello stesso avviso è anche il politologo dell'Università di Princeton, Michael Walzer. «Liberare il mondo dagli Stati-nazione – scrive provocatoriamente – è un'idea interessante, se non nuova. Ma perché iniziare proprio da Israele? Perché non dalla Francia?»[12]. Il vero problema, egli prosegue, è che la tesi di Judt non si muove secondo una prospettiva indirizzata alla costituzione di uno Stato binazionale. Essa infatti avrebbe come effetto quello di sostituire uno Stato-nazione con un altro, dato che in un decennio, o giù di lì, come si è detto, tra il Giordano e il Mediterraneo ci sarebbero più arabi che ebrei, e ciò condurrebbe semplicemente alla costituzione di uno Stato arabo-palestinese, come da sempre è nell'ambizione dei fondamentalisti islamici. Sarebbe poi inutile, anzi dannosa, la presenza di una forza internazionale di interposizione con il compito di mantenere la sicurezza. Nessuno Stato, inoltre, manderebbe i suoi soldati a farsi ammazzare per una causa impossibile. La conseguenza di tale stato di cose, conclude Walzer, sarebbe che gli israeliani, in particolare la classe media e gli intellettuali laici, lascerebbero immediatamente la loro patria e cercherebbero altrove lavoro e sicurezza.

Altri studiosi accusano Judt di essere poco realista e di porre sullo stesso piano concetti diversi: una cosa è infatti pensare a un'alternativa «per Israele», altra cosa è proporre un'alternativa «all'esistenza stessa di Israele». In ogni caso, essi sostengono, chi ci assicura che tale nuova entità statuale a maggioranza araba anziché uno Stato democratico non si tramuti in uno Stato terrorista, come di fatto è accaduto a Gaza? La prospettiva avanzata dagli ideologi monostatuali, secondo Leon Wieseltier, è davvero sconcertante. «È davvero possibile – egli si chiede – che il ritorno degli ebrei a essere un popolo senza patria, la rivendicazione del radicalismo palestinese e

---

11. O. BARTOV, «An Alternative Future: An Exchange», in *New York Review of Books*, 4 december 2003.

12. M. WALZER, in *New York Review of Books*, 7 december 2003.

l'intensificarsi della violenza tra le due comunità vengano ritenuti preferibili alla creazione di due Stati per due nazioni?»[13].

Va inoltre ricordato che anche tra i sostenitori della tesi monostatuale ci sono diversi studiosi che non nascondono le gravi difficoltà insite in tale soluzione sia per la parte israeliana, sia per quella palestinese. Siccome tale tesi si fonda sul presupposto che lo Stato binazionale debba essere democratico e laico e riconosca a tutti i cittadini gli stessi diritti, ci si chiede se tale progetto è oggi realmente proponibile alla parte araba. Infatti, scrive Virginia Tilley, oggi le preferenze di molti arabi-palestinesi vanno verso la costituzione di «uno Stato etnico-religioso basato sul concetto che gli arabi e i musulmani sono la popolazione indigena del Paese, uno Stato come quello che sta prendendo piede a Gaza». Tuttavia, ritiene la studiosa, una soluzione monostatuale risulta inevitabile a causa delle «irreversibili azioni espansionistiche» poste in essere in questi decenni dagli israeliani e che hanno impedito di dare attuazione a una soluzione bistatuale della complicata questione israeliano-palestinese. Essa però, come molti altri studiosi, non dispera che un'autentica democrazia possa essere poco alla volta costruita in quella terra, «gettando un ponte tra i due popoli e le loro storie»[14], come nel recente passato di fatto è avvenuto in altri Paesi.

La posizione dei nuovi storici israeliani

In ogni caso la tesi monostatuale, nelle sue diverse e a volte acute formulazioni, a giudizio della maggior parte degli osservatori politici e degli studiosi dei problemi mediorientali, avrebbe poche possibilità di successo, anche perché i presupposti su cui si fonda (instaurazione di uno Stato democratico, fondato sul riconoscimento dei diritti delle persone e sul principio di laicità) non sono accettati o riconosciuti dalle componenti più intransigenti o militanti di entrambe le parti. In ogni caso il problema israeliano-palestinese e la sua soluzione nelle attuali circostanze storiche meritano di essere

13. L. WIESELTIER, «Israel, Palestine, and the Return of the Bi-National Fantasy: What is not be Done?», ivi, 27 october 2003.

14. V. TILLEY, «The One-State Solution» in *London Review of Books*, 6 november 2003.

analizzati anche dal punto di vista pratico, mettendo a fuoco le soluzioni possibili e quindi praticabili.

Secondo lo storico israeliano Benny Morris, uno dei maggiori conoscitori della materia, «è un problema di scienza politica relativo al miglior modo possibile di ordinare una società umana – o due società umane – in un dato spazio, tenendo ben presente la demografia, la geografia, la politica, le realtà economiche, gli aspetti culturali e così via»[15]. Per Morris e secondo buona parte degli storici «revisionisti» e degli intellettuali israeliani, la soluzione bistatuale sarebbe allo stato dei fatti l'unica praticabile. I problemi iniziano quando si tratta di dare contenuti specifici a tale opzione di principio. Secondo essi, ad esempio, la proposta di spartizione della Palestina storica con l'assegnazione del 79% del territorio agli ebrei e il 21% agli arabi palestinesi non potrebbe non lasciare negli arabi un profondo senso di delusione e di ingiustizia, creando un senso di ribellione e di risentimento anche nei moderati. In ogni caso, uno Stato palestinese che comprendesse la Cisgiordania (in qualche misura mutilata al fine di tutelare i coloni israeliani), la Striscia di Gaza e forse una parte di Gerusalemme, sarebbe semplicemente un abbozzo di Stato; esso infatti non sarebbe in grado di funzionare soprattutto sul piano economico-sociale: come farebbe uno Stato così piccolo e povero ad andare incontro alle necessità materiali di una popolazione così numerosa, considerando, inoltre, che molti profughi che ora vivono nelle miserabili periferie di molte città arabe degli Stati che li accolgono verrebbero spinti (anche contro la loro volontà) a ritornare nel loro Paese? Tale Stato, spinto da necessità di ordine economico, demografico e politico, sarebbe tentato di espandersi, creando situazioni di conflitto e di insicurezza per tutta l'area, verso i Paesi confinanti, in particolare verso lo Stato di Israele e la Giordania, dove circa il 70% della popolazione è di origine palestinese.

Considerando tutto questo è improbabile che un accordo bistatuale sul modello proposto ai palestinesi nel 2000 da Barak e Clinton, abbia la minima possibilità di funzionare, qualora un accordo simile fosse, per necessità di cose, riproposto. Ciò nonostante – scri-

15. B. MORRIS, *Due popoli una terra*, cit., 27.

ve lo storico israeliano Zeev Sternhell – l'idea bistatuale rimane l'unica solida base morale e politica per una soluzione che offra un po' di giustizia, e quindi una possibilità di pace, per entrambi i popoli. «L'ipotesi di un unico Stato non soltanto porta all'eliminazione dello Stato ebraico, ma apre la strada a conflitti sanguinosi per generazioni. Due Paesi, fianco a fianco, fondati su uguali diritti per entrambi i popoli, questa è la strada giusta e necessaria: ogni altra scelta condurrebbe o al colonialismo o alla eliminazione di Israele in uno Stato binazionale»[16]. Ma l'attuazione di tale principio, considerate le contingenze del momento, diventa con il passare del tempo sempre più ardua.

Una possibile via per una soluzione bistatuale che potrebbe ipoteticamente raccogliere un vasto appoggio tra l'opinione pubblica araba – a giudizio di Morris – sarebbe la costituzione di una «confederazione di Stati mediorientali», meglio se ristretta ai soli Paesi interessati; in essa entrerebbero Israele, la Cisgiordania, la Striscia di Gaza e la Giordania. Tale soluzione naturalmente condurrebbe a un graduale ma inevitabile avvicinamento tra il popolo palestinese e quello giordano, ponendo le basi per una futura ridefinizione dell'area anche in termini politico-statuali. Una confederazione di questo tipo, scrive Morris, risolverebbe molti problemi oggi sul tappeto: «Verrebbe a risolvere la probabile incapacità di funzionare dello Stato palestinese formato dalla Cisgiordania e dalla Striscia di Gaza, nonché i problemi di una Giordania che oggi non ha sbocchi sul Mediterraneo e la cui popolazione, come si detto, è in gran parte palestinese»[17].

D'altro canto, tale progetto non è per nulla nuovo, ma più volte – a partire dagli anni Trenta – è stato proposto da leader sia sionisti sia palestinesi. Va però detto che tale soluzione, sebbene caldeggiata da alcuni intellettuali israeliani, verrebbe respinta con forza da parte dei fondamentalisti islamici (cioè da Hamas), che oggi controllano la Striscia di Gaza e hanno un forte consenso tra la popolazione palestinese nel suo complesso. Essi sono sostenitori dell'integrità e in-

16.   Z. STERNHELL, *Nascita di Israele. Miti, storia, contraddizioni*, Milano, Baldini Castoldi Dalai, 2002, 43.

17.   B. MORRIS, *Due popoli una terra*, cit., 195.

tangibilità del territorio storico della Palestina e quindi non disposti ad accettare l'idea di condividere tale territorio (dal fiume Giordano fino al Mediterraneo) con gli israeliani. Insomma, nonostante gli sforzi della diplomazia internazionale per risolvere il conflitto israeliano-palestinese, esso appare oggi ancora più complesso e aggrovigliato di quanto non lo fosse nel recente passato. Da parte dei palestinesi, almeno di coloro che appoggiano la politica del presidente Mahmoud Abbas (meglio conosciuto come Abu Mazen), e da parte dei dirigenti israeliani, appoggiati dalla comunità internazionale, c'è ancora la volontà, nonostante i frequenti incidenti di percorso, di andare avanti nelle trattative di pace, consapevoli che la strada da percorrere sarà dura e in ogni caso tutta in salita.

LO STATO DI ISRAELE E I PROFUGHI PALESTINESI*

Giovanni Sale S.I.

L'ipotesi di una spartizione della Palestina tra ebrei e palestinesi fu per la prima volta seriamente discussa e presa in considerazione dai leader del movimento sionista nel 1936-37. Furono sostanzialmente due i motivi che spinsero i sionisti verso tale soluzione: le continue proteste degli arabi contro gli insediamenti ebraici in Palestina, fortemente osteggiati per motivazioni di ordine nazionale, religioso e culturale dai capi arabi e anche (per ragioni politico-strategiche) dai dominatori britannici, ma soprattutto la violenza antisemita che in quegli anni si stava acutizzando in alcuni Paesi europei, in particolare nella Germania nazista.

I leader sionisti compresero che era necessario in quel momento dare un «focolare nazionale» a quanti intendevano fuggire da situazioni non più tollerabili, dove era messa a rischio la vita di centinaia di migliaia di ebrei europei, ai quali le potenze occidentali avevano chiuso le porte. Da qui la loro consapevolezza della necessità di creare uno Stato nazionale ebraico, anche in una parte soltanto del territorio da essi occupato, lasciando così cadere l'idea, accarezzata da ormai 50 anni, della fondazione di uno Stato ebraico nell'intera Palestina storica, cioè dal Giordano fino al Mediterraneo. La maggior parte degli attivisti del movimento sionista internazionale, dopo attente e dolorose deliberazioni (come, ad esempio, al Congresso di Zurigo del 1937), concluse che per salvare gli ebrei europei e tutelare gli interessi di quelli già residenti, bisognava accettare l'idea di una spartizione tra le due comunità della Terra Santa. Dieci anni dopo, in un contesto internazionale completamente diverso, l'idea

* Titolo originale: «La fondazione dello Stato d'Israele e il problema dei profughi palestinesi».

  © La Civiltà Cattolica 2011 I 107-120 | 3854 (15 gennaio 2011)

di una spartizione della Palestina tra ebrei e palestinesi divenne una realtà ufficialmente sancita dalla maggiore autorità internazionale esistente: l'Assemblea Generale delle Nazioni Unite.

Nel febbraio 1947 il Governo britannico decise di rinunciare al mandato sulla Palestina e di lasciare alle Nazioni Unite il compito di far fronte alla difficile situazione creatasi nel frattempo anche a causa dei frequenti attentati condotti contro gli occupanti inglesi dall'*Haganah* e dall'*Irgun*, cioè dalle organizzazioni clandestine sioniste. Particolare clamore suscitò in ambito internazionale l'attentato dinamitardo, posto in essere dall'*Irgun* il 22 luglio contro l'hotel *King*, dove era ospitato il quartier generale militare e amministrativo della Gran Bretagna. L'attentato provocò la morte di 91 persone, la maggioranza delle quali inglesi. Dopo questo ne accaddero altri, sempre contro obiettivi inglesi, meno spettacolari ma altrettanto disastrosi e cruenti. La motivazione che spinse il Regno Unito ad abbandonare il mandato non fu però la provocazione e la violenza degli attacchi sionisti o palestinesi, ma la difficile situazione economica e sociale in cui versava il Paese dopo la seconda guerra mondiale, e l'impossibilità di tenere sotto controllo un impero coloniale così vasto e percorso ovunque da movimenti di indipendenza nazionale.

Il 2 agosto 1947 il Parlamento inglese in sessione speciale decise di abbandonare la Palestina senza ulteriori indugi. Il cosiddetto problema palestinese passò quindi alle Nazioni Unite, la cui Assemblea Generale già nell'aprile-maggio 1947 aveva nominato una Commissione *ad hoc* per studiare la situazione. Il Comitato Speciale per la Palestina (Unscop), su richiesta araba, ebbe anche la competenza di occuparsi del problema dei «profughi ebrei» e fu incaricato di dare indicazioni sul loro eventuale trasferimento. La Commissione fu costituita da rappresentanti di undici Stati (Olanda, Svezia, Cecoslovacchia, Iugoslavia, Uruguay, Iran, Canada, Australia, India, Perù, Guatemala), e la presidenza fu attribuita al giurista svedese Emil Sandstrom. Gli Stati arabi furono soddisfatti di tale composizione, ritenendo questo organismo nel suo insieme favorevole alle loro rivendicazioni.

Il Presidente propose che la Commissione iniziasse i propri lavori trasferendosi per cinque mesi in Palestina. Mentre i rappresentanti della comunità ebraica accolsero favorevolmente e in modo ospitale i membri dell'Unscop (mettendo a loro disposizione interpreti e altro), quelli palestinesi al contrario li accolsero con ostilità e scortesia. Ufficialmente l'Alto Comitato arabo non accettò di incontrare i membri dell'Unscop, anche se poi ufficiosamente alcuni leader del mondo arabo ebbero con essi incontri riservati e presentarono alla Commissione Onu alcune relazioni. I membri dell'Unscop, come era accaduto a quelli della precedente Commissione d'inchiesta anglo-americana, furono favorevolmente colpiti dallo sviluppo economico delle zone controllate dagli ebrei e dalla modernità dei suoi insediamenti agricoli e industriali. La comunità ebraica fu da essi giudicata «europea in senso pieno, moderna, dinamica: insomma uno Stato in gestazione»; al contrario furono sfavorevolmente colpiti dallo stato di arretratezza e dalle cattive condizioni igieniche dei centri amministrati dagli arabi.

Dopo questi fatti il Comitato si trasferì in Europa per interrogare i profughi ebrei, i quali, condizionati dai sionisti, all'unanimità dichiararono di voler emigrare in Palestina. L'Unscop, terminati i lavori, presentò il 1° settembre 1947 alle Nazioni Unite due relazioni: una di maggioranza, votata da otto membri del Comitato e una di minoranza. Ambedue i testi furono unanimi nel richiedere la fine del mandato inglese sulla Palestina. La relazione di maggioranza propose la spartizione del territorio palestinese in due Stati: uno ebraico, l'altro arabo. Essi avrebbero formato un'unione economica, la Gran Bretagna avrebbe continuato ad amministrare il Paese per altri due anni, per evitare guerre tra i due nuovi Stati e incoraggiare la cooperazione economica; inoltre, in questo lasso di tempo, sarebbe stata consentita l'immigrazione di altri 150.000 ebrei. Per quanto riguarda la questione dei Luoghi Santi e, in particolare, di Gerusalemme e Betlemme, si propose di sottoporli a un'amministrazione fiduciaria internazionale. Tale proposta era stata caldeggiata anche dalla Santa Sede. La relazione della minoranza proponeva l'indipendenza della Palestina come Stato federale, nel quale però la comunità araba manteneva l'egemonia demografica e politica.

Immediatamente negli Stati Uniti i sionisti organizzarono una forte campagna a sostegno della proposta della maggioranza (molto favorevole nei confronti di Israele), premendo sul presidente Truman, il quale aveva bisogno per la nuova campagna presidenziale sia dei soldi sia dei voti degli ebrei. Truman, inoltre, già nell'ottobre del 1946 aveva dato parere positivo alla creazione di uno Stato ebraico: era impossibile che su una materia così delicata facesse marcia indietro, tanto più che nel frattempo anche l'Unione Sovietica si era schierata in favore della «spartizione». Va ricordato però che non tutti nell'amministrazione statunitense la pensavano come il Presidente; nel Dipartimento di Stato sia il ministro della Difesa J. Forrestal, sia il sottosegretario di Stato G. C. Marshall e altri sostenevano la necessità di mantenere buoni rapporti con i Paesi arabi anche a motivo delle forniture di petrolio, e consigliavano un atteggiamento prudente o neutrale sulla materia.

Alla fine Truman, timoroso di inimicarsi la potente lobby ebraica, non soltanto accettò di sostenere il progetto di spartizione della Palestina, ma si impegnò anche ufficiosamente a far pressione sui Paesi filoamericani ancora incerti (ad esempio, Haiti, Filippine, Grecia) affinché in sede Onu votassero la proposta della maggioranza, la quale, per essere approvata, doveva avere i due terzi dei suffragi dell'Assemblea. Prima del voto dell'Assemblea Generale, il Dipartimento di Stato fece alcuni tentativi per modificare alcuni punti del progetto di maggioranza; ad esempio, propose che il deserto del Negev fosse incorporato nello Stato arabo-palestinese; soltanto la determinazione di alcuni leader sionisti e l'intervento personale di Weizmann presso Truman riuscirono a bloccare tale manovra, che avrebbe modificato di molto la configurazione dello Stato ebraico. Essi però dovettero acconsentire ad alcuni aggiustamenti territoriali nelle zone di confine.

Con tali modifiche il futuro Stato israeliano avrebbe occupato «il 55% della Palestina, con un popolazione israelita di circa 500.000 persone e una minoranza araba vicina alle 400.000 persone»[1]. La votazione sulla spartizione della Palestina, dopo lunga e faticosa preparazione, si svolse il 29 novembre 1947; essa fu approvata, grazie all'intervento degli Stati Uniti, da 33 Paesi, e fu respinta da 13

---

1. B. MORRIS, *Due popoli una terra*, Milano, Rizzoli, 2008, 34. Secondo il Ministero degli Esteri inglese la popolazione araba che viveva nella parte riservata agli ebrei era di circa 512.000 persone. Cfr T. G. FRASER, *Il conflitto arabo-israeliano*, Bologna, il Mulino, 2004, 44; G. RULLI, *Lo Stato d'Israele. Democratico, intransigente, provvidenziale, ambiguo*, Bologna - Roma, Edb - La Civiltà Cattolica, 1998, 9 s.

Paesi arabi, i quali non le riconobbero alcun valore. Gli astenuti, tra cui la Gran Bretagna, furono 10. Come è possibile, scrisse a tale riguardo uno storico palestinese, che il 37% della popolazione (cioè gli ebrei) avesse ottenuto il 55% del territorio, del quale fino a quel momento aveva posseduto soltanto il 7%? I palestinesi «non capivano perché si facessero pagare a loro i conti dell'Olocausto [...]. Non capivano perché fosse ingiusto che gli ebrei restassero minoranza in uno Stato palestinese unitario, e invece fosse giusto che quasi la metà degli arabi palestinesi diventasse dalla sera alla mattina una minoranza soggetta a un potere straniero»[2]. I delegati arabi dichiararono apertamente che qualunque tentativo di applicare la Risoluzione dell'Onu avrebbe dato origine a una guerra: i capi sionisti lo sapevano e di fatto iniziarono a organizzarsi per lo scontro finale.

Dagli occidentali la Risoluzione 181 dell'Onu fu accolta in modo favorevole; essa fu considerata come un gesto riparatore della civiltà europea nei confronti dell'orrore dell'Olocausto, «il pagamento di un debito da parte di nazioni consapevoli che avrebbero dovuto impedire, o almeno limitare, la portata della tragedia degli ebrei durante la seconda guerra mondiale»[3]. I sionisti avevano saputo abilmente sfruttare, in tutte le sedi internazionali, il senso di colpa dell'Occidente per la *Shoah*, per gettare le basi di un proprio Stato. In ogni caso ai capi sionisti spettava ora realizzare la trasformazione dell'astratta garanzia di uno Stato nazionale, riconosciuta dalla più alta autorità internazionale esistente, in un possesso effettivo e concreto del territorio assegnato, ma essi sapevano che questo sarebbe accaduto dopo una guerra combattuta sia con le popolazioni native sia con i Paesi arabi confinanti, che consideravano una profanazione del sacro suolo islamico la fondazione di uno Stato che si definiva apertamente ebraico ed era governato da ebrei. Nei villaggi e negli insediamenti ebraici (cioè nell'*yishuv*) il voto all'Onu fu seguito attraverso apparecchi radio in diretta e fu poi rumorosamente festeggiato tutta la notte con danze nelle strade. Nelle sue memorie, ricordando l'evento, Ben-Gurion scrisse: «Non potei

2. Cfr W. Khalidi, *All That Remains: The Palestinian Villages Occupied and Depopulated by Israel in 1948*, Washington, Institute for Palestine Studies, 1992.

3. Ph. Mattar, *The Mufti of Jerusalem*, New York, Columbia University Press, 1988, 165.

ballare né cantare quella notte. Guardavo gli altri che danzavano per la felicità, e non riuscivo a non pensare che la guerra era già lì ad aspettarli»[4]. Di fatto così accadde.

La prima guerra arabo-israeliana

La prima guerra arabo–israeliana ebbe due fasi distinte: la prima fu una vera e propria guerra civile (con tutte le atrocità che spesso caratterizzano questo genere di conflitti), mentre la seconda fu una guerra condotta secondo i metodi tradizionali. La prima iniziò, come si è detto, alla fine di novembre 1947 e durò fino alla partenza dell'esercito britannico dalla Palestina, avvenuta il 14 maggio dell'anno seguente. Essa sostanzialmente consistette in episodi di guerriglia, alcuni dei quali molto violenti e devastanti, tra lo *yishuv* e la comunità arabo–palestinese. La guerra convenzionale iniziò invece il 15 maggio 1948, cioè lo stesso giorno della proclamazione della nascita dello Stato di Israele (sulla base della Risoluzione delle Nazioni Unite) e durò fino all'inizio del 1949. In questo periodo il giovane Stato di Israele dovette rispondere agli attacchi simultanei, anche se scoordinati sul piano strategico, di diversi eserciti arabi, e cioè quelli della Siria, dell'Egitto, della Giordania, del Libano e dell'Iraq, ai quali si aggiunsero alcuni contingenti armati provenienti dallo Yemen e dall'Arabia Saudita.

Intanto durante l'inverno del 1947-48 l'Agenzia ebraica aveva trasformato la *Haganah* da forza clandestina in una sorta di esercito regolare nazionale. Furono create sei brigate alle quali fu assegnato il controllo del territorio, per un totale di 15.000 effettivi; ad essi vanno aggiunte alcune migliaia di uomini che militavano nei gruppi indipendenti dell'*Irgun* e del *Lehi*. Le linee guida delle azioni dei sei battaglioni erano fissate dall'Agenzia nel cosiddetto «Piano Dalet» o semplicemente Piano D, che consisteva in una serie di ordini finalizzati alla difesa dell'area assegnata al futuro Stato ebraico dalle Nazioni Unite e alla protezione degli insediamenti ebraici che si trovavano nella zona

---

4. Citato in L. COLLINS - D. LAPIERRE, *Jerusalem!*, Great Britain, History Book Club, 1972, 41.

assegnata agli arabi[5]. L'esigenza di proteggere questi ultimi fece aumentare negli arabi l'erronea convinzione che tale piano fosse rivolto all'occupazione dell'intera Palestina; ciò rese più accanita e feroce la battaglia tra i due fronti. In proposito basta ricordare l'efferato massacro del villaggio di Deir Yassin, che aveva precedentemente stipulato con l'*Haganah* un patto di non aggressione. Il 9 aprile un gruppo congiunto dell'*Irgun* e del *Lehi* (probabilmente sostenuti dall'*Haganah*), per rompere l'assedio di Gerusalemme ovest, saldamente in mano agli arabi, attaccò quel villaggio massacrando circa 100 civili[6]. Nonostante la condanna dell'Agenzia ebraica, l'episodio segnò un nuovo livello di efferatezza nella lotta. La rappresaglia araba arrivò infatti subito dopo: un convoglio medico che faceva la spola tra Gerusalemme e il monte Scopus fu attaccato, e furono uccise 77 persone, in maggioranza medici e infermieri. Intanto le forze dell'*Haganah* avevano guadagnato terreno su diversi fronti: a metà aprile la brigata *Golani* aveva occupato Tiberiade e altre città della Galilea. Il 22 aprile la brigata *Carmeli* si assicurò l'importante porto di Haifa e negli ultimi giorni del mandato altre brigate occuparono Giaffa, città in cui vivevano 70.000 arabi, ma che, secondo gli strateghi, si trovava troppo vicina alla città ebraica di Tel Aviv. Tutte queste operazioni ebbero come effetto immediato la fuga o l'allontanamento forzato di decine di migliaia di arabi dalle zone di operazione militare. Come previsto, gli inglesi, i quali si erano tenuti ben in disparte dai combattimenti e, nonostante le proteste della comunità internazionale, avevano impedito alla Commissione Onu – incaricata di dare esecuzione alla Risoluzione 181 – di entrare in Palestina, abbandonarono il territorio mandatario il 14 maggio 1948.

Il giorno successivo, bruciando i tempi e le eventuali proteste della comunità internazionale, Ben-Gurion e i capi sionisti si riunirono nel museo di Tel Aviv e proclamarono la nascita dello Stato di Israele, che sarebbe stato aperto a tutti gli ebrei del mondo e avrebbe garantito a tutti, ebrei e arabi, gli stessi diritti di cittadinanza. Presidente della nuova Repubblica fu nominato Chaim Weizmann, e la carica di capo di Governo fu attribuita a Ben-Gurion. Nonostante qualche

---

5. Cfr T. G. FRASER, *Il conflitto arabo-israeliano*, cit., 50.
6. Cfr A. GRESH, *Israele, Palestina. La verità di un conflitto*, Torino, Einaudi, 2004, 75.

difficoltà, il nuovo Stato israeliano fu immediatamente riconosciuto sia dagli Stati Uniti sia dall'Unione Sovietica. Tale fatto fu molto importante anche per l'andamento della guerra: Israele da questo momento in poi combatté come Stato sovrano, riconosciuto dalle grandi potenze, su un piano di parità con i Paesi arabi, che già il 15 maggio, come era prevedibile, avevano inviato i loro eserciti contro Israele.

Gli eserciti di sei Paesi della Lega Araba attaccarono Israele con motivazioni differenti e senza essere coordinati tra loro. Quattro di essi – il libanese, il siriano, l'iracheno e in ultimo il saudita – compirono poche azioni offensive, anche se tennero impegnata una parte dell'esercito israeliano. Gli altri due invece, cioè quello egiziano e giordano (comandato da ufficiali britannici), provvisti di armamenti pesanti e di supporti aerei, misero in seria difficoltà il giovane esercito israeliano, che però, nonostante la sua iniziale debolezza sul piano degli armamenti, era molto motivato nella sua azione e ben preparato sul piano strategico.

Intanto le Nazioni Unite riuscirono a negoziare, attraverso il proprio inviato, il conte svedese Folke Bernadotte, una tregua che entrò in vigore l'11 giugno. Essa fu accolta da entrambe le parti in lotta con sollievo: dopo due settimane di aspro combattimento non era infatti ancora chiaro per quale parte si prospettasse la vittoria. Israele approfittò di tale periodo, violando i termini della tregua, per acquistare dalla Cecoslovacchia una grande quantità di materiale bellico, rimasto inutilizzato dopo la seconda guerra mondiale, compresi alcuni caccia *Messerschmidt*. Quando la guerra riprese l'8 luglio, l'esercito israeliano, utilizzando le nuove forniture europee (e statunitensi), nel giro di pochi giorni ebbe il sopravvento sugli eserciti arabi, che, a motivo delle rivalità interne, non erano riusciti a coordinare la loro azione e a far fronte alle dure offensive dell'esercito israeliano. In questo modo furono occupati molti villaggi arabi e le città di Lydda e Ramle, che secondo il piano di spartizione appartenevano alla zona araba, mentre i centri abitati dai drusi e dai cristiani (come Nazareth) furono risparmiati.

Nella memoria dei palestinesi l'occupazione della città di Lydda, e la conseguente «pulizia etnica» praticata dagli occupanti (pare infatti che siano stati espulsi circa 70.000 abitanti), rimane un fatto doloroso e indelebile. Secondo alcuni storici, l'ordine di espulsione della popolazione araba di Lydda fu dato personalmente da Ben-Gurion il 12 luglio durante un incontro del capo del Governo con il comando dell'esercito israeliano. Il viaggio che i profughi fecero verso Ramallah, ricordato come «la marcia della morte», nel caldo estivo, costò la vita a numerosi bambini e vecchi, che morirono durante il viaggio per disidratazione, fame e stanchezza[7].

Dopo dieci giorni di ostilità fu approvata una seconda tregua, che entrò in vigore il 18 luglio. Nel frattempo il delegato dell'Onu, Bernadotte, per porre termine al conflitto preparò una bozza di accordo, i cui termini erano i seguenti: Israele avrebbe mantenuto la Galilea, ma abbandonato una parte del Negev e restituito le città di Lydda e Ramle agli arabi. Per quanto riguardava il problema dei profughi, che era diventato un problema umanitario molto grave, lo Stato di Israele si doveva impegnare ad assicurarne il rientro in sicurezza. Il giorno successivo alla consegna del suo piano alle Nazioni Unite, Bernadotte fu ucciso da alcuni membri del *Lehi*. Naturalmente il Governo israeliano condannò l'uccisione del diplomatico svedese. La proposta però rimaneva ancora valida: per evitare che la comunità internazionale costringesse il Governo di Tel Aviv a scendere a patti sul piano territoriale, il 15 ottobre l'esercito israeliano mosse in forze verso il Negev, occupandone i punti strategici. Gli egiziani furono battuti sul campo e alla fine conservarono la striscia di Gaza soltanto perché gli Stati Uniti imposero a Israele – che aveva abbattuto cinque caccia inglesi che stavano portando aiuto agli arabi – di porre fine alla guerra. I negoziati per gli accordi di armistizio tra Israele e l'Egitto furono avviati a Rodi, sotto l'abile guida dell'inviato delle Nazioni Unite, Ralph Bunche; l'accordo fu concluso il 24 febbraio 1949 e divenne il modello per quelli con la Siria, col Libano e con la Giordania, con cui furono definiti i confini con Israele, almeno fino al giugno del 1967. La firma degli armistizi rappresentò la fine ufficiale della prima guerra arabo-israeliana, anche se il rispetto delle sue disposizioni da ambedue le parti fu più apparente che reale.

7.   Cfr M. PALUMBO, *The Palestinian Catastrophe*, London, Quartet Books, 1987, 69; A. GRESH, *Israele, Palestina. La verità di un conflitto*, cit., 77.

La catastrofe palestinese. La «Nakba»

La prima guerra arabo-israeliana non aiutò certo a risolvere l'intricata «questione palestinese» nella linea dettata dalle Nazioni Unite; essa però consentì agli israeliani di fissare i confini del proprio Stato e addirittura di allargarli. Uno degli effetti più disastrosi prodotti da questa guerra, che peserà moltissimo nelle future trattative arabo-israeliane, fu il problema dei profughi palestinesi, i quali abbandonarono, alcuni volontariamente altri forzatamente, i loro villaggi o quartieri per sfuggire alla guerra e a volte anche ai massacri rifugiandosi in Cisgiordania, oppure nei Paesi arabi limitrofi (Libano, Siria, Giordania ed Egitto). Sta di fatto che alla fine della guerra meno della metà della popolazione palestinese si trovava ancora nella terra nativa: meno di 150.000 arabi in Israele, circa 400.000 nella *West Bank* e circa 60.000 nella striscia di Gaza. Sul numero dei profughi si è molto discusso in passato: gli israeliani parlavano di circa 500.000 profughi, i palestinesi invece di circa un milione di persone espulse. Secondo gli storici contemporanei il numero dei profughi si aggirerebbe intorno ai 700.000-800.000.

La domanda che da ormai mezzo secolo si pone la comunità internazionale, e che allo stesso tempo interpella gli Stati, gli operatori umanitari e anche gli storici, è la seguente: come mai un numero così grande di persone nel giro di pochi mesi ha dovuto abbandonare la propria terra, andando incontro a un futuro di miseria e di emarginazione sociale? La tesi ufficiale sostenuta da Israele è che i palestinesi abbandonarono «volontariamente» il loro territorio, sotto la pressione degli eserciti dei Paesi arabi, per spianare loro la strada per l'invasione del 15 maggio, cioè dopo il ritiro delle truppe inglesi. I palestinesi, al contrario, hanno sempre sostenuto che i profughi erano stati espulsi in modo sistematico e premeditato dall'esercito israeliano dai luoghi da questo occupati; perciò, facendo appello alla comunità internazionale, rivendicano il diritto di rientrare nei propri villaggi e di riprendere possesso dei loro beni; proposta che lo Stato di Israele, almeno in questi termini, ha sempre respinto.

In ambito palestinese il primo storico che ha confutato la vulgata israeliana è stato Walid Khalidi, nel suo libro *All That Remains*[8]; egli, consultando gli archivi palestinesi e raccogliendo la memoria dei testimoni, ha ricostruito in modo analitico – riportando l'elenco esatto dei villaggi distrutti – la «catastrofe», cioè la *Nakba*, vissuta dal suo popolo. Tale studio ebbe poca eco tra gli storici occidentali, e si continuò ancora per anni a ripetere la vulgata israeliana dell'«esilio volontario dei palestinesi». Negli anni Ottanta in Israele una nuova corrente storica (i cosiddetti «nuovi storici»), si dedicò allo studio di quegli eventi in modo critico, partendo dalla documentazione disponibile: generalmente si trattava di documentazione diplomatica o prodotta negli ambienti militari, e anche dalla letteratura storica pubblicata in ambito palestinese. Tra i maggiori rappresentati di questo indirizzo è certamente lo storico Benny Morris, che ha dedicato a tale materia diversi saggi[9]. A suo parere il «trasferimento» della popolazione palestinese avvenne in diverse fasi e secondo progetti e strategie politico-militari differenti.

La prima fase si svolse tra il dicembre 1947 e il marzo del 1948, quando gli arabi delle classi medio-alte (probabilmente 75.000 persone) impaurite dalla guerra civile abbandonarono le città e si trasferirono in posti più sicuri, spesso nei Paesi arabi confinanti. Questo implicò la chiusura di scuole, uffici pubblici e ospedali, ma anche di piccole industrie e di cantieri, creando tra le classi popolari disoccupazione e povertà. Fu questo lo sfondo in cui avvenne la seconda fase, quando una buona parte della popolazione abbandonò i propri quartieri e villaggi di volta in volta occupati dall'esercito israeliano. I documenti della *Haganah*, afferma Morris, rilevano il diffondersi in questo periodo tra la popolazione palestinese di una «psicosi della fuga». «L'eco del massacro degli abitanti di Deir Yassin, accresciuta dalle atrocità vere o immaginarie che la propaganda araba collegò all'episodio, fu il simbolo e insieme la causa del fenomeno». Nella maggior parte dei villaggi non fu necessario ricorrere

---

8. Cfr W. Khalidi, *All That Remains...*, cit. Si veda anche Id., *Identità palestinese. La costruzione di una moderna coscienza nazionale*, Torino, Bollati Boringhieri, 2003.

9. Cfr B. Morris, *Vittime*, cit.; Id., *1948: Israele e Palestina tra guerra e pace*, cit.; Id., *Due popoli una terra*, cit.

all'espulsione diretta: al primo crepitio delle mitragliatrici israeliane gli arabi abbandonavano case e terreni. Sempre secondo Morris, nella prima fase «non si può parlare di una politica sionista volta ad espellere gli arabi», anche se, per molti ebrei, «più arabi facevano le valigie meglio era». Fu l'effetto della politica delle rappresaglie adottata dall'*Haganah* a spingere molti palestinesi ad abbandonare il territorio.

Nella seconda fase, «anche se non ci fu una politica sistematica di espulsione, l'adozione del Piano D ebbe senza dubbio per conseguenza un nuovo esodo di massa. I comandanti militari furono autorizzati a svuotare degli abitanti molti villaggi e quartieri arabi, e a distruggere le abitazioni. Inoltre molti comandanti fecero proprio l'obiettivo di far nascere uno Stato ebraico con una minoranza araba, la più limitata possibile»[10]. L'invasione panaraba del 15 maggio accrebbe, poi, la durezza dell'atteggiamento israeliano verso i civili palestinesi, per ragioni sia militari sia politiche. I comandanti, senza il consenso del Governo, ordinarono di contrastare con la forza il ritorno degli arabi nei loro villaggi. Anzi questi, una volta svuotati, furono spesso rasi al suolo o bruciati. «Nella terza e quarta fase dell'esodo, nel giugno e nell'ottobre-novembre 1948, circa 300.000 altri arabi accrebbero la schiera dei profughi; tra essi i 60.000 di Lydda e Ramla espulsi dalle truppe dell'Idf». Eppure, conclude Morris, nonostante le atrocità commesse dalle milizie israeliane, «ancora non sarebbe esatto parlare di una sistematica politica di espulsione. Per quanto se ne sa, una politica siffatta non fu mai discussa, o decisa negli incontri del Governo con lo stato maggiore dell'Idf»[11].

Tale lettura, che da molti studiosi conservatori è considerata revisionista, è stata di recente confutata da un altro storico israeliano, Ilan Pappe. Nel suo libro *La pulizia etnica della Palestina*, sostiene, documenti alla mano, che il progetto di espulsione dei palestinesi dai territori occupati dall'esercito israeliano fu pianificato in un incontro che si tenne il 10 marzo 1948 a Tel Aviv (nella «casa rossa», a quel tempo sede dell'*Haganah*) tra politici sionisti e militari. In quell'occasione fu messa a punto l'ultima versione, la quarta, del

---

10. Id., *Vittime*, cit., 324.
11. Ivi, 325.

celebre Piano D, che stabiliva il progetto che i sionisti avevano in serbo per la Palestina e per la sua popolazione nativa. «Gli ordini erano accompagnati da una minuziosa descrizione dei metodi da usare per cacciare via la popolazione con la forza: intimidazione su vasta scala; assedio e bombardamento di villaggi e centri abitati; incendi di case, di proprietà, di beni; espulsioni, demolizioni, e infine collocazione delle mine tra le macerie per impedire agli abitanti espulsi di fare ritorno»[12]. Tali ordini furono poi trasmessi alle singole brigate che avrebbero provveduto a metterli in atto: il piano, insomma, secondo Pappe, era il prodotto inevitabile della determinazione sionista ad avere un'esclusiva presenza ebraica in Palestina, e questo poteva essere realizzato soltanto eliminando la presenza dei nativi dal territorio. «Nel creare il proprio Stato nazionale – continua lo studioso – il movimento sionista non condusse una guerra che "tragicamente ma inevitabilmente" portò all'espulsione di parte della popolazione nativa, ma fu l'opposto: l'obiettivo principale era la pulizia etnica di tutta la Palestina, che il movimento ambiva per il suo nuovo Stato»[13]. Pulizia che fu iniziata durante la guerra civile e completata con successo durante la guerra con i Paesi arabi nell'autunno del 1948. Questa vicenda, scrive ancora Pappe, «la più decisiva della storia moderna della Palestina», è stata da allora sistematicamente negata, e ancora oggi non è ufficialmente riconosciuta come fatto storico e tantomeno è considerata dalla comunità internazionale come un crimine contro l'umanità.

La maggior parte dei profughi palestinesi che hanno vissuto quelle drammatiche esperienze sono ormai morti; i loro figli e nipoti, che ancora vivono nei «campi» in condizione di miseria e di degrado umano, o che occupano le periferie di alcune grandi città arabe, sono considerati anch'essi palestinesi, come stabilisce la

---

12. I. Pappe, *La pulizia etnica della Palestina*, Roma, Fazi, 2008, 4. Il Piano D sulla pulizia etnica stabiliva: «Queste operazioni potranno essere svolte in uno dei seguenti modi: o distruggendo i villaggi (incendiandoli o facendoli saltare in aria e poi mettendo delle mine nelle macerie), soprattutto i centri abitati che sono difficili da controllare in modo permanente; oppure con operazioni di setacciamento e controllo con le seguenti modalità: si accerchia il villaggio e si fanno perquisizioni. Se c'è resistenza, le milizie armate dovranno essere eliminate e la popolazione espulsa al di fuori dei confini dello Stato» (ivi, 108).

13. Ivi, 9.

Carta fondamentale adottata nel 1964 dal Consiglio Nazionale Palestinese. Essi perciò hanno diritto a un doveroso riconoscimento morale e a una giusta riparazione materiale. Tale questione, come è noto, è stata da sempre oggetto di rivendicazione da parte dei leader palestinesi nell'affrontare l'intricatissima questione palestinese; oggi, anche per il fatto che tale popolazione è quasi triplicata, essa è divenuta di difficile soluzione. D'altro canto, come viene spesso ripetuto, lo Stato di Israele, se intende mantenere la propria identità di Stato ebraico, non può accogliere nel suo seno una quantità così numerosa di popolazione palestinese. In realtà, il problema va seriamente affrontato nelle competenti sedi internazionali in modo più globale e senza pregiudizi di sorta, tenendo presenti le prospettive e gli interessi differenti delle parti direttamente coinvolte: l'interesse dei profughi a ritornare nella loro patria ed essere considerati a pieno titolo cittadini, come gli ebrei, di uno Stato nazionale, e ad avere reali prospettive di sviluppo economico e sociale; l'interesse di Israele a conservare uno Stato in cui la maggior parte dei suoi cittadini siano ebrei; ciò – considerando anche le recenti vicende legate al terrorismo (la maggior parte dei kamikaze palestinesi, infatti, provengono dai campi profughi) – è richiesto anche da comprensibili ragioni di sicurezza interna.

Tali difficoltà, anche se reali, vanno affrontate con realismo e risolte nell'interesse, innanzitutto, delle parti lese. Va anche ricordato, infatti, che tale problema è stato a volte utilizzato strumentalmente sia dai palestinesi sia dai Paesi arabi per ricattare Israele e per far naufragare possibili negoziati di pace. Dal canto loro i leader israeliani non possono opporre un netto rifiuto a ogni progetto di trattativa che riguardi una decorosa sistemazione del problema dei profughi, come anche, d'altra parte, è necessario che i leader palestinesi riconoscano senza doppiezza lo Stato di Israele e il diritto degli ebrei a vivere in sicurezza. La questione, ripetiamo, va trattata in sede internazionale, dove al tavolo delle trattative siano presenti tutte le parti interessate alla soluzione della questione, nella consapevolezza che probabilmente non esiste una proposta che accontenti tutti, ma che, pur attraverso progetti differenziati, si inizino a operare scelte rivolte a risolvere uno dei problemi più complicati che la tormentata storia del Novecento ci ha lasciato in eredità.

LA GUERRA DEI SEI GIORNI*

Giovanni Sale S.I.

In occasione del cinquantesimo anniversario della Guerra dei sei giorni del 1967, combattuta tra lo Stato di Israele e i Paesi arabi limitrofi (Egitto, Siria e Giordania), è opportuno ripercorrere le vicende che hanno portato a quel conflitto, che ha modificato la storia moderna del Medio Oriente e sancito l'affermarsi di Israele come vera e propria potenza regionale. Questo fatto è stato vissuto nell'immaginario del mondo arabo come una sconfitta non soltanto militare, ma anche politica e culturale. A tale proposito si è anche parlato di «sindrome dell'infelicità araba»[1] e del rancore nei confronti dei sionisti e dei loro alleati occidentali.

Fino all'affermarsi del cosiddetto «Stato Islamico» (2014), la lotta contro il nemico sionista era stato uno dei punti centrali dei programmi dei movimenti dell'islamismo radicale e del terrorismo transnazionale (come *al Qaeda*). Con l'Isis questo elemento è passato in secondo piano. Ciò non significa, però, che sia cessato. Esso, infatti, può essere propagandisticamente riattivato in ogni momento dai movimenti radicali – come è avvenuto nel recente passato – per compattare le piazze arabe.

I precedenti della Guerra dei sei giorni

Nasser, all'apice della sua popolarità e del suo prestigio, si era fatto paladino della causa palestinese e difensore della «nazione» araba in funzione antioccidentale e antisraeliana. Secondo alcuni storici, quella che la dirigenza israeliana definì «Guerra dei sei giorni» –

---

*   Titolo originale: «A cinquant'anni dalla Guerra dei sei giorni».
1.   Cfr S. Kassir, *L'infelicità araba*, Torino, Einaudi, 2006, 48 s.

chiamata dagli arabi semplicemente «Guerra di giugno» – andrebbe compresa nel contesto delle manovre diplomatiche e militari di Nasser che facevano pensare alla preparazione di un conflitto armato.

Secondo lo storico israeliano Benny Morris, la guerra fu il risultato «di errori e fraintendimenti di entrambe le parti»[2]. Una settimana prima, il servizio segreto delle forze armate israeliane, nel suo esame della situazione strategica nazionale, aveva segnalato che «un conflitto nell'immediato futuro era altamente improbabile». Inoltre aveva affermato che per il momento non era interesse dell'Egitto intraprendere una guerra contro Israele, e che gli altri Paesi limitrofi, in particolare la Siria, non si sarebbero mossi senza l'aiuto massiccio dell'esercito egiziano[3]. E questo nonostante le iniziative egiziane contro Israele.

Il 13 maggio 1967 i sovietici informarono ufficialmente l'Egitto che Israele stava ammassando delle truppe in vista dell'invasione della Siria: si parlava di un contingente di 10-12 brigate, e del 17 maggio come probabile data dell'attacco. Lo stesso giorno il ministro della Difesa siriano, Hafiz al Asad, chiese all'Egitto di prendere misure di deterrenza nei confronti di Israele. Questi, che non aveva spostato truppe verso il confine e neppure mobilitato i riservisti, invitò l'ambasciatore sovietico a ispezionare la zona. Egli però declinò l'invito. Il capo di Stato maggiore egiziano Mohamed Fawzi fece un sopralluogo sul confine, e stilò poi una relazione, nella quale diceva: «Non ho trovato nessun dato concreto a sostegno delle informazioni ricevute. Al contrario, le fotografie aeree scattate dai ri-

---

2. B. Morris, *Vittime. Storia del conflitto arabo-sionista 1881-2001*, Milano, Rizzoli, 2003, 382.

3. Di fatto, i rapporti tra Siria e Israele si fecero sempre più tesi, anche a motivo della recrudescenza, a partire dal 1965, degli attentati terroristici contro obiettivi israeliani. In varie occasioni missili siriani vennero lanciati dalle Alture del Golan verso il territorio di Israele, che rispondeva con azioni di ritorsione soprattutto nei confronti della Giordania. Il 7 aprile 1967, nel corso di una breve battaglia aerea sul lago di Tiberiade, l'aviazione israeliana abbatté sei Mig 21 siriani. La Russia accusò Israele di voler colpire il regime filosovietico di Damasco, mentre l'Egitto, strategicamente, non intervenne, e questo fatto non fu certo gradito dai Paesi coinvolti nel conflitto. Diverse circostanze spinsero subito dopo Nasser ad agire con forza nei confronti dei «sionisti», al fine di riaffermare la sua *leadership* sul mondo arabo.

cognitori siriani non rivelavano alcuno spostamento di reparti dalla disposizione normale»[4].

Perché l'Unione Sovietica accese la miccia della contesa e, soprattutto, perché, nonostante la relazione informativa stilata da Fawzi, Nasser continuò i preparativi di guerra? Pare che il leader egiziano non volesse la guerra con Israele, e in ogni caso non in quel momento, in cui una parte del suo esercito era impegnato nel conflitto con lo Yemen (in appoggio alle forze repubblicane) al fine di contrastare l'espansione dell'Arabia Saudita nella regione.

Le dimostrazioni di forza del mese di maggio avevano, in realtà, un valore più propagandistico (interpretando i sentimenti antisionisti presenti nel mondo arabo) che strategico-militare. Nasser sperava che le pressioni internazionali, da una parte, e le minacce egiziane, dall'altra, avrebbero intimorito Israele e favorito una convergenza diplomatica, come era avvenuto nella crisi di Suez nel 1956[5]. Di fatto le cose andarono diversamente, perché sia l'Unione Sovietica sia gli Stati Uniti non erano intenzionati a entrare nel conflitto, sebbene Mosca facesse di tutto per «impelagare» Washington nel ginepraio mediorientale.

Il 14 maggio Nasser decretò lo stato di emergenza nazionale e ordinò l'assembramento di truppe nella penisola del Sinai. Le forze armate in assetto di guerra vennero fatte sfilare davanti all'ambasciata statunitense. Il 20 maggio Nasser chiese al segretario dell'Onu U Thant di ritirare le forze di interposizione presenti nel Sinai e a Gaza, cosa che egli fece immediatamente. La partenza dei caschi blu dall'Egitto fu interpretata dalla comunità internazionale come un segnale negativo. Gli israeliani pensavano, però, che sull'orlo del precipizio Nasser si sarebbe fermato.

La situazione si fece seria quando il 23 maggio Nasser annunciò la chiusura degli stretti di Tiran alle navi israeliane. Questi stretti mettevano in comunicazione, attraverso il golfo di Aqaba, il porto israeliano di Eilat con il Mar Rosso. Poiché essi si trovano davanti alle coste della penisola del Sinai, Nasser sosteneva che si trattava di

---

4.   B. Morris, *Vittime...*, cit., 415.
5.   Cfr M. Campanini, *Storia del Medio Oriente 1798-2005*, Bologna, il Mulino, 2006, 146.

acque territoriali egiziane, mentre gli israeliani dichiaravano che erano acque internazionali. Questa posizione era stata sostenuta già dal 1956 anche dagli Stati Uniti[6].

La reazione di Israele a questa decisione fu molto forte. Alla riunione dello Stato maggiore delle Forze di difesa israeliane (Idf), uno dei suoi capi affermò che in questo caso non si trattava di una questione di libertà di navigazione, ma della sopravvivenza stessa di Israele. «Se Israele non reagisce – disse –, perderà ogni credibilità, e l'Idf ogni potere di deterrenza; gli Stati arabi vedranno nella debolezza di Israele un'occasione per mettere in forse la sua sicurezza e la sua stessa sopravvivenza»[7].

Questa posizione era sostenuta da tutti i capi militari e politici del Paese. Gli Stati Uniti, pur avendo condannato la chiusura degli stretti, avevano comunicato a Israele la loro ferma opposizione ad ogni azione unilaterale da parte sua. Washington propose allora di formare una flotta internazionale per forzare il blocco egiziano, e quindi di portare la questione su un piano più generale. Ma per Israele il problema centrale non era questo.

Intanto Egitto e Siria stipularono un trattato di reciproca difesa, al quale il 31 maggio aderì anche il re di Giordania. Con esso il sovrano hashemita accettava che le sue forze armate passassero sotto il comando di un generale egiziano e che sul proprio territorio venissero dislocate truppe irachene e saudite.

I media mediorientali erano unanimemente orientati alla guerra, e le trasmissioni radiofoniche trasmettevano proclami bellicosi antisraeliani, richiamando tutti alla battaglia contro il «nemico sionista». Questo tipo di propaganda non lasciò indifferente la maggior parte della popolazione israeliana, che temeva di vivere un secondo Olocausto, e ciò spinse la classe dirigente e i militari ad agire. Il 1° giugno il capo del Governo, Levi Eshkol, per far fronte alla grave situazione, formò un nuovo Governo di coalizione nazionale, nominando ministro della Difesa il «falco» Moshe Dayan e come

---

6. Cfr J. L. Gelvin, *Il conflitto israelo-palestinese. Cent'anni di guerra*, Torino, Einaudi, 2007, 222.

7. B. Morris, *Vittime...*, cit., 382.

ministri senza portafoglio due esponenti dell'opposizione di destra, uno dei quali era Menachem Begin.

Il giorno successivo, in una riunione segreta tra lo Stato maggiore militare e il nuovo Governo, si optò per la guerra, ma senza fissare alcuna data precisa. Il 4 giugno il Governo autorizzò le forze armate a intervenire quando lo avessero ritenuto opportuno. Il capo del Governo, che fino a quel momento era rimasto esitante, si lasciò persuadere sulla necessità dell'attacco immediato da Meir Amit, direttore dell'agenzia di *intelligence* del Mossad, il quale, di ritorno da Washington, affermava che l'amministrazione statunitense avrebbe appoggiato qualsiasi operazione militare che avesse «disarcionato Nasser». I servizi segreti statunitensi, infatti, erano convinti che l'esercito israeliano sarebbe stato in grado di sconfiggere in breve tempo quello della coalizione araba. Sembra che il presidente Lyndon B. Johnson, in un primo tempo contrario alla guerra, si fosse lasciato convincere sull'opportunità dell'attacco da alcuni amici e consiglieri ebrei durante un fine settimana (31 maggio) trascorso nel suo *ranch* texano[8].

La Guerra dei sei giorni

Il 5 giugno mattina i caccia israeliani, con un attacco preventivo, colpirono a terra l'80% dell'aviazione da guerra egiziana, successivamente il 70% di quella siriana e quasi integralmente quella giordana. Dopo il *blitz* aereo ci fu l'offensiva di terra, diretta sulla Striscia di Gaza e sul Sinai[9]. L'Egitto si trovò così a combattere contro il «nemico sionista» – che seppe sapientemente coordinare gli

8.   Cfr ivi, 393.
9.   Intorno alle 7,30 della mattina 183 caccia israeliani si alzarono in volo e si diressero verso il Mediterraneo; dopo 18 minuti di volo, facendo una inversione a U, volarono il più basso possibile per non essere intercettati dai radar egiziani, prendendo di mira 11 basi aeree egiziane. Furono bombardate innanzitutto le piste di atterraggio, rendendole inutilizzabili; subito dopo furono colpiti i Mig allineati sulle piste o ancora chiusi negli hangar, distruggendone 189, più 8 in scontri aerei. La seconda ondata, che partì qualche ora dopo, ne distrusse altri 107. In tutto furono colpiti 304 aerei da guerra egiziani, su un totale di 419, mentre l'Idf ne perse soltanto 9. La terza ondata, intorno alle 12,45, attaccò la Siria, la Giordania e l'Iraq, i cui aerei avevano iniziato a colpire obiettivi israeliani. L'intera aviazione di guerra giordana fu distrutta (28 caccia); mentre di quella siriana ne fu colpita la metà (53 caccia).

attacchi di terra con la potente copertura aerea – con i soli mezzi corazzati disponibili.

Il 7 giugno, nel cuore della penisola del Sinai si ebbe lo scontro diretto tra i due eserciti: dopo la Seconda guerra mondiale, questa è stata la più grande battaglia di mezzi blindati (più di mille carri armati per ciascuna parte). L'indomani, l'esercito israeliano[10] raggiunse Suez e si impadronì di Sharm El Sheikh, e nello stesso tempo occupò Gaza. La mattina del 9 giugno tutto il Sinai era caduto nelle mani degli israeliani[11].

Uno dei punti di forza della strategia israeliana era che il comandante in capo dell'Idf, Moshe Dayan, aveva fatto di tutto per tenere ben distinti i diversi fronti di guerra, cioè quello egiziano, quello giordano e quello siriano. E così di fatto avvenne. Re Hussein si impegnò a fondo per difendere la Cisgiordania, e in particolare Gerusalemme Est. La battaglia di Gerusalemme fu certamente tra le più difficili per gli israeliani. Essi combatterono casa per casa, impegnando molti uomini, e senza la copertura aerea, per non distruggere la città antica. La sera del 7 giugno Gerusalemme Est era stata interamente conquistata. Il giorno successivo l'amministrazione ebraica della parte Ovest della città venne estesa anche a Gerusalemme Est, dando così luogo alla sua annessione di fatto.

Il fronte siriano rimaneva ancora aperto. Esso in realtà era quello più delicato, perché la Siria era considerata alleata di Mosca. Secondo alcuni studiosi, infatti, c'era il pericolo che un attacco alle Alture del Golan potesse scatenare una guerra ben più ampia e impegnativa. Dayan, nonostante questo rischio, di propria iniziativa (e sulla base degli ampi poteri conferitigli dal Governo), il 9 giugno iniziò

Verso le 11,00, Ezer Weizman, capo delle operazioni dello Stato maggiore, telefonò alla moglie e le disse: «Abbiamo vinto la guerra». Cfr ivi, 402.

10. L'esercito israeliano (Idf) comprendeva circa 250.000 uomini, dei quali tre quarti erano riservisti e un quarto coscritti. Gli eserciti arabi (formati da professionisti) erano di gran lunga più numerosi, ma con uno scarso livello di addestramento e di meccanizzazione. Tra i due schieramenti, secondo Morris, c'era un'indiscutibile differenza di motivazione: mentre i soldati arabi combattevano per il loro Paese contro Israele, quelli israeliani combattevano non solo per la sopravvivenza dello Stato, ma anche per quella delle loro famiglie e di ciò che avevano di più caro. Cfr ivi, 393.

11. Cfr E. BARNAVI, *Storia d'Israele. Dalla nascita dello Stato all'assassinio di Rabin*, Milano, Bompiani, 2002, 183.

i combattimenti sul Golan. Va ricordato che dal 1948 i siriani da quelle Alture lanciavano ogni tanto razzi contro Israele, mantenendo così sempre alta l'ostilità tra i due Paesi. Occupando le Alture, si voleva far cessare «lo stillicidio dei bombardamenti e ottenere così il controllo totale della più importante riserva idrica del Paese, cioè il lago di Tiberiade»[12].

Il 10 giugno il Consiglio di Sicurezza delle Nazioni Unite intimò alle parti in lotta il cessate il fuoco, che divenne praticamente operativo soltanto due giorni dopo, quando l'esercito israeliano aveva ormai conquistato le Alture del Golan.

In sei giorni, quindi, l'esercito israeliano aveva conquistato *manu militari* la penisola del Sinai e la Striscia di Gaza (appartenenti all'Egitto), nonché le Alture del Golan (appartenenti alla Siria) e l'intera Cisgiordania e Gerusalemme Est (appartenenti alla Giordania), aumentando di tre volte e mezzo l'estensione del Paese. La guerra aveva provocato una nuova ondata di profughi (circa 300.000), che si riversarono nei Paesi arabi limitrofi, andando così ad aggiungersi a quelli (500.000) della guerra del 1948[13]. Non è chiaro quanti fra quelli che abbandonarono il Paese furono minacciati dai soldati israeliani e quanti invece se ne andarono spontaneamente o per paura dei combattimenti. «Alcuni indizi suggeriscono – scrive Morris – che soldati israeliani muniti di megafono abbiano obbligato i residenti palestinesi a lasciare la Cisgiordania»[14].

La Guerra dei sei giorni, iniziata con un sorprendente *blitz* aereo e terminata in un lasso di tempo molto breve, dal punto di vista militare fu una grande vittoria per Israele, che divenne la maggiore potenza militare della regione. Ma, dal punto di vista politico, allora iniziarono per il giovane Stato i problemi legati alla difficile gestione del dopoguerra. Infatti un milione di palestinesi, che abitavano in Cisgiordania e a Gerusalemme Est, dall'oggi al domani si ritrovarono sotto occupazione militare, e Israele scoprì, come conseguenza della guerra, di essere la nazione mediorientale con il più alto numero di palestinesi al suo interno.

---

12. M. EMILIANI, *Medio Oriente. Una storia dal 1918 al 1991*, Bari - Roma, Laterza, 2012, 172.

13. Cfr I. PAPPÉ, *La pulizia etnica della Palestina*, Roma, Fazi, 2008, 227.

14. B. MORRIS, *Vittime...*, cit., 451.

La guerra ebbe conseguenze disastrose nel mondo arabo. Segnò la fine della parabola nasseriana (il leader egiziano chiese di abbandonare tutti gli incarichi pubblici, anche se le folle lo costrinsero a rimanere ancora al potere) e del cosiddetto «socialismo panarabo», che aveva caratterizzato gli anni Cinquanta e Sessanta[15]. Dopo la guerra si diffuse nel mondo arabo un senso di frustrazione e di impotenza che ebbe ricadute notevoli in ambito politico e sociale[16].

La Guerra dei sei giorni fu una sconfitta anche per l'Unione Sovietica che, dopo aver acceso la miccia del conflitto, non era intervenuta per sostenere i propri alleati. In realtà essa appoggiò gli arabi più per la logica di opposizione all'avversario (in quanto Israele era considerato alleato degli Usa) che per convinzione ideologica[17]. A partire da quel momento Mosca perse per molto tempo ogni tipo di influenza politica all'interno del mondo arabo. Gli Stati Uniti, che a quanto pare avevano incoraggiato Israele (senza però aiutarlo militarmente), dopo la guerra decisero di sostenerlo in ambito internazionale, e negli anni successivi finanziarono il suo riarmo in funzione anti-araba.

La Guerra dei sei giorni cambiò radicalmente la natura stessa dei rapporti tra arabi e israeliani. In precedenza la questione di fondo era stata l'esistenza stessa di Israele come entità statale, che Nasser aveva definito «un insanabile scandalo»; dopo la guerra le posizioni si capovolsero e la posta in gioco fu la restituzione dei territori occupati dagli eserciti israeliani. Il che, come è stato ricordato, divenne un vero problema per Israele, che era disposto a ritirarsi, tramite accordi di pace, dal Sinai, dalle Alture del Golan e dalla Cisgiordania, ma non da Gerusalemme Est, nella quale si trova il Muro

---

15. Cfr A. GRESH, *Israele, Palestina. Le verità su un conflitto*, Torino, Einaudi, 2004, 85.

16. Al fine di riconquistare i territori perduti nella Guerra dei sei giorni, l'Egitto e la Siria nel 1973, in occasione della festa ebraica dello Yom Kippur, lanciarono contro Israele un attacco congiunto (6-25 ottobre) dal Sinai e dalle Alture del Golan. Dopo i primi successi la situazione volse a favore dell'esercito israeliano, colto di sorpresa dall'attacco e numericamente inferiore. In ogni caso, l'Egitto riuscì a riprendere il controllo del canale di Suez, il che non era poca cosa. Gli accordi di Camp David del 1978 portarono in seguito alla normalizzazione dei rapporti tra Israele ed Egitto. L'Egitto è stata la prima nazione araba a riconoscere l'esistenza dello Stato israeliano.

17. Cfr M. CAMPANINI, *Storia del Medio Oriente 1798-2005*, cit., 151.

del Pianto, il centro religioso del mondo ebraico. Dayan, contro il parere di molti rabbini, assicurò ai musulmani l'accesso alla Spianata delle moschee e volle che Gerusalemme rimanesse aperta a tutti i credenti delle grandi religioni monoteiste, che in quel luogo avevano i loro principali luoghi di culto.

Per quanto riguarda la Cisgiordania, Israele propose a re Hussein un progetto di spartizione, conosciuto come il «piano Allon». Questo prevedeva la cessione di gran parte del territorio conquistato alla Giordania, mentre Israele avrebbe tenuto il controllo soltanto di una fascia di terra lungo la valle del Giordano. Prevedeva, inoltre, che in Giordania fossero create colonie ebraiche per motivi di sicurezza. In questo modo Israele si sarebbe «liberato» di gran parte della popolazione palestinese che viveva nella regione e che, a suo avviso, sarebbe stata fonte di instabilità.

Il progetto, che fu di volta in volta aggiornato, da parte israeliana rimase in vigore fino al 1977; «segnò l'inizio di quel processo di colonizzazione dei Territori occupati, e divenne uno degli ostacoli più duri alla pace tra israeliani e palestinesi»[18].

La risoluzione dell'Onu n. 242 del 1967

La comunità internazionale intervenne subito per risolvere la difficile situazione che si era creata in seguito alla guerra e che vedeva schierati su fronti opposti arabi e israeliani. La risoluzione del Consiglio di Sicurezza n. 242 del 22 settembre 1967 fissò princìpi chiari, in linea con il diritto internazionale, anche se poi essi vennero interpretati in modo differente dalle varie parti. La redazione del testo fu affidata all'ambasciatore inglese all'Onu, Lord Caradon[19].

Il testo, nella parte generale, ribadiva «l'inammissibilità dell'acquisizione di territori mediante la guerra e l'esigenza di operare per una pace giusta e duratura», affinché tutti gli Stati dell'area potessero vivere in sicurezza. Nella parte dispositiva, fissava due princìpi: da un lato, imponeva a Israele «il ritiro delle forze armate dai terri-

18. M. EMILIANI, *Medio Oriente. Una storia dal 1918 al 1991*, cit., 184.
19. Cfr T. G. FRASER, *Il conflitto arabo-israeliano*, Bologna, il Mulino, 2004, 93 s.

tori occupati»; dall'altro, chiedeva il «riconoscimento della sovranità, dell'integrità territoriale e dell'indipendenza politica di tutti gli Stati dell'area e del loro diritto a vivere in pace entro confini certi e riconosciuti».

Israeliani, egiziani e giordani accettarono subito la risoluzione dell'Onu, mentre la Siria la accolse soltanto nel 1973. I palestinesi dell'Olp, invece, non l'accettarono, in quanto essa non li considerava come parte in causa: la risoluzione trattava di loro soltanto nella parte che riguardava i diritti dei profughi; in ogni caso, non riconosceva l'Organizzazione come portavoce del popolo palestinese. Soltanto con l'accordo di Oslo del 1993 (che riconosceva i diritti nazionali dei palestinesi) l'Olp di Arafat accettò integralmente la risoluzione dell'Onu del 1967[20].

Nell'agosto del 1967 gli Stati arabi si riunirono a Khartum, in Sudan, per negoziare una soluzione unitaria. In quella sede i capi arabi optarono per i famosi tre «no»: no a negoziati con il vincitore del conflitto; no al riconoscimento dello Stato israeliano; no alla pace con Israele. Ma, secondo alcuni studiosi, la posizione che essi assunsero era meno intransigente di quanto potesse apparire. Gli Stati arabi furono d'accordo sull'unificare gli sforzi per «eliminare gli effetti dell'aggressione», e non, come in passato, per sopprimere Israele.

I loro capi, inoltre, convennero di non negoziare con Israele, ma di avviare negoziati per altra via. Cosa che di fatto avvenne in base al cosiddetto «modello Rodi»[21], cioè ricorrendo alla mediazione delle grandi superpotenze. Ora, poiché l'Unione Sovietica non aveva rapporti diplomatici con Israele, di fatto soltanto gli Stati Uniti per decenni hanno avuto il ruolo di mediatori riconosciuti tra le due parti. Ciò ha accresciuto considerevolmente il peso e il prestigio politico degli Usa in tutta la regione mediorientale, rendendoli in qualche modo arbitri della situazione.

La Guerra dei sei giorni ebbe anche importanti conseguenze in ambito culturale e religioso. Secondo molti *imam*, la sconfitta

20. Cfr A. GRESH, *Israele, Palestina. Le verità su un conflitto*, cit., 94; H. LAURENS, *La Question de la Palestine. I. L'invention de la Terre Sainte*, Paris, Fayard, 1999.
21. Cfr J. L. GELVIN, *Il conflitto arabo-palestinese. Cent'anni di guerra*, cit., 229.

degli eserciti arabi fu dovuta non tanto a motivi militari quanto a motivi religiosi: essa rappresentava una punizione di Dio perché lo Stato si era secolarizzato, nonché per l'apostasia dei suoi governanti, in particolare Nasser, che aveva fatto imprigionare molti Fratelli musulmani, fautori di un islam politico e sociale.

Intanto gli scritti di Sayyid Qutb, che era stato impiccato nel 1966, iniziarono a circolare dopo la guerra, ponendo le basi ideologiche del cosiddetto «islamismo radicale», che predicava il *jihad* contro l'Occidente. L'islamismo degli anni Settanta può essere certamente considerato come un frutto avvelenato di questo conflitto. «Caduti i miti del liberalismo – scrive Campanini –, del socialismo e del nazionalismo arabo, molti sentirono che l'autentica alternativa era l'islam, e alcuni decisero di vivere questa alternativa in modo radicale, addirittura violento»[22].

Nello stesso periodo, anche in Israele iniziò ad affermarsi, soprattutto per opera dei rabbini, un tipo di fondamentalismo ebraico che, basandosi sulla cosiddetta «teologia della terra», sosteneva che non erano state le armate dell'Idf a conquistare i Territori, ma che Dio stesso li aveva liberati per il popolo eletto, e che quindi essi non dovevano essere in nessun modo restituiti ai palestinesi. Questa posizione, fatta propria dai partiti religiosi, e in parte anche dal Likud (oggi partito di Governo), ebbe un ruolo fondamentale nel contrastare il principio «terra in cambio di pace», proposto per lungo tempo dalla dirigenza israeliana (di sinistra) per risolvere la difficile questione.

Questo principio fu posto alla base degli accordi di Oslo del 1993, che, sebbene in parte siano falliti, hanno rappresentato il tentativo più serio di riportare la pace nel conflitto israelo-palestinese. Ma tale argomento non rientra nell'oggetto di questo studio.

Conclusione

La Guerra dei sei giorni ha dato origine a tre tipi di problemi, che per decenni hanno avvelenato i rapporti tra israeliani e palestinesi: quello degli insediamenti ebraici in Cisgiordania; quello dei

---

22. M. CAMPANINI, *Storia del Medio Oriente 1798-2005*, cit., 152.

profughi palestinesi accolti nei Paesi arabi limitrofi (ai quali fu promesso in diverse occasioni il ritorno in patria); e quello di Gerusalemme («unita e indivisa»), dichiarata nel 1980 dal Parlamento di Israele (Knesset) «capitale eterna di Israele».

A cinquant'anni dalla guerra, tali questioni, che per decenni sono state oggetto di contesa, di lotta e di accordi internazionali, sono ancora aperte, anzi sul piano politico sembrano tuttora irrisolvibili. Fatto sta che i coloni israeliani, in questi cinquant'anni, hanno allargato i loro insediamenti con il consenso ora implicito ora esplicito dei vari Governi che si sono succeduti.

Su questa «rampante annessione» veglia l'esercito, che ha spesso il doppio ruolo di protettore e di complice. Il 7 febbraio 2017 la Knesset si è pronunciata in favore di una legge retroattiva che espropria legalmente migliaia di proprietà private palestinesi. Qualcuno ha giustificato tale iniziativa dicendo che la Corte Suprema avrebbe poi, come in passato, annullato questa decisione come anticostituzionale. Intanto la dirigenza israeliana intendeva dare un segnale politico chiaro in direzione dell'annessione delle proprietà già occupate.

Va sottolineato che questa decisione è stata resa possibile anche dall'elezione, come nuovo Presidente degli Stati Uniti, di Trump che, nel corso della campagna elettorale, si era pronunciato a favore degli israeliani[23]. Egli aveva anche annunciato di voler trasferire l'ambasciata statunitense da Tel Aviv a Gerusalemme, città ancora contesa tra israeliani e palestinesi. Ora, se Trump dovesse dare corso a tale progetto, questa decisione rinfocolerebbe in un colpo solo due conflitti, cioè quello arabo-israeliano e quello israelo-palestinese, con il rischio di conseguenze imprevedibili.

Oggi la Cisgiordania, sulla base degli accordi di Oslo, è divisa in tre zone: quella «A», che è sotto il controllo palestinese e dove

---

23. Prima che scadesse il suo mandato, Obama aveva lasciato che il rappresentante statunitense al Consiglio di Sicurezza delle Nazioni Unite non ponesse, come di solito, il veto (ma scegliesse l'astensione) a una risoluzione che condannava l'occupazione di nuove aree abitative nei Territori palestinesi da parte del Governo Netanyahu. Questi ha «gridato» al complotto del Presidente uscente contro Israele, mentre Trump ha immediatamente twittato che con la sua presidenza le cose sarebbero cambiate.

si trovano le città più importanti e popolose come Ramallah e Gaza; quella «B», sottoposta a un controllo misto; e quella «C», che è la più estesa (comprende i due terzi dell'intero territorio) e nella quale è concentrata gran parte delle colonie. In questa zona vivono circa mezzo milione di coloni israeliani (altri 200.000 vivono a Gerusalemme), mentre i residenti palestinesi sono soltanto 100.000.

Secondo lo scrittore Abraham Yehoshua, il Governo israeliano dovrebbe concedere i diritti politici e civili ai palestinesi che vivono in questa zona, che peraltro sono svantaggiati rispetto ai loro connazionali che abitano nelle zone «A» e «B», dovendo subire quotidianamente le prepotenze della maggioranza israeliana. Questa proposta presenta però molti rischi sotto il profilo politico[24]: in pratica, infatti, si adotterebbe la «soluzione binazionale» (con israeliani, che per il momento sono la maggioranza, e palestinesi, che convivono in uno stesso Stato nazionale con uguali diritti e doveri) in luogo di quella dei «due Stati» indipendenti e sovrani, come – in osservanza della risoluzione dell'Onu del 1947 sulla spartizione della Palestina – è stato sempre richiesto dalla comunità internazionale.

Oggi però la situazione politica mediorientale è molto cambiata. Israele non è più isolato in Medio Oriente come lo era dopo la Guerra dei sei giorni: infatti, ha dalla sua parte l'Arabia Saudita, con la quale non ha rapporti diplomatici, anche se entrambi i Paesi sono alleati degli Stati Uniti. La contrapposizione tra mondo sunnita e mondo sciita, per conquistare la *leadership* del mondo islamico, ha cambiato gli schieramenti in lotta: Israele e Arabia Saudita condividono lo stesso nemico regionale, cioè l'Iran degli *ayatollah*[25].

Questo avvicinamento tra Israele e il mondo sunnita, secondo alcuni osservatori, potrebbe favorire la soluzione della questione israelo-palestinese. Secondo fonti non ufficiali, l'Arabia Saudita infatti starebbe spingendo per la soluzione dei «due Stati» che, se dive-

---

24. Cfr B. VALLI, «Palestina. Cinquant'anni dopo la guerra dei Sei giorni lo Stato e la pace restano un'illusione», ne *la Repubblica*, 14 febbraio 2017, 12.
25. Cfr ivi, 13.

nisse effettiva, «toglierebbe all'Iran – ha dichiarato un funzionario vicino ai Sa'ud – qualunque pretesto per fornire aiuti economici ai gruppi terroristici della regione»[26], in particolare agli *hezbollah*. Questi ultimi, foraggiati fino a poco tempo fa dalle ricche monarchie del Golfo, sono tra i vincitori nella lotta contro lo Stato Islamico e contro l'Isis.

Insomma, la situazione è più complessa di quanto alle volte appaia e la risoluzione del conflitto israelo-palestinese, soprattutto a motivo degli insediamenti nei Territori, sembra purtroppo sempre più difficile da raggiungere in sede negoziale.

26. «La strana alleanza tra Arabia Saudita e Israele», in www.internazionale.it | 26 luglio 2016.

I PAPI IN TERRA SANTA

LO STORICO VIAGGIO DI PAOLO VI*

Giovanni Sale S.I.

A cinquant'anni dal viaggio di Paolo VI in Terra Santa, Papa Francesco ha annunciato di voler commemorare quell'evento, ripercorrendo per tre giorni le orme del suo predecessore. Lo ha dichiarato subito dopo la preghiera dell'*Angelus* del 5 gennaio 2014: «Desidero annunciare che dal 24 al 26 maggio prossimo, a Dio piacendo, compirò un pellegrinaggio in Terra Santa. Scopo principale è commemorare lo storico incontro di papa Paolo VI con il Patriarca Atenagora». «Presso il Santo Sepolcro – ha poi continuato il Papa – celebreremo un incontro ecumenico con tutti i rappresentanti delle Chiese cristiane di Gerusalemme, insieme al Patriarca Bartolomeo di Costantinopoli». Egli concludeva il suo breve annuncio chiedendo ai fedeli di pregare fin da allora per l'incontro.

In questo articolo, facendo riferimento all'abbondante letteratura sulla materia e anche alla testimonianza di coloro che hanno partecipato al viaggio di Paolo VI, tratteremo di questo «evento storico», come lo ha definito l'attuale Pontefice, il cui momento culminante fu, appunto, l'incontro tra Paolo VI e il Patriarca ecumenico Atenagora. In particolare, metteremo in evidenza il significato di tale viaggio nello sviluppo del dialogo tra la Chiesa cattolica e le Chiese ortodosse, nonché sulla ricaduta che ebbe sull'evento conciliare nel suo insieme[1].

---

    *   Titolo originale: «A cinquant'anni dal viaggio di Paolo VI in Terra Santa».

    1.   Ricordiamo che dopo Paolo VI anche altri suoi successori visitarono, pellegrini di pace, la Terra Santa. Nel marzo 2000, durante il Grande Giubileo, Giovanni Paolo II vi fece un viaggio memorabile: l'immagine del vecchio Papa che si avvicina lentamente al Muro del pianto per mettervi la sua invocazione è certamente una delle «icone» religiose più suggestive del XX secolo. Nove anni dopo vi si recò anche il suo successore, Benedetto XVI, e anche questo fu un viaggio di forte impatto spirituale. Cfr A. RICCARDI, *Giovanni Paolo II. La biografia*, Cinisello Balsamo (Mi), San Paolo, 2011, 460.

La preparazione del viaggio in Terra Santa

La mattina del 4 dicembre 1963, al termine della seconda sessione conciliare – che aveva discusso a lungo, secondo gli auspici del Papa, lo schema sulla Chiesa – Paolo VI diede l'annuncio della sua volontà di recarsi nel gennaio successivo in Terra Santa, «per onorare personalmente, nei Luoghi Santi, ove Cristo nacque, visse e morì, e risorto salì al cielo, i misteri primi della nostra salvezza: la Incarnazione e la Redenzione». Poi disse, specificando il carattere del viaggio: «Vedremo quel suolo benedetto, donde Pietro partì e dove non ritornò più un suo successore; noi umilissimamente e brevissimamente vi ritorneremo in segno di preghiera, di penitenza e di rinnovazione»[2], per offrire – disse – a Cristo la sua Chiesa, per «chiamare ad essa, unica e santa, i fratelli separati» e per implorare dal Signore per tutti gli uomini il dono della pace.

Quelle del Papa furono poche parole, ma ben calibrate, che esprimevano il significato religioso e spirituale di quel viaggio-pellegrinaggio in Terra Santa. Esse furono ascoltate dall'Assemblea conciliare – che in precedenza non era stata informata del progetto – con grande attenzione, e alla fine furono accolte da un lungo e caloroso applauso.

Il Papa, prima di intraprendere un viaggio così delicato per le sue implicazioni di carattere sia politico, sia religioso, ne esplicitò il significato in diverse occasioni, parlandone ora al collegio dei cardinali, ora al Corpo diplomatico. Sottolineò che non si trattava di un «espediente politico», ma che sarebbe stato invece il «viaggio della professione di fede, sull'esempio di Pietro, dell'offerta, sull'esempio dei Magi, ma anche della ricerca e della speranza», e più specificatamente affermò: «Sarà un viaggio di preghiera e d'umiltà, un atto puramente religioso, assolutamente alieno da ogni sorta di considerazione d'ordine politico e temporale»[3].

Questi erano i propositi, autenticamente religiosi e spirituali, di Paolo VI, che si muovevano nella direzione in qualche modo auspicata dai Padri conciliari, per un viaggio apostolico nei luoghi di Gesù. Di fatto il Papa lo decise senza un previo invito delle autorità civili o religiose dei Paesi nei quali si sarebbe recato: egli vi volle andare

2.   G. CAPRILE, *Il Concilio Vaticano II. Secondo periodo*, III, Roma, La Civiltà Cattolica, 1966, 438.
3.   Ivi, 603.

semplicemente come vescovo di Roma, e non come leader religioso o come sovrano per ricevere omaggi di qualche tipo. «Quanti, d'ogni stirpe – disse – noi incontreremo sul nostro cammino, autorità specialmente, popolazioni, pellegrini e turisti, rispettosamente e cordialmente saluteremo, ma senza fermare i nostri passi affrettati, e senza distrarci dall'unico scopo religioso del nostro viaggio»[4].

Il viaggio fu breve e toccò i luoghi più significativi della vita di Gesù, in particolare Gerusalemme, Nazaret e Betlemme. Durò dalla mattina del 4 gennaio fino al pomeriggio del 6. In realtà l'idea di un pellegrinaggio nei Luoghi Santi era andata maturando nella mente del nuovo Pontefice fin dai primi giorni del suo pontificato. A questo proposito, si legge in un suo appunto del 21 settembre 1963: «Dopo lunga riflessione, e dopo aver invocato il lume divino, sembra doversi studiare positivamente se e come sia possibile una visita del Papa ai Luoghi Santi della Palestina»[5].

Secondo alcuni autori, Paolo VI, per preparare il viaggio, avrebbe inviato in Medio Oriente alcuni suoi collaboratori (cioè mons. Pasquale Macchi e mons. Jacques Martin) per concordare con le autorità civili e religiose il programma della visita; secondo altri, invece, fu fatto un semplice sopralluogo da parte di alcuni funzionari vaticani, senza informare gli Stati interessati[6]. Va ricordato che in quel periodo i Luoghi Santi cadevano sotto la sovranità di due Paesi ostili tra loro: la Giordania, che a quel tempo incorporava la città vecchia di Gerusalemme, e lo Stato di Israele, ridotto alla zona costiera e alla Galilea. La geografia di quei territori sarebbe radicalmente cambiata quattro anni dopo (1967) con la «guerra dei sei giorni», quando l'esercito israeliano sconfisse quello arabo (composto da una coalizione di Stati), occupando gran parte di quei territori, Gerusalemme compresa.

Come è stato giustamente fatto notare, il viaggio di Paolo VI in Terra Santa non è pensabile fuori dal contesto conciliare: esso in

---

4. Ivi, 602. Sulla ricostruzione storica delle vicende, cfr V. MARTANO, *L'abbraccio di Gerusalemme. Cinquant'anni fa lo storico incontro tra Paolo VI e Athenagoras*, Milano, Paoline, 2014, 106 s.

5. M. MACCARRONE, *Il pellegrinaggio di Paolo VI in Terra Santa*, Città del Vaticano, Libr. Ed. Vaticana, 1964, 9.

6. Cfr J. MARTIN, «Les voyages de Paul VI», in *Paul VI et la modernité dans l'Église*, Roma, École française de Rome, 1984, 317; A. MELLONI, *L'altra Roma. Politica e Santa Sede durante il Concilio Vaticano II (1959 – 1965)*, Bologna, il Mulino, 2000, 262.

qualche modo è «figlio e frutto» del Concilio. Attraverso questo gesto di alto valore simbolico, il Papa voleva attirare l'attenzione dei Padri su due temi importantissimi, che erano stati molto dibattuti nel Concilio: quello del valore fontale della Parola di Dio, cioè la Scrittura, da cui tutto dovrebbe partire e su cui tutto dovrebbe essere saldamente fondato; e quello dell'unità dei cristiani.

Giuseppe Alberigo sostiene che il viaggio fu disegnato come «un geniale atto monarchico e primaziale»[7]: con esso il Papa, si disse, riprese solitario il possesso della scena pubblica, affermando quindi in modo non equivocabile (non contro, ma certamente oltre il Concilio in corso) la dottrina del primato. Ciò, secondo lo storico, era dimostrato anche dal fatto che la preparazione e lo svolgimento dell'evento furono gestiti da un organo «politico», quale era la Segreteria di Stato, e non da una struttura «conciliare», quale era invece il Segretariato per l'Unità dei Cristiani, considerate le inevitabili conseguenze ecumeniche dell'iniziativa. In realtà, tali considerazioni o strategie di azione non erano certamente nella mente del Papa, il quale nulla avrebbe fatto contro il Concilio, di cui si augurava il regolare svolgimento; anzi, egli prestò la massima attenzione perché il viaggio nei luoghi di Gesù non fosse strumentalizzato né sotto il profilo politico (il che non era cosa facile), né sotto quello religioso.

L'annuncio del viaggio papale, come era prevedibile, attirò immediatamente l'attenzione non soltanto dell'opinione pubblica (anche non cattolica) e dei media, ma pure degli ambienti della diplomazia internazionale, in particolare quella araba, israeliana e statunitense. Da religioso, come era stato pensato e ripetutamente dichiarato dal Papa, esso divenne poco alla volta un fatto politico di primo livello. Innanzitutto, prima di partire, la Santa Sede aveva fatto sapere ai Governi interessati che il Papa, in materia politica – in particolare sulla questione delle frontiere tra lo Stato di Israele e i suoi confinanti –, avrebbe assunto un atteggiamento di assoluta neutralità. Tanto più che la posizione della Santa Sede su Gerusalemme era da tempo nota: sottoporre la città delle tre religioni abra-

---

7.   G. ALBERIGO (ed.), *Storia del Concilio Vaticano II*, vol. III, Lovanio – Bologna, Peeters – il Mulino, 1996, 528.

mitiche ad una amministrazione autonoma sotto la sovranità della comunità internazionale. In ogni caso il Papa non avrebbe fatto cenno alla materia politica: egli, nei «frettolosi» incontri con i leader politici, avrebbe parlato soltanto di pace e di convivenza pacifica tra popolazioni di razze, fedi e culture differenti.

L'8 dicembre il Consiglio dei ministri israeliano emise un comunicato ufficiale nel quale esprimeva piena soddisfazione per il viaggio papale. Tuttavia, come registrava in quei giorni l'ambasciatore statunitense in una comunicazione al suo Governo, i punti di divergenza tra il Vaticano e Israele erano notevoli, come la condizione amministrativa di Gerusalemme, l'applicazione delle norme sullo *status quo,* la questione dei presunti silenzi di Pio XII sugli ebrei durante la seconda guerra mondiale. Questo tema era ritornato di bruciante attualità dopo le rappresentazioni parigine del dramma *Il Vicario* di Rolf Hochhuth.

Anche Hussein, re di Giordania, espresse parole di viva gratitudine per il viaggio del Papa, che ebbe inizio proprio ad Amman. Il sovrano hascemita, che si considerava l'unico «custode» dei Luoghi Santi, si assunse l'incarico e la responsabilità di scortare il corteo papale dalla capitale della Giordania fino a Gerusalemme, seguendolo personalmente da un piccolo elicottero che egli stesso guidò[8].

Altri Paesi, cioè il Libano e la Siria, chiesero discretamente alla Santa Sede di essere inseriti nel programma papale, in modo, si disse, da attuare una sorta di *par condicio* tra gli Stati. Il Libano, in particolare, fece valere il suo *status* di unico Paese cristiano del Medio Oriente, con una presenza considerevole di cattolici – soprattutto i maroniti –, da secoli legati a Roma. Ma questo, si disse in Vaticano, avrebbe probabilmente incrinato il fragile rapporto tra cristiani e musulmani nella zona, specialmente se il corteo papale avesse raggiunto Beirut passando per lo Stato di Israele[9].

La Siria, dove era al Governo il partito *ba'th,* di spirito laico e alla ricerca di legittimazione politica, chiese che il Papa visitasse

---

8.   Cfr U. KOLTERMANN, «Paolo VI in Terra Santa», in *Il Regno-documenti,* 2000, 67.

9.   Cfr A. MELLONI, *L'altra Roma…,* cit., 263.

anche la città di Damasco, cara ai cristiani per i ricordi dell'apostolo Paolo. Tale invito fu ufficialmente presentato al Nunzio Apostolico, mons. Louis Punzolo, il 9 dicembre e immediatamente declinato dalla Santa Sede[10]. Il viaggio del Papa doveva conservare il suo carattere religioso e non creare problemi né ai vescovi orientali che partecipavano al Concilio, né alle piccole e a volte fragili comunità cristiane presenti in quei territori.

Da viaggio religioso a viaggio ecumenico

Il viaggio di Paolo VI cambiò ancora di segno quando il patriarca ecumenico di Costantinopoli, Atenagora, dopo l'annuncio nel Concilio, informò il Papa del suo desiderio di un loro incontro a Gerusalemme. «Sarebbe cosa veramente provvidenziale – disse – se, durante questo pio viaggio di Paolo VI, tutti i capi delle Chiese d'Oriente e d'Occidente potessero incontrarsi nella santa città di Sion per domandare [...] che, per la gloria del Santo Nome di Cristo e per il bene dell'intera umanità, si schiuda la strada al completo ristabilimento dell'unità cristiana, secondo la santa Volontà del Signore»[11]. Il viaggio papale riacquistava così pienamente il suo carattere spirituale-religioso, anzi veniva inaspettatamente arricchito dell'elemento ecumenico (già presente nell'intuizione iniziale), che stava molto a cuore sia a Paolo VI sia al Concilio.

La proposta del patriarca Atenagora fu accolta dal Papa e dagli ambienti a lui vicini con grande interesse. Fu subito inviato un incaricato d'affari a Istanbul per trattare la questione. Ci si rese subito conto che, nonostante la buona volontà del Patriarca, la situazione era un po' più complessa. La proposta infatti doveva essere discussa e decisa dal sinodo delle Chiese ortodosse. E di fatto così si fece. I patriarchi di Alessandria e di Antiochia si dichiararono favorevoli all'incontro; quello di Mosca, per farsi perdonare lo smacco fatto subire al Fanar in occasione delle delegazioni ortodosse da inviare al Concilio, non si oppose all'iniziativa; maggiori difficoltà vennero invece dalla Chiesa greca che, pur esprimendo parere favorevole, si

---

10. Ivi.
11. *La Croix*, 8-9 dicembre 1963.

rifiutò poi di inviare propri rappresentanti per accompagnare Atenagora a Gerusalemme. Il patriarca ortodosso di Gerusalemme in un primo momento tacque, e poi si oppose, quando seppe che il Papa sarebbe stato accolto dai francescani della Custodia di Terra Santa, incaricati dell'accoglienza dei vescovi latini, in modo – si disse – da non alterare in nulla lo *status quo*[12].

Nello stesso tempo il Patriarca ecumenico aveva inviato in Vaticano un suo rappresentante nella persona del metropolita di Tiatira – anche lui di nome Atenagora –, che fu cordialmente ricevuto da Paolo VI. L'evento fu considerato storico. A tale riguardo *L'Osservatore Romano,* nel darne comunicazione, faceva notare che ciò si verificava «per la prima volta dopo vari secoli»[13] e che era dovuto allo speciale motivo «di considerare la possibilità di un incontro» a Gerusalemme tra il Papa e il Patriarca di Costantinopoli.

Annunciato ufficialmente l'importante avvenimento, il metropolita Atenagora lo commentò così, in una lettera indirizzata al Papa: «Sembra che voi siate stato chiamato a scalare la stessa montagna, la montagna del Signore. Vostra Santità sale da una parte e il Patriarca ecumenico dall'altra. Coloro che comprendono il significato di codesta audace scalata pregano che voi possiate incontrarvi sulla cima, nella terra santificata dal nostro comune Redentore, vicino alla sua Croce, vicino alla sua tomba vuota, e che da allora in poi voi possiate procedere insieme, tentando di ricostruire sotto la Croce, in cristiana solidarietà, i ponti distrutti e di ricostruire le strade abbandonate, coscienti che Cristo non ha altro da insegnarci [...] che noi siamo una cosa sola come Egli è con il Padre»[14].

Con la divulgazione della notizia dell'incontro l'interesse per il viaggio papale cambiò e si accrebbe: esso in qualche modo divenne un evento conciliare, anche se unico protagonista fu il Papa nella sua veste di successore di Pietro, che «ritornava» a Gerusalemme, nel luogo dove tutto si era compiuto e da cui tutto era partito, per incontrare il suo «fratello» Andrea. Questo naturalmente modificò e ampliò l'agenda degli incontri papali: Paolo VI, infatti, a Gerusa-

---

12. Cfr A. Melloni, *L'altra Roma...,* cit., 264 s; V. Martano, *L'abbraccio di Gerusalemme...,* cit., 108 s.

13. *Oss. Rom.,* 29 dicembre 1963.

14. Ivi, 30-31 dicembre 1963.

lemme avrebbe incontrato non soltanto i vescovi latini, ma tutti i Patriarchi ortodossi presenti nella città, in particolare quello greco-ortodosso e quello armeno.

Cronaca di un viaggio storico

Il viaggio-pellegrinaggio di Paolo VI in Terra Santa inaugurò la feconda serie di viaggi papali fuori dall'Italia e dall'Europa, ripresa successivamente con grande forza e intuizione apostolica da Giovanni Paolo II. Dopo questo viaggio, papa Montini ne fece altri nei diversi continenti, e tutti furono altamente significativi e profetici per l'avvenire della Chiesa. Quello nei luoghi di Gesù non soltanto fu il primo, ma anche quello più commovente, quello più ricco di significato religioso e di *pathos* spirituale, sebbene fosse stato organizzato in breve tempo e in modo molto sommario.

Era la prima volta che un Pontefice usciva dalla vecchia Europa e che saliva la scaletta di un aereo. Insomma, in quel viaggio quasi tutto veniva fatto per la prima volta, e quindi tutto era altamente significativo e simbolico. Sebbene fosse stato progettato da Paolo VI come un pellegrinaggio «umile» e «affrettato», esso fu sovraccarico di impegni religiosi, ma anche civili e di rappresentanza. Di fatto, tutti i maggiori leader religiosi e politici del Medio Oriente vollero «approfittare», per motivi diversi e a volte opposti, della visita del Papa in uno dei luoghi più «caldi» e controversi della terra.

Durante il viaggio, Paolo VI tenne molti discorsi e omelie, rispose ad auguri di benvenuto, disse parole sempre alte e piene di ricco significato religioso, di cui qui riportiamo soltanto qualche breve spigolatura. Un recente libro, curato da mons. Leonardo Sapienza, riporta tutti i discorsi che il Papa fece in Terra Santa, con riproduzione fotografica dei testi originali[15]. Il viaggio papale ebbe una copertura mediatica senza precedenti: più di mille giornalisti di tutte le parti del mondo seguirono il Pontefice nei suoi spostamenti; ciò contribuì a sensibilizzare l'opinione pubblica mondiale ai problemi del Medio Oriente sotto il profilo sia religioso sia politico.

---

15. Cfr L. Sapienza, *Paolo VI in Terra Santa*, Roma, VivereIn, 2014.

Il 4 gennaio mattina, Paolo VI, dopo aver salutato i cardinali riuniti nella sala del Concistoro, alle 7,25 lasciava a bordo di una macchina scoperta – in modo da salutare i fedeli presenti lungo il percorso – la Città del Vaticano[16]. A Fiumicino, prima di salire sull'aereo, fu salutato dal presidente della Repubblica Giuseppe Segni e dal nuovo capo del Governo, Aldo Moro. Alle 8,55 il DC-8 messo a disposizione del Papa dall'Alitalia decollava, mentre a Roma le campane, in segno di omaggio, suonavano a festa. L'aereo, che recava le insegne pontificie, fu scortato da otto reattori militari italiani, ai quali successivamente si sostituirono velivoli greci, inglesi, libanesi e infine giordani. «Ho ancora ben presente – ricordò mons. Macchi – l'impressione e il timore da parte di tutto il seguito quando si alzarono i velivoli di scorta del re Hussein per accompagnare l'aereo del Papa. Nel loro entusiasmo volavano così vicini da far temere qualche complicazione»[17].

All'aeroporto di Amman c'erano nebbia e vento; l'aereo papale riuscì ad atterrare, non senza difficoltà, alle 13,25. Ad accogliere Paolo VI c'erano re Hussein in tenuta militare, i membri del Governo e una delegazione di vescovi latini. In un padiglione vicino si tenne un breve scambio di saluti, in cui il re di Giordania, «a nome del popolo arabo» e di tutti i credenti in Dio, ringraziò il Pontefice per l'onore della visita. Subito dopo il corteo papale partì per Gerusalemme, scortato per cento chilometri dalla polizia giordana e seguito dall'alto dal sovrano hascemita.

Durante il percorso erano previste due soste: una presso il fiume Giordano, nel luogo in cui la tradizione ricordava il battesimo di Gesù; l'altra a Betania, piccolo villaggio vicino al Monte degli ulivi, legato alla memoria di Lazzaro. Il Papa arrivò a Gerusalemme verso le 17, all'ora del crepuscolo, ed entrò nella città dalla Porta di Damasco ornata a festa (con i ritratti di Paolo VI e di re Hussein appesi alla porta monumentale) e illuminata a giorno. Paolo VI era atteso da una grande folla, che immediatamente attorniò la sua auto, impedendo che si svolgessero i rituali saluti di protocollo (che furono rimandati).

Per impedire incidenti, la porta fu chiusa, e poco dopo iniziò il percorso lungo la Via Dolorosa. Neppure quel «pio rito» fu facile: il Papa,

16. Il Papa e anche i membri che lo accompagnarono si prepararono al viaggio con una giornata di ritiro spirituale, predicata da p. Bevilacqua.
17. P. MACCHI, *Paolo VI nella sua parola*, Brescia, Morcelliana, 2001, 135.

salendo nel budello di stretti vicoli che portano fino al Santo Sepolcro, fu quasi risucchiato dalla folla. Per evitare la calca, fu circondato da un anello di cinque militari, «che si tenevano per mano e lo proteggevano con una terribile stretta»[18]. Paolo VI, che a tratti scompariva tra la folla e poi ricompariva, era pallido e tirato dalla stanchezza e dalla commozione, ma sempre sorridente e benedicente. Egli, come ha scritto il *Time*, fu «un'isola di serenità in un oceano di tumulto»[19].

Alle 18 fece ingresso nella basilica del Santo Sepolcro. Dopo alcune devozioni celebrò la Messa, che in seguito egli ricordò come il momento più commovente del viaggio. Durante la celebrazione, saltò l'impianto elettrico e la basilica piombò per breve tempo nell'oscurità, rischiarata soltanto dalla fioca luce delle candele[20]. Accompagnato da due cerimonieri, il Papa entrò nella piccola cella del Sepolcro e depose un ramo di ulivo d'oro (donatogli dai malati romani) sulla lastra di marmo che copre la tomba; poi si raccolse in preghiera.

Al termine, davanti alla roccia del Calvario, Paolo VI disse: «Fratelli e figli! Adesso si risveglino le nostre menti, si rischiarino le nostre coscienze, e sotto lo sguardo illuminante di Cristo si tendano le forze dei nostri spiriti. Adesso si riassumano in sincero dolore tutti i nostri peccati, si riassumano quelli dei nostri padri, quelli della storia che fu, si riassumano quelli del tempo nostro, quelli del mondo in cui viviamo»[21].

Molto toccante fu la preghiera personale che il Papa recitò davanti al Sepolcro: «Ecco, o Signore Gesù, noi siamo venuti come i rei al luogo ed al corpo del delitto; noi siamo venuti come chi Ti ha seguito, ma Ti ha anche tradito, fedeli infedeli tante volte siamo stati; noi siamo venuti per riconoscere il misterioso rapporto tra i nostri peccati e la Tua passione: opera nostra e opera Tua; noi siamo venuti per batterci il petto, per domandarTi perdono, per invocare la Tua misericordia, noi siamo venuti perché sappiamo che Tu ci puoi, che Tu ci vuoi perdonare, perché hai espiato per noi: Tu sei la nostra redenzione, Tu sei la nostra speranza»[22].

18. D. Agasso, *Epoca*, 12 gennaio 1964, 66.
19. *Time*, 10 gennaio 1963.
20. Cfr A. Tornielli, *Paolo VI. L'audacia di un Papa*, Milano, Mondadori, 2009, 374.
21. L. Sapienza, *Paolo VI in Terra Santa*, cit., 47.
22. Ivi, 53 s.

Dopo la Messa, il Papa si riposò per un breve tempo nell'edificio della Delegazione apostolica, dove alloggiava con il suo piccolo seguito. Successivamente, nella chiesa di Sant'Anna, incontrò la comunità cattolica di Gerusalemme. Si recò poi al Getsemani per presiedere la preghiera dell'«ora santa» nella chiesa dell'Agonia. La prima giornata del Papa in Terra Santa, iniziata prima dell'alba, si concluse dopo la mezzanotte.

Il giorno successivo, 5 gennaio, fu la «giornata israeliana» di Paolo VI. Poco prima delle 10 il corteo papale varcò il confine dello Stato israeliano (che la Santa Sede non riconosceva ancora ufficialmente). A Meghiddo il Papa fu accolto e salutato in modo cordiale dal presidente della Repubblica Zalman Shazar, il quale disse: «Col più profondo rispetto e in piena consapevolezza del significato storico di questo avvenimento, senza precedenti negli annali dell'umanità, io mi trovo qui per augurare al Supremo Pontefice [...] il benvenuto a nome del Governo di Israele, e il mio benvenuto personale»[23]. Non erano presenti all'incontro né il primo Ministro israeliano, né il Gran Rabbino di Israele, i quali però quella stessa mattina avevano trasmesso dichiarazioni pubbliche molto elogiative del viaggio papale.

La risposta del Papa fu molto toccante, anche se egli non fece mai riferimento allo Stato di Israele: «Da questa terra unica nel mondo per la grandiosità degli avvenimenti di cui è stata teatro, la Nostra umile supplica si alza verso Dio per tutti gli uomini, credenti e non credenti; e aggiungiamo, per i figli del "Paese dell'Alleanza", il cui carattere nella storia religiosa dell'umanità non possiamo dimenticare»[24]. Il Papa poi invocò il «bene della riconciliazione» e della pace fra «tutti gli uomini e tutti i Paesi» e concluse il suo saluto augurale con la parola ebraica *Shalom*.

In mattinata il Papa raggiunse Nazaret, dove a quel tempo vi era una nutrita comunità cattolica: ci fu un'accoglienza veramente grandiosa. Il corteo papale attraversò la via principale (che ancora oggi è dedicata a Paolo VI), adornata con archi trionfali di fiori, con bandierine e tappeti orientali variopinti. Fu una festa di popolo e di fede. Il Papa celebrò la Messa nella cripta sottostante alla basilica

---

23. G. Caprile, «Pellegrinaggio del Papa in Terra Santa», in *Civ. Catt.* 1964 I 183.

24. Ivi, 184. Cfr L. Sapienza, *Paolo VI in Terra Santa*, cit., 61.

ancora in costruzione. L'omelia fu interamente dedicata a Maria e alle virtù della Santa famiglia di Nazaret.

Successivamente Paolo VI visitò gli altri Luoghi Santi della Galilea: il lago di Tiberiade – in particolare, la piccola chiesa del primato, dove si segnò devotamente con l'acqua del lago –, il villaggio di Cafarnao, la chiesa delle Beatitudini e infine il monte Tabor. La sera ritornò a Gerusalemme. Passando per la parte ebraica, visitò il Cenacolo e inviò come suo legato il card. Tisserant a visitare la «Grotta dei martiri», dove si commemoravano i sei milioni di ebrei sterminati dai nazisti durante la seconda guerra mondiale.

Prima di rientrare nella Delegazione apostolica – che si trovava nella parte araba –, fu ancora salutato dal presidente Shazar. In quella occasione Paolo VI, rispondendo alle parole del Presidente, fece anche riferimento a Pio XII, denunciando i sospetti e le accuse «contro la memoria di questo grande Pontefice». «Coloro che come Noi – disse – hanno conosciuto più da vicino questa anima innocente sanno dove potevano arrivare la sua sensibilità, la sua compassione per le sofferenze umane, il suo valore e la bontà del suo cuore. Ben lo sapevano anche quelli che, finita la guerra, accorsero, con le lacrime agli occhi, a ringraziarlo per avere salvato loro la vita»[25].

Queste parole – che furono aggiunte dal Papa al discorso già preparato la sera precedente – furono accolte molto freddamente dalla delegazione ebraica. Secondo alcuni interpreti, esse mostrarono il coraggio di Paolo VI nel difendere la verità storica e la memoria del suo predecessore; secondo altri, furono, sotto il profilo politico e diplomatico, fuori contesto.

Rientrato la sera in Delegazione, Paolo VI ricevette l'attesissima visita del patriarca ecumenico Atenagora. Qui ci fu il primo incontro e il primo abbraccio tra il Patriarca di Costantinopoli e il Papa di Roma: ciò avveniva dopo quasi dieci secoli di divisione. Dopo i gesti di reciproca fraternità e amicizia, Atenagora, rivolto a Paolo VI, disse: «Noi desideriamo sinceramente che le buone intenzioni riscontrate in questi ultimi tempi, da una parte e dall'altra, e che trovano conferma in questo incontro benedetto di persone e di anime, portino ad una mutua comunione e ad una maggiore

25. Ivi, 62.

sottomissione alla volontà di Dio [...]. Il mondo cristiano è vissuto nella oscura notte della separazione, gli occhi dei cristiani sono stanchi di avere lo sguardo fisso nelle tenebre. Possa questo incontro essere l'alba luminosa e benedetta, alla cui luce le generazioni future comunicheranno al medesimo calice del corpo e del sangue di Cristo». In segno di gratitudine, il Papa donò al Patriarca un calice d'oro, che simboleggiava il desiderio dei cattolici di poter un giorno celebrare insieme l'Eucaristia.

L'indomani, 6 gennaio, ultima giornata del viaggio-pellegrinaggio, Paolo VI restituì in mattinata la visita ad Atenagora nella sua residenza gerosolimitana, e gli rivolse queste parole: «I dissensi riguardanti la dottrina, la liturgia, la disciplina, saranno ben ponderati a tempo e luogo opportuno, e con quello spirito che rispetti fedelmente il diritto alla verità e valuti gli argomenti con retto giudizio, nel rispetto della carità, in uno spirito di fedeltà alla verità e di comprensione nella carità. Quel che invece fin d'ora può e deve essere fatto è questo: che si incrementi la carità fraterna, che si curi di trovare nuove strade per operare; quella carità per cui, edotti dall'esperienza del passato, si sia pronti al perdono, si sia mossi a discernere negli altri il bene più che il male, e niente si abbia più a cuore che seguire le orme del Divino Maestro»[26]. Lo storico incontro si concluse con gesti di alto valore simbolico: il Patriarca, tra l'altro, donò al Papa una croce d'oro e un medaglione di forma ovale raffigurante Cristo, che nella tradizione bizantina è una insegna episcopale.

Di prima mattina il Papa, scortato dai cavalieri della legione araba, era stato in visita a Betlemme, dove lo attendevano numerosi fedeli, i francescani della Custodia e il patriarca latino di Gerusalemme. Aveva celebrato la Messa nella grotta della Natività, dopo aver deposto una statua del bambinello nella mangiatoia. Qui aveva toccato con mano le dolorose divisioni in seno al mondo cristiano e le rigide norme che regolavano lo *status quo*. Di fatto, mentre il Papa celebrava la Messa, nella basilica venivano celebrate altre due liturgie non cattoliche; egli inoltre aveva dovuto attenersi rigorosa-

---

26. Ivi, 60.

mente agli orari previsti dal regolamento e non attraversò la navata centrale della basilica, affidata alla custodia dei greci-ortodossi[27].

Certamente l'incontro con il Patriarca Atenagora arricchì il viaggio di Paolo VI in Terra Santa di un nuovo significato: esso subì una sorta di «eterogenesi dei fini»[28], nella misura in cui assunse una connotazione prevalentemente ecumenica, lanciando anche un segnale forte al Concilio in merito alla controversa materia dell'ecumenismo, e non soltanto su questa. Uno dei frutti concreti di quello storico incontro fu anche l'invio, all'inizio del terzo periodo conciliare, nell'autunno 1964, degli osservatori del patriarcato ecumenico, attesi già dall'inizio del Concilio[29].

Il ritorno a Roma di Paolo VI, la sera del 6 gennaio, fu trionfale: inaspettatamente egli fu accolto con grande entusiasmo dai romani, che avevano seguito i momenti più importanti del suo viaggio in televisione. Essi lo accompagnarono per tutto il percorso fino in Vaticano. Alla fine egli dovette affacciarsi dalla sua finestra per benedire la folla che si era radunata nella piazza.

Paolo VI conservò per tutta la vita un ricordo molto affettuoso e riconoscente di quel viaggio, tanto da farne cenno persino nel suo testamento spirituale: «Alla Terra Santa – scrisse –, alla terra di Gesù, dove fui pellegrino di fede e di pace, uno speciale benedicente saluto».

Il «pellegrinaggio» di Paolo VI in Terra Santa non fu soltanto un «segno», come spesso viene ripetuto, ma fu anche un atto profetico nel vero senso del termine, a cui la Chiesa tutta è ancora protesa, animata da inesauribile speranza, aspettando il giorno benedetto della comunione tra tutti i cristiani.

---

27. Cfr A. TORNIELLI, *Paolo VI. L'audacia di un Papa*, cit., 380.

28. G. ALBERIGO (ed.), *Storia del Concilio Vaticano II*, III, cit., 528.

29. A tale proposito, si legge nel diario del p. Roberto Tucci, in quegli anni direttore della *Civiltà Cattolica* e oggi cardinale: «11 febbraio 1963. P. Schmidt (card. Bea) mi riferisce che in questi giorni Costantinos [?] è stato a Roma e ha parlato con il card. Bea della situazione del Patriarca Atenagora. Questi avrebbe intenzione di inviare osservatori del Patriarcato di Costantinopoli alla seconda sessione, poiché il motivo dell'unità del mondo ortodosso da salvaguardare non esiste più da quando il Patriarca di Mosca ha deciso di inviare i suoi rappresentanti; però resta la difficoltà del sinodo del Patriarcato. Atenagora sarebbe, come al solito, ottimista» (ARCHIVIO DELLA CIVILTÀ CATTOLICA, *Fondo p. Roberto Tucci*, 123).

IL PELLEGRINAGGIO GIUBILARE
DI GIOVANNI PAOLO II
(Prima parte)*

Giovanni Marchesi S.I.

Da Roma a Gerusalemme

Il pellegrinaggio compiuto da Giovanni Paolo II in Terra Santa può essere definito il «viaggio dei viaggi» o viaggio per eccellenza: un percorso lungamente sognato e desiderato, attuato nello slancio della fede. Il lungo pellegrinare per le vie del mondo è stato come una premessa a questo 91° viaggio di Giovanni Paolo II. Il pellegrinaggio in Terra Santa, svoltosi nei giorni 20-26 marzo scorsi, può essere letto come lo svolgimento di un unico dramma (dal greco drama, azione) in tre atti, scanditi dalle visite al Monte Sinai, al Monte Nebo e nella Terra Santa propriamente detta. Il primo atto di tale pellegrinaggio sui luoghi più rilevanti della fede cristiana è stata la visita al Monte Sinai (24-26 febbraio 2000), del quale abbiamo già riferito (cfr *Civ. Catt.* 2000 II 276-285); gli altri due atti sono stati attuati a distanza di appena un mese, visitando appunto il Monte Nebo (Giordania) e le tre città della Terra Santa propriamente detta[1]: Betlemme, Nazaret e

---

*   Titolo originale: «Il pellegrinaggio giubilare del Papa in Terra Santa. Prima parte».

1.   Col termine Terra Santa, nel linguaggio ecclesiastico relativo all'organizzazione della gerarchia cattolica, si includono Cipro, Cisgiordania, Giordania e Israele. Dal 1992 è stata costituita l'Assemblea degli Ordinari Cattolici di Terrasanta (AOCTS), formata dagli Ordinari cattolici dei diversi riti che hanno giurisdizione in Terra Santa. Presidente *ex ufficio* è il Patriarca di Gerusalemme dei Latini, Michel Sabbah, il quale è anche presidente della Conferenza dei vescovi latini nelle regioni arabe (CELRA), con sede a Gerusalemme. Gli Ordinari cattolici residenti a Gerusalemme sono dei seguenti riti: latino, greco-melkita, armeno, maronita, siro e caldeo. A Gerusalemme hanno sede anche molte altre Chiese cristiane (ortodosse), come la Chiesa greco-ortodossa, armena, copta etiopica, sira o giacobita, apostolica orientale detta anche nestoriana, russa e rumena. Più recente (a iniziare dal 1820) è la presenza degli anglicani e dei protestanti.

Gerusalemme, tutte legate alla memoria dell'incarnazione del Verbo di Dio, della nascita di Gesù Cristo e della sua morte e risurrezione.

Il pellegrinaggio del Santo Padre sui luoghi biblici ha avuto anche un preludio nel pellegrinaggio «in spirito» sulle orme di Abramo che egli ha compiuto il 23 febbraio, a Roma, alla vigilia della sua partenza per il Monte Sinai (Egitto). L'idea originaria del Papa, come aveva chiaramente espresso nella sua lettera *Sul pellegrinaggio ai luoghi legati alla storia della salvezza*, pubblicata il 29 giugno 1999 (cfr *Civ. Catt.* 2000 I 270-279), era quella di percorrere l'intera geografia biblica, iniziando dalla chiamata di Abramo, comune padre nella fede per ebrei, cristiani e musulmani, passando per la Terra Santa, fino a Damasco e Atene, città legate particolarmente alla memoria delle gesta apostoliche di san Paolo. Com'è noto, la prima tappa, quella di Ur dei Caldei, in Iraq, città natale di Abramo, per ora è saltata. Ma Giovanni Paolo II, che non si mostra intimorito di fronte alle difficoltà esterne, non ha voluto rinunciare, almeno in spirito, alla progettata visita all'antico sito mesopotamico legato alla memoria di Abramo. La visita spirituale a Ur dei Caldei ha avuto luogo la mattina del 23 febbraio, nell'Aula Paolo VI, subito dopo l'affollata udienza generale del mercoledì, svoltasi in piazza San Pietro. Sostando spiritualmente a Ur dei Caldei, Giovanni Paolo II ha inteso tornare «ai primordi dell'Alleanza di Dio con l'uomo» (*Oss. Rom.*, 24 febbraio 2000, 6-7).

Nel segno di un ritorno «alle radici della fede e della Chiesa» si è svolto il pellegrinaggio giubilare, dalla visita al Monte Nebo (in memoria della morte di Mosè), dalla messa solenne nello Stadio di Amman (in onore di san Giovanni Battista, precursore del Messia), alla toccante celebrazione eucaristica al Santo Sepolcro di Gerusalemme, il luogo più sacro per tutti i cristiani del mondo. «Sono stati giorni di profonda emozione, giorni in cui la nostra anima si è commossa non solo al ricordo di ciò che Dio ha fatto ma per la sua stessa presenza, poiché ha ancora una volta camminato con noi nella Terra della Nascita, Morte e Risurrezione di Cristo. A ogni passo di questo pellegrinaggio giubilare, Maria è stata con noi, illuminando il nostro cammino e condividendo le gioie e i dolori dei suoi figli e delle sue figlie» (ivi, 27-28 marzo 2000, 6). Così ha affermato il Santo Padre all'*Angelus*, recitato al Santo Sepolcro subito dopo la celebrazione eucaristica avvenuta nella stessa basilica (26 marzo 2000).

Il pellegrinaggio del Papa in Terra Santa è stato ricco di gesti simbolici, di atti innovativi, con ripercussioni importanti sia sul versante propriamente religioso per il futuro dei fedeli cattolici nella regione, per le relazioni ecumeniche tra i cristiani delle diverse Chiese presenti, sia sul piano politico e interreligioso tra cristiani, ebrei e musulmani. «Un Papa per tutti i popoli», ha titolato *The Economist* (March 25th, 2000, 47), rilevando che «Giovanni Paolo II ha portato messaggi distinti alla Terra Santa per i suoi inquieti ascoltatori ebrei, musulmani e cristiani e [che] tutti sono stati lieti di ascoltarlo». Muovendosi con umiltà e in spirito di pace, il Santo Padre ha anche indicato quale può essere la via per fare di Gerusalemme una città «aperta» al dialogo, all'incontro tra i popoli e al confronto tra le diverse identità religiose e culturali, un luogo in cui ognuno si senta rispettato e non emarginato e tanto meno minacciato dalla fede altrui.

Momenti di alto valore simbolico, che soltanto in tempi lunghi potranno essere valutati per le loro implicazioni sociali, morali e religiose, restano, tra gli altri: la visita del Santo Padre al campo profughi palestinese *Deheisheh* (22 marzo), al Mausoleo di *Yad Vashem* (memoria dell'Olocausto) (23 marzo), le visite di cortesia sia ai due Rabbini Capi d'Israele sia al Gran Muftì di Gerusalemme (23 e 26 marzo), l'incontro interreligioso al Centro *Notre Dame* di Gerusalemme con la presenza dei Capi religiosi ebraici, cristiani e islamici, e l'incontro ecumenico nel Patriarcato greco-ortodosso di Gerusalemme con i rappresentanti delle Chiese e delle Confessioni cristiane presenti in Terra Santa (25 marzo), la visita del Papa al Muro Occidentale (il cosiddetto Muro del Pianto) di Gerusalemme con l'umile ma altissimo gesto di deporre tra le fessure delle pietre erodiane una preghiera, con il proposito della Chiesa di impegnarsi per una genuina fraternità con il popolo ebraico.

Molta impressione nella società israeliana, soprattutto tra i giovani, ha suscitato la celebrazione eucaristica sulle pendici sovrastanti il Monte delle Beatitudini, con la partecipazione di circa 100.000 giovani, provenienti da tutto il mondo: per gran parte della società israeliana è stata forse la prima volta che scoprivano l'esistenza di luoghi cristiani nel loro Paese e prendevano atto che «anche» i cristiani pregano con gioia e con convinzione. In questo contesto si può ricordare che ciò che ha caratterizzato l'intero percorso di Giovanni Paolo II in Terra Santa non è stata la strategia geo-politica, anche se questa non è mancata, ma la dimensione spirituale del suo cammino sulle orme di Cristo. Lunghe pause di preghiera silenziosa e, quando è stato possibile, lontano dall'occhio della televisione, hanno costellato le sue visite alle basiliche della Natività, dell'Annunciazione, del Cenacolo e del Santo Sepolcro, fino all'ultima sosta di preghiera, fuori programma e organizzata all'ultimo momento, al Calvario, poco prima di partire per Tel Aviv e prima di far rientro a Roma. Anche se è stato un *magnus labor*, come aveva registrato Egeria, una delle più antiche pellegrine sui Luoghi Santi (fine del IV secolo), il pellegrinaggio papale in Terra Santa ha conseguito quella finalità prettamente religiosa che Giovanni Paolo II si era prefisso sin dalla sua indizione e progettazione.

In memoria di Mosè e di san Giovanni Battista

Durante la sua visita in Terra Santa il Papa ha tenuto 14 discorsi, ha presieduto sei concelebrazioni eucaristiche, quasi tutte svoltesi in luoghi altamente significativi per la storia e la fede della Chiesa. Nello stesso tempo ha visitato due Stati internazionalmente riconosciuti, il Regno hashemita di Giordania e lo Stato d'Israele; si è pure recato nei Territori Autonomi Palestinesi, non ancora costituiti in Stato[2]. Una prima fase del pellegrinaggio si situa nell'arco che va

2.   Ottenuta l'indipendenza dalla Gran Bretagna, il 22 marzo 1946, col nome di Transgiordania, il Regno hashemita di Giordania (una monarchia costituzionale) è sorto nel 1949 con l'annessione della Cisgiordania. Ha una superficie di 88.946 km2 e una popolazione di 6.300.000 abitanti. I cattolici sono 71.000 con due circoscrizioni ecclesiastiche e 64 parrocchie. Complessivamente i cristiani sono l'8% dell'intera popolazione (per il 92% musulmani sunniti), la quale per metà è composta da palestinesi, affluiti nello Stato a seguito delle guerre arabo-israeliane (1948-49; 1967) e della Guerra del Golfo (1990-91). Il 31 dicembre 1988, l'allora re Hussein ruppe tutti i legami legali e amministrativi con la Cisgiordania, occupata militarmente da Israele nel 1967 e dalla quale è in atto il ritiro delle forze armate israeliane. Il 3 marzo 1994 sono state stabilite le relazioni diplomatiche tra la Santa Sede e la Giordania.

Lo Stato d'Israele è stato proclamato il 14 maggio 1948 sulla base di una risoluzione dell'ONU del 1947, la quale prevedeva la divisione della Palestina (sotto Mandato britannico) in due Stati, uno arabo e uno ebraico. Israele non ha ancora una costituzione scritta, ma soltanto leggi fondamentali, per cui ad esempio, non è

dalla memoria di Mosè sul Monte Nebo alla celebrazione eucaristica nella piazza della Mangiatoia a Betlemme. In questo contesto gli interlocutori sono stati soprattutto di matrice araba, sia cristiani sia musulmani. Nel primo pomeriggio di lunedì 20 marzo, all'arrivo di Giovanni Paolo II all'aeroporto *Queen Alia* di Amman, dove già era giunto Paolo VI nel primo viaggio di un Papa in Terra Santa (4 gennaio 1964), si è svolta la consueta cerimonia di benvenuto: il Papa è stato accolto e salutato dal giovane re di Giordania, Abdallah II, figlio primogenito di re Hussein, dalle autorità giordane, dal Corpo Diplomatico e, tra gli altri, dal Patriarca di Gerusalemme dei Latini, Michel Sabbah, e dal custode di Terra Santa, il francescano p. Giovanni Battistelli. Gli ultimi due hanno accompagnato il Santo Padre in ogni sua visita successiva.

Rispondendo al caloroso saluto del giovane Re hashemita, Giovanni Paolo II ha subito precisato la finalità spirituale del suo viaggio, affermando: «La mia visita nel vostro Paese e l'intero viaggio che oggi sto iniziando sono parte del religioso pellegrinaggio giubilare che sto compiendo per commemorare il bimillenario della Nascita di Gesù Cristo. [...] Oggi sono in Giordania, una terra a me familiare per le Sacre Scritture: una terra santificata dalla presenza di Gesù stesso, dalla presenza di Mosè, Elia e Giovanni il

ancora risolta né chiara la questione di fondo se lo Stato sia laico o teocratico, come vorrebbe la minoranza religiosa, sempre molto influente. Israele (una Repubblica) ha una superficie di 20.700 km2, 5.970.000 abitanti. I cattolici sono 170.000 con nove circoscrizioni ecclesiastiche e 11 vescovi di diversi riti; molto alta è la presenza dei sacerdoti (371) diocesani e religiosi e delle religiose (1.055), dediti a centri sia di istruzione sia di carità e di assistenza ai pellegrini. Il 15 giugno 1994 la Santa Sede ha stabilito le relazioni diplomatiche con lo Stato d'Israele. Già l'11 febbraio 1948, per volontà di Pio XII, era sorta la Delegazione Apostolica a Gerusalemme e in Palestina, comprendente Israele, la Cisgiordania e l'isola di Cipro. Attualmente la Delegazione Apostolica, con sede a Gerusalemme sulle pendici del Monte degli Ulivi, copre esclusivamente la città di Gerusalemme e i Territori Autonomi Palestinesi, mentre la Nunziatura apostolica in Israele ha sede a Tel Aviv, in quanto la Santa Sede, come l'ONU, non riconosce Gerusalemme quale capitale dello Stato israeliano, da questo dichiarata tale a seguito dell'occupazione nella guerra del 1967. Attualmente, nunzio della Santa Sede e suo delegato apostolico è l'arcivescovo mons. Pietro Sambi. Sin dagli anni Cinquanta la Santa Sede propone per Gerusalemme, per la cosiddetta «Città Vecchia» racchiusa dalle mura di Solimano il Magnifico (metà del sec. XVI) e sede dei Luoghi Santi per le tre religioni monoteistiche, uno statuto speciale internazionalmente riconosciuto.

Battista e dei santi e dei martiri della Chiesa primitiva». Quindi ha aggiunto: «Maestà, so quanto lei si preoccupa per la pace nella sua terra e nell'intera regione e quanto sia importante per lei che tutti i giordani – musulmani e cristiani – si considerino un solo popolo e una sola famiglia. In quest'area del mondo vi sono gravi e urgenti questioni concernenti la giustizia, i diritti dei popoli e delle nazioni, che devono essere risolte per il bene di tutti coloro che sono coinvolti e come condizione per una pace duratura. Per quanto difficile, per quanto lungo, il processo di ricerca della pace deve continuare. Senza pace, non vi può essere uno sviluppo autentico per questa regione, né una vita migliore per i suoi popoli. [...] Costruire un futuro di pace richiede una sempre più matura comprensione e una sempre più pratica cooperazione fra i popoli che riconoscono l'unico, il vero, indivisibile Dio, il Creatore di tutto ciò che esiste. Le tre storiche religioni monoteistiche includono la pace, il bene e il rispetto per la persona umana tra i loro più importanti valori. Spero vivamente che la mia visita rafforzi il dialogo già fecondo tra cristiani e musulmani che si sta portando avanti in Giordania, in particolare attraverso il *Royal Interfaith Institute*». Nello stesso tempo il Santo Padre ha assicurato che la Chiesa cattolica, senza dimenticare che la sua principale missione è di ordine spirituale, continuerà a cooperare nel promuovere la dignità della persona umana soprattutto attraverso le sue scuole e i programmi educativi, come pure mediante le istituzioni caritative e sociali.

Subito dopo la cerimonia di benvenuto, il Papa si è recato in auto al Monte Nebo, il biblico monte «nel paese di Moab», dove, secondo la tradizione, è morto Mosè dopo aver contemplato la Terra Promessa, senza però potervi entrare (cfr Dt 34,1-5). Sostando nell'antico monastero sul Monte Nebo, dove già nel IV secolo fu costruita una basilica di cui restano splendidi pavimenti a mosaico, Giovanni Paolo II ha presieduto una preghiera liturgica e poi, accompagnato dall'archeologo francescano, p. Michele Piccirillo, ha potuto contemplare il vastissimo panorama che si di-schiude dalla cima del *Siyàgha* sul Monte Nebo verso la Terra Santa, il Mar Morto e fin verso Gerusalemme, Betlemme e Amman[3].

Passando poi per Madaba, dove alla fine dell'Ottocento è stata scoperta la famosa *Carta di Madaba* (VI sec.) riproducente i luoghi della Terra Santa fino al delta del Nilo, il Papa si è recato nella nunziatura apostolica ad Amman; quindi, nel tardo pomeriggio, ha fatto visita di cortesia al Re di Giordania nella sua residenza reale di Hadhemiya. Il giorno dopo, il Santo Padre ha presieduto la concelebrazione eucaristica nell'*Amman Stadium*, in onore di san Giovanni Battista, patrono della Giordania, durante la quale 2.000 bambini hanno ricevuto la Prima Comunione. Nel pomeriggio il Papa si è recato nel *Wadi Al-Kharrar*, dove passava la strada romana che collegava il Mar Nero col Mar Rosso e dove, secondo un'antica tradizione, lo stesso Gesù Cristo sarebbe stato battezzato dal suo Precursore, in quanto «vicino al villaggio di Betania al di là del

3.   Nel breve discorso sul Monte Nebo, salutando il Ministro Generale dei francescani minori, Giacomo Bini, il Papa ha detto «di rendere onore alla testimonianza magnifica offerta nel corso dei secoli a questa terra dai figli di san Francesco mediante il servizio fedele della Custodia nei Luoghi Santi». La Custodia di Terrasanta sorse praticamente nel 1217 quando, nel contesto della quinta Crociata promossa dal Papa Innocenzo III, giunse a Damietta san Francesco d'Assisi, il quale predicò il Vangelo al Sultano d'Egitto, ottenendo soltanto un rispettoso ascolto. Nel 1291, caduta la città di Akko (San Giovanni d'Acri), ultimo baluardo dei crociati in Terra Santa, le comunità cristiane occidentali furono espulse dalla regione. Con la fine del Regno Latino in Palestina, quasi tutti i Luoghi Santi furono ritenuti proprietà dei governanti musulmani, saraceni prima, poi mamelucchi (1291-1516) e ottomani (1516-1915). Sull'esempio di san Francesco, i francescani elaborarono e attuarono una strategia di lungo respiro, fatta di pazienza, di dialogo con le autorità locali e di estenuanti trattative. Pian piano riuscirono a tornare in possesso di quasi tutti i Luoghi Santi, restaurandoli e restituendoli al culto cattolico. Nel 1342, con le Bolle *Gratias agimus* e *Nuper carissime*, il Papa Clemente VI approvò la fondazione giuridica della Custodia di Terrasanta, affidata all'Ordine dei frati minori. Con immenso sacrificio – compresi circa 2.000 morti – essi hanno conservato, in otto secoli e per conto della Chiesa cattolica, i diritti dei cattolici in Terra Santa assicurando loro la possibilità di pregare e celebrare nei Luoghi Santi. La proprietà, l'uso liturgico e l'amministrazione di essi, soprattutto delle basiliche della Natività a Betlemme, del Santo Sepolcro a Gerusalemme e della Tomba della Madonna nella stessa città, continuano a essere rette dallo *statu quo* sancito nel 1852 con un Firmano del Sultano. Dopo che, secondo l'articolo 33 delle *Capitolazioni*, stipulate tra la Francia e l'Impero ottomano nel 1740, ai francescani spettò la proprietà dei suddetti santuari, nel 1757 essi furono espulsi ad opera dei greci ortodossi; a nulla valsero le proteste occidentali presso il Sultano di Istanbul.

fiume Giordano, battezzava Giovanni» (Gv 1,28). Un'analoga visita al fiume Giordano, sempre in ricordo del battesimo di Gesù, il Papa l'ha effettuata ad *Al-Maghtas*, nella Valle del Giordano, vicino a Gerico (martedì 22 marzo). In tale località, a partire dal secolo V, si ricorda il battesimo di Gesù.

Come già nel gennaio 1964, per Paolo VI, la cui visita, come ha ricordato all'aeroporto il re Abdallah II, è stata «molto molto importante» per la Giordania, così anche il viaggio di Giovanni Paolo II in Giordania è stato accompagnato da un grande calore popolare, non soltanto da parte dei cattolici e dei cristiani, ma anche da parte dei musulmani. Il momento liturgico più importante della visita in Giordania è stata la concelebrazione eucaristica nell'*Amman Stadium*. Vi hanno partecipato circa 40.000 fedeli, cifra notevole se si tiene conto della piccola percentuale dei cattolici nella regione. Ai fedeli di rito latino, provenienti dalle 64 parrocchie della Giordania, si sono uniti quelli dell'arcidiocesi di Petra e Filadelfia dei greco-melkiti. Il Papa, in un clima gioioso, ha potuto incontrare e incoraggiare l'intera comunità cattolica in Giordania. All'inizio della messa, dopo il saluto del Patriarca Sabbah, è stata benedetta l'acqua lustrale attinta dal fiume Giordano per l'aspersione dei fedeli. Alla fine della messa il Pontefice ha benedetto tre pietre destinate rispettivamente alla costruzione di una chiesa maronita, di una chiesa siro-cattolica e del Centro *Regina Pacis*.

Salutato con molti striscioni, tra cui uno che portava la scritta «Giovanni Paolo II, profeta della pace e dell'amore», il Santo Padre ha evocato nell'omelia le tre grandi figure profetiche di Mosè e di Elia e soprattutto di Giovanni Battista. Facendo come una sintesi dell'intera storia della salvezza, iniziata con l'elezione di Abramo, proseguita con la vocazione e missione di Mosè, culminata con l'Alleanza sul Monte Sinai, fino alla sua morte sul Monte Nebo, ha quindi affermato: «Cerchiamo una guida che ci indichi il cammino. E qui ci viene incontro la figura di Giovanni Battista»; «Nella pienezza del tempo, presso il fiume Giordano Giovanni Battista indica Gesù» quale Messia, compimento delle promesse fatte da Dio ad Abramo e della Legge donata a Mosè: «Gesù è la realizzazione della promessa», «Gesù è il compimento della Legge. Solo Cristo Risorto rivela il pieno significato di quanto è accaduto presso il Mar Rosso e sul Monte Sinai. Egli rivela la vera natura della Terra Promessa, dove "non ci sarà più la morte" (Ap 21,4) [...], il Signore Risorto è la mèta di ogni nostro pellegrinaggio». Facendo quindi riferimento al Sinodo pastorale celebrato in questi ultimi cinque anni dalle Chiese in Terra Santa, il Pontefice ha esortato a promuovere questa esperienza di intensa comunione ecclesiale, rafforzando i vincoli di amicizia e di collaborazione tra le comunità cattoliche locali in tutta la loro ricca varietà, tra tutte le Chiese cristiane e le Comunità ecclesiali, e tra i cristiani e le altre grandi religioni che qui fioriscono. «Che le risorse della Chiesa – le famiglie, le parrocchie, le scuole, le associazioni laicali, i movimenti giovanili –, ha auspicato Giovanni Paolo II, pongano l'unità e l'amore come loro obiettivo supremo! Non esiste modo più efficace per partecipare socialmente, professionalmente e politicamente all'opera di giustizia, di riconciliazione e di pace, che il Sinodo ha auspicato» (*Oss. Rom.*, 22 marzo 2000, 5).

La celebrazione giubilare a Betlemme

L'altro incontro particolarmente sentito e partecipato dagli arabi cristiani in Terra Santa è stata la celebrazione eucaristica a Betlemme, nella piazza detta della Mangiatoia e antistante la Basilica della Natività. Ma prima ricordiamo che il Santo Padre ha lasciato la Giordania nel pomeriggio del 21 marzo, salutato dalle stesse personalità che lo avevano accolto all'arrivo. Ad accogliere il Papa all'aeroporto *Ben Gurion* di Tel Aviv c'erano il presidente dello Stato d'Israele, Ezer Weizman, le autorità e il Corpo Diplomatico, patriarchi e vescovi di Terra Santa e dei Paesi limitrofi. È la seconda volta che un Pontefice mette piede in Israele: il primo fu Paolo VI. Giovanni Paolo II ha risposto all'indirizzo di omaggio del Presidente israeliano, che lo ha salutato come «uomo di pace e artefice di pace», e ha quindi precisato lo scopo della sua visita, la quale è «sia un pellegrinaggio pastorale sia un viaggio spirituale del Vescovo di Roma alle origini della nostra fede nel "Dio di Abramo, il Dio di Isacco, il Dio di Giacobbe" (*Es* 3,15)», per visitare soprattutto alcuni luoghi legati alla vita, morte e risurrezione di Gesù Cristo e, nello stesso tempo, essa vuole essere «un tributo alle tre tradizioni religiose che coesistono in questa terra». Giovanni Paolo II ha potuto rilevare che, dalla visita di Paolo VI (1964), «sono cambiate molte cose tra la Santa Sede e lo Stato d'Israele. [...] L'instaurazione di relazioni diplomatiche tra noi nel 1994 ha suggellato gli sforzi volti ad aprire una nuova era di dialogo su questioni di interesse comune come la libertà religiosa, i rapporti tra Chiesa e Stato, e più in generale, tra cristiani ed ebrei. A un altro livello, l'opinione mondiale segue con molta attenzione il processo di pace che coinvolge tutti i popoli della regione nella difficile ricerca di una pace duratura». Mandando un messaggio sia alla cristianità sia alla società ebraica in Israele e nel mondo, il Papa ha quindi affermato che bisogna compiere sforzi coraggiosi per rimuovere tutte le forme di pregiudizio reciproco, presentando il vero volto tanto degli ebrei e dell'ebraismo quanto dei cristiani e del cristianesimo.

Il tema della pace e della giustizia nella regione mediorientale è tornato con forza nelle parole e nei gesti del Santo Padre a Betlem-me, importante centro dei Territori Autonomi Palestinesi[4]. Il loro Presidente è stato salutato con le parole *Dear Chairman Arafat* («Caro presidente Arafat»). Come ha affermato il Papa nel discorso pronunciato all'arrivo nel palazzo presidenziale, «il messaggio di Betlemme è la Buona Novella della riconciliazione fra gli uomini, della pace ad ogni livello delle relazioni fra individui e nazioni. Betlemme è il crocevia universale» per costruire un mondo degno dell'uomo. Invocando «pace per il popolo palestinese! Pace per tutti i popoli della regione!», il Pontefice ha sottolineato a chiare lettere il lungo cammino di sofferenza e di tormento del popolo palestinese, il quale, come «la Santa Sede ha sempre riconosciuto», «ha il diritto naturale ad avere una patria (*a homeland*) e il diritto di poter vivere in pace e tranquillità con gli altri popoli di quest'area». Ripetendo quanto i suoi predecessori ed egli stesso hanno più volte sottolineato, Giovanni Paolo II ha ribadito l'importanza di realizzare una pace giusta e duratura, basata su «salde garanzie per i diritti di tutti i popoli coinvolti», tenendo conto della legge internazionale e delle

---

4. Con gli accordi siglati nel 1993-95 tra arabi e israeliani, all'Autorità Palestinese, presieduta da Yasser Arafat, è stata riconosciuta l'amministrazione diretta sulla striscia di Gaza e su alcune città della Cisgiordania (Gerico, Hebron, Nablus, Ramallah, Jenin, Tulkarem, Qalqilya, Betlemme). Complessivamente si tratta di un territorio di 6.257 km2, dove vivono 2.821.000 abitanti (palestinesi).

«importanti risoluzioni e dichiarazioni delle Nazioni Unite» (*Oss. Rom.*, 23 marzo 2000, 3).

Gli atti principali di Giovanni Paolo II a Betlemme sono stati la celebrazione dell'Eucaristia nella *Manger Square* (piazza della Mangiatoia), la visita alla Basilica della Natività con la preghiera all'altare della Natività, dove spicca la stella d'argento con la scritta latina *Hic de Virgine Maria Iesus Christus natus est* («Qui dalla Vergine Maria è nato Gesù Cristo), la visita al Campo profughi di *Deheisheh*, un «inferno» di sofferenza per gente che da 50 anni ha perso tutto (casa, terreni, beni), infine la visita di cortesia al Presidente dell'Autorità Palestinese nella sua residenza di Betlemme. Per Giovanni Paolo II, si è realizzato un altro sogno: celebrare l'Eucaristia a Betlemme. Era stato proprio questo il desiderio espresso nella prima messa celebrata a Roma, da Papa, nella notte di Natale del 1978, a poco più di due mesi dalla sua elezione a successore dell'Apostolo Pietro. «Betlemme è il centro del mio pellegrinaggio giubilare. I sentieri che ho seguito mi hanno condotto a questo luogo e al mistero che esso proclama, la Natività». Così ha affermato il Santo Padre celebrando la messa all'aperto nella piazza antistante l'antica Basilica costantiniana, costruita nella prima metà del secolo IV e l'unica – delle quattro basiliche volute da sant'Elena in Terra Santa – giunta fino a noi quasi intatta e immune da devastazioni e profanazioni. «Per duemila anni, generazione dopo generazione, i cristiani hanno pronunciato il nome di Betlemme [significante "casa del pane" o "casa della carne"] con profonda emozione e gioiosa gratitudine. Come i pastori e i Magi, siamo venuti anche noi a trovare il Bambino "avvolto in fasce, che giace in una mangiatoia" (*Lc* 2,12). Come molti pellegrini prima di noi, ci inginocchiamo pieni di stupore e in adorazione di fronte al mistero ineffabile che qui si è compiuto» (ivi, 7).

Chiudiamo questa prima cronaca sullo storico pellegrinaggio giubilare di Giovanni Paolo II in Terra Santa, fissando quest'immagine e questo sguardo di contemplazione espressi dal Papa pellegrino mentre sosta in meditazione davanti al mistero della Natività, a Betlemme.

IL PELLEGRINAGGIO GIUBILARE
DI GIOVANNI PAOLO II
(Seconda parte)*

Giovanni Marchesi S.I.

Un antico *midrash* giudaico afferma: «Nel momento della creazione Dio aveva preparato dieci porzioni di bellezza per il creato. Egli le prese e ne dette una al mondo e nove a Gerusalemme. Il Creatore aveva preparato dieci porzioni di scienza per il creato. Egli le prese e ne dette una al mondo e nove a Gerusalemme. Il Creatore aveva preparato dieci porzioni di sofferenza per il creato. Egli le prese e ne dette una al mondo e nove a Gerusalemme».

Questo racconto popolare sulla storia di Gerusalemme e sul destino della Città Santa – cantata lungamente dai Salmi e dai Profeti dell'Antico Testamento per la bellezza delle sua mura, delle sue porte e l'imponenza delle sue torri, osannata perché «casa del Signore» (*Sal* 122,1), «città di Dio» (*Sal* 46,5), sede del «trono del Signore» (*Ger* 3,17), centro del tempio dell'Altissimo – rispecchia molto da vicino il lungo intreccio di eventi positivi e negativi, gioiosi e dolorosi, che la stessa città per millenni si è trovata a vivere in una serie quasi ininterrotta di devastazioni e di ricostruzioni. Le «nove porzioni di sofferenza», riservate a Gerusalemme, non sembrano esaurite, in quanto ancora oggi, nonostante la calma apparente, essa è contesa come proprietà esclusiva sia dagli ebrei sia dai musulmani. Lungo i secoli Gerusalemme è divenuta città santa per le tre religioni monoteistiche – ebraismo, cristianesimo e islàm – in quanto ognuna di esse vi annovera Luoghi Santi particolarmente significativi. E ogni seguace delle stesse tre religioni si sente impegnato a non dimenticare mai Gerusalemme (cfr *Sal* 136, 5-6), implorando nello stesso tempo pace per essa e per i suoi abitanti (*Sal* 121, 6). Ora, lo *status*

---

* Titolo originale: «Il pellegrinaggio giubilare del Papa in Terra Santa. Parte seconda».

© La Civiltà Cattolica 2000 II 489-498 | 3599 (3 giugno 2000)

particolare della città è tornato in tutta la sua attualità nel viaggio compiuto da Giovanni Paolo II in Terra Santa. Egli ha iniziato e terminato ognuna delle sue giornate a Gerusalemme, pernottando presso la sede della delegazione apostolica. Con i suoi gesti, parole e incontri, il Papa ha anche tracciato simbolicamente una via di soluzione, storica e politica, affinché Gerusalemme diventi realmente la «città della pace», la «porta delle nazioni» (*Ez* 26,2).

Un'intera giornata di Giovanni Paolo II a Gerusalemme

Abbiamo terminato la cronaca precedente (cfr *Civ. Catt.* 2000 II 379-388) con la messa solenne celebrata dal Santo Padre a Betlemme (mattino di mercoledì 22 marzo 2000). A nessuno è sfuggito il particolare dello scambio di piccole ma significative cortesie tra il Papa e il *muezzin* della vicina moschea. Questi ha aspettato che Giovanni Paolo II terminasse la sua omelia per intonare la consueta preghiera islamica del mezzogiorno, diffusa sempre con gli altoparlanti a tutto volume. Il Papa, dal canto suo, ha atteso che quella preghiera terminasse per poter continuare la celebrazione dell'Eucaristia, alla quale, insieme a migliaia di arabi cristiani, hanno assistito anche il presidente Arafat e sua moglie. Dopo il pranzo, consumato dal Santo Padre e dal suo seguito nell'attigua «Casa Nova» di Betlemme, dei francescani, il Pontefice si è prima recato in visita privata nella Grotta della Natività per una lunga meditazione silenziosa sul mistero del Natale del Signore (a Betlemme «è sempre Natale»), poi ha fatto visita al campo profughi di *Deheisheh*, situato a poco più di tre chilometri da Betlemme[1].

---

1. Quello dei profughi palestinesi è un capitolo molto doloroso, in quanto si protrae, senza soluzione, dal 1948, ossia dalla prima guerra arabo-isaeliana, e si è aggravato con le successive guerre fino a quella del 1973. Secondo i dati dell'UNRWA (*United Nations Relief and Works Agency for Palestine Refugees in the Near East*), nel 1996 i profughi palestinesi erano 3.308.133, diversamente distribuiti tra Giordania, Cisgiordania o West Bank, Striscia di Gaza, Libano e Siria.

L'incontro del Santo Padre con la rappresentanza dei profughi è avvenuto nel cortile della scuola gestita dall'UNRWA. Il Papa, elogiando l'opera umanitaria e educativa sia dell'Agenzia delle Nazioni Unite sia della Pontificia Missione per la Palestina e di altre organizzazioni cattoliche, ha denunziato «le condizioni degradanti in cui i profughi spesso devono vivere, il protrarsi di situazioni che sono difficilmente tollerabili anche nelle emergenze o per un breve periodo di tempo, il fatto che le persone sfollate siano costrette a rimanere per anni negli insediamenti»; urge quindi la neces-

La giornata successiva, 23 marzo, Giovanni Paolo II l'ha trascorsa interamente a Gerusalemme: messa al Cenacolo; visite di cortesia prima ai due Rabbini Capi di Israele, poi al presidente dello Stato, al Palazzo presidenziale in Gerusalemme; quindi la visita al Mausoleo di *Yad Vashem*, seguita dall'incontro interreligioso presso il Centro *Notre Dame* di Gerusalemme. I mezzi d'informazione, italiani ed esteri, hanno dato una copertura straordinaria al pellegrinaggio giubilare di Giovanni Paolo II in Terra Santa, approfondendo la cronaca degli eventi con editoriali e interviste; spesso quotidiani e reti radiofoniche e televisive hanno aperto la prima pagina o hanno dato come primo servizio radiotelevisivo un resoconto sulla giornata del Papa pellegrino sulle orme di Cristo. Nell'informazione sugli atti apostolici del 23 marzo ha primeggiato l'informazione sulla visita del Romano Pontefice al Memoriale dell'Olocausto. Quasi del tutto ignorata è stata invece la celebrazione dell'Eucaristia, nel mattino dello stesso giorno, nella Sala Superiore del Cenacolo di Gerusalemme, sul Monte Sion, e dove, dal 1552, non si poteva celebrare un rito cattolico.

La struttura crociata attuale, posta su un precedente edificio cultuale risalente fino ai giudeo-cristiani, conserva la memoria di fatti eccezionali per la fede cristiana: l'Ultima Cena del Signore, l'istituzione dell'Eucaristia e del sacerdozio, l'attesa dello Spirito Santo da parte degli apostoli ivi riuniti con la Vergine Maria, la discesa dello Spirito Santo, il primo annuncio della risurrezione di Cristo fatta da Pietro, nel mattino di Pentecoste, e quindi l'inizio della Chiesa. A questa prima sede della Chiesa apostolica Giovanni Paolo II ha voluto far ritorno, celebrandovi l'Eucaristia con gli ordinari di Terra Santa e con i cardinali e vescovi del seguito papale. Nella stessa Sala Superiore del Cenacolo, così carica di ricordi e di significato per la Chiesa intera e per ogni singolo sacerdote, Giovanni Paolo

---

sità di «trovare una soluzione giusta alle cause che stanno alla base del problema e ciò va fatto – ha proseguito il Santo Padre – trovando un impegno risoluto da parte dei Capi in Medio Oriente» che sia «ispirato da una visione superiore della politica come servizio al bene comune». Nello stesso contesto, ricordando che il Figlio di Dio è nato a Betlemme «in mezzo all'umiltà e alla povertà», ha lanciato un appello «per una maggiore solidarietà internazionale e per la volontà politica di affrontare questa sfida» (*Oss. Rom.*, 24 marzo 2000, 4). Nel breve discorso pronunciato poco prima di lasciare i Territori Palestinesi, il Papa ha ribadito l'impegno della Chiesa cattolica nell'operare incessantemente vicina a tutti i popoli, per la pace in Medio Oriente.

II ha firmato la Lettera che egli annualmente indirizza ai sacerdoti in occasione del Giovedì Santo. Alla fine della cerimonia ha voluto restare a lungo da solo, in preghiera, nello stesso Cenacolo.

L'altro grande evento della mattinata del 23 marzo è stata la visita del Papa al Mausoleo di *Yad Vashem*, nome che s'ispira a Is 56,5 e sta a significare «un posto e un nome», ossia un ricordo per i sei milioni di ebrei, tra cui quasi un milione e mezzo di bambini, ridotti a semplice numero di matricola e sterminati soprattutto nei campi di concentramento nazisti. Il Memoriale è sorto nel 1953. La sosta di preghiera e di meditazione nel Mausoleo è stata preceduta da altre due visite, che hanno fatto riferimento esplicito all'Olocausto, ossia quella ai due rabbini Capi di Israele nella sede del Gran Rabbinato, a Gerusalemme, e quella al presidente Weizman. Nei due brevi discorsi il Santo Padre ha detto, tra l'altro: «La Chiesa condanna l'antisemitismo e ogni forma di razzismo perché in contrasto con i princìpi del cristianesimo»; «La storia, come dicevano gli antichi, è *magistra vitae*, maestra di vita. È per questo che dobbiamo essere decisi a guarire le ferite del passato, affinché non si riaprano più. Dobbiamo operare per una nuova era di riconciliazione e di pace fra gli ebrei e i cristiani. La mia visita costituisce il pegno che la Chiesa cattolica farà tutto il possibile per garantire che questo non sia solo un sogno, ma una realtà» (*Oss. Rom.*, 24 marzo 2000, 6).

L'omaggio di Giovanni Paolo II «ai milioni di ebrei che furono uccisi nell'Olocausto» ha toccato momenti di emozione e di commozione nella visita al memoriale della *Shoah*, dove egli è stato accolto dal primo ministro, Ehud Barak. Anche qui i gesti sono stati forse più espliciti e più significativi delle stesse parole, pur forti, pronunciate dal Papa. Il segno più eloquente volto a una piena riconciliazione tra cristiani ed ebrei era dato dalla stessa presenza del Romano Pontefice nella Tenda della Rimembranza, luogo di dolore, immerso nella penombra, ravvivato soltanto da una fiamma perenne; l'oscurità delle pareti fatte di grossi massi di basalto nero e la volta sembrano concepiti per evocare lo *Sheòl*, il luogo oscuro con cui l'Antico Testamento designa spesso il regno dei morti. Dopo aver ravvivato la fiamma che arde perenne e aver deposto – mediante i due cardinali Cassidy ed Etchegaray – una grande corona di margherite bianche e gialle, Giovanni Paolo II, in un contesto di silenzio che sembrava farsi più intenso, si è avvicinato al leggio per pronunciare il discorso atteso dall'intero Israele.

Alla dimensione di un silenzio meditativo ma eloquente egli ha fatto riferimento già all'inizio della sua riflessione: «In questo luogo della memoria, la mente, il cuore e l'anima provano un estremo bisogno di silenzio. Silenzio nel quale ricordare. Silenzio nel quale cercare di dare un senso ai ricordi che ritornano impetuosi. Silenzio perché non vi sono parole abbastanza forti per deplorare la terribile tragedia della *Shoah*. Ricordo i miei amici e vicini ebrei, alcuni dei quali sono morti, mentre altri sono sopravvissuti». Chiedendosi come sia stato possibile che nella storia recente si sia potuto scatenare un tale disprezzo dell'uomo contro l'uomo, Giovanni Paolo II ha potuto indicare un'unica spiegazione, scaturita dal disprezzo di Dio da parte dell'uomo. «Solo un'ideologia senza Dio poteva programmare e portare a termine lo sterminio di un intero popolo». Quindi il Papa affermava: «Come Vescovo di Roma e Successore dell'Apostolo Pietro, assicuro il popolo ebraico che la Chiesa cattolica, motivata dalla legge evangelica della verità e dell'amore e non da considerazioni politiche, è profondamente rattristata per l'odio, gli atti di persecuzione e le manifestazioni di antisemitismo dirette contro gli ebrei da cristiani in ogni tempo e in ogni luogo. La Chiesa rifiuta ogni forma di razzismo come una negazione dell'immagine del Creatore intrinseca a ogni essere umano (cfr *Gn* 1,26)». Sulla base di queste impegnative parole, auspicando un nuovo rapporto tra cristiani ed ebrei, il Santo Padre indicava il traguardo di svolta negli stessi rapporti mutui: «Mai più sentimenti antiebraici fra i cristiani o sentimenti anticristiani fra gli ebrei, ma piuttosto il reciproco rispetto richiesto a coloro che adorano l'unico Creatore e Signore» (ivi, 7).

«La sua visita a *Yad Vashem* – ha affermato nel suo successivo discorso il primo Ministro Barak – rappresenta l'apice di questo storico viaggio di guarigione. Lei ha innalzato la bandiera della fraternità domandando perdono per i torti commessi dagli appartenenti alla sua fede contro gli altri, soprattutto contro il popolo ebreo. Apprezziamo profondamente questo nobile gesto. [...] È nostro desiderio portare avanti un dialogo produttivo» nei rapporti tra cristiani ed ebrei. Quindi, come per dare un taglio netto a critiche e riserve di chi, come Meir Lau, Gran Rabbino askenazita di Israele, chiedeva al Papa ancora «di più», ad esempio una condanna dei cosiddetti «silenzi» di Pio XII, il primo ministro Barak ha detto: «Lei ha fatto più di chiunque altro sia per favorire quel cambiamento storico nell'atteggiamento della Chiesa verso il popolo ebreo, che era stato iniziato da Papa Giovanni XXIII, sia per curare le ferite rimaste aperte per molti tristi secoli». Il discorso di Barak, iniziato col saluto di benvenuto al Papa «nella città eterna della fede, in spirito di amicizia, di fratellanza e di pace», e prendendo atto che la sua visita mirava a compiere «una missione di fratellanza, di ricordo e di pace», terminava col caloroso saluto ebraico *Baruch atta Yisrael*, «che lei sia benedetto in Israele» (ivi, 25 marzo 2000, 4).

Lo «storico cambiamento» tra cristiani ed ebrei, di cui ha parlato il presidente israeliano, Weizman, e sigillato a *Yad Vashem* con «l'abbraccio del Papa agli ebrei», può essere espresso con due titoli della stampa internazionale del 24 marzo 2000: «Il Papa onora milioni di ebrei uccisi nell'Olocausto» (*International Herald Tribune*); «Il Papa a *Yad Vashem* ha suggellato l'incontro fra ebrei e cristiani» (Le Monde). Altro momento di alto significato per la riconciliazione tra cristiani ed ebrei, e per fondare un nuovo cammino futuro tra di essi, è stata la visita del Santo Padre al Muro del Pianto o Muro Occidentale di Gerusalemme, la cui area antistante è stata trasformata in sinagoga (mattina di domenica 26 marzo). Ancora una volta si è imposta su tutto l'eloquenza dei gesti del Papa e soprattutto l'umile atto di deporre, in silenzio e tra l'attenzione struggente dei presenti, tra le fessure del muro erodiano, un biglietto di rammarico per le sofferenze inflitte agli ebrei. Analoga attenzione verso il mondo musulmano, sempre nella mattina di domenica 26 marzo, il Santo Padre l'aveva mostrata poco prima, visitando la Spianata del Tempio, dove sorgono le due grandi Moschee *El-Aqsa* e «Cupola della Roccia», detta anche «Moschea di Omar», e rendendo visita di cortesia al Gran Muftì di Gerusalemme e di Terra Santa, lo sceicco Akram Sabri.

Al di sotto delle attese generali e, pensiamo, dello stesso Giovanni Paolo II, è stato invece l'esito dell'incontro interreligioso svoltosi al Centro *Notre Dame* di Gerusalemme nel pomeriggio di giovedì 23 marzo: il Gran Muftì di Gerusalemme ha disertato l'incontro; inoltre il Gran Rabbino askenazita Meir Lau e lo sceicco Taysir al-Tamimi non si sono salutati. Il Santo Padre, dopo aver ascoltato i discorsi infuocati dei due capi religiosi, su posizioni ancora opposte soprattutto in relazione alla questione della città di Gerusalemme, ha parlato della necessità inderogabile che religione e pace vadano insieme, in quanto elemento essenziale della religione è la preoccupazione per la giustizia e per la pace. Perciò, consapevoli del fatto che «questa *terra è santa per gli ebrei, per i cristiani e per i musulmani*» e che «per tutti noi *Gerusalemme,* come indica il nome, è *"Città della Pace"*», «dobbiamo fare tutto il possibile per trasformare la consapevolezza delle offese e dei peccati del passato in una ferma determinazione a edificare un nuovo futuro nel quale non ci sarà altro che la cooperazione feconda e rispettosa fra noi» (ivi).

Le tre grandi celebrazioni eucaristiche in Galilea e a Gerusalemme

Gli ultimi tre giorni del pellegrinaggio di Giovanni Paolo II in Terra Santa, 91° suo viaggio apostolico oltre i confini italiani, oltre gli incontri già ricordati con ebrei e musulmani, sono stati caratterizzati soprattutto da tre celebrazioni eucaristiche particolarmente importanti: *1)* la messa per i giovani, a Korazim; *2)* la messa nella Basilica superiore dell'Annunciazione, a Nazaret; *3)* la celebrazione eucaristica nella basilica del Santo Sepolcro o della Risurrezione, a Gerusalemme. Il Santo Padre ha trascorso l'intera giornata di venerdì 24 marzo in Galilea: messa per i giovani; incontro col primo ministro d'Israele, al Santuario del Monte delle Beatitudini, e visite private ai due vicini santuari di Tabga, ossia la chiesa a ricordo del miracolo della moltiplicazione dei pani, e quella, costruita sulla viva roccia emergente dal lago, che ricorda il conferimento, da parte del Cristo risorto, del primato all'apostolo Pietro; altra tappa di questo pellegrinaggio «petrino» in Galilea è stata la visita alla Casa di San Pietro (Cafarnao). Anche l'intera mattinata di sabato 25 marzo, con rientro a Gerusalemme a pomeriggio inoltrato, è stata dedicata alla Galilea: sosta di preghiera del Papa alla Grotta dell'Annunciazione di Nazaret e successiva concelebrazione eucaristica nella Basilica superiore. Nel pomeriggio dello stesso giorno, prima il Pontefice ha ricevuto per un breve saluto i Consoli Generali nella delegazione apostolica di Gerusalemme; successivamente, in forma privata, si è recato a pregare nella basilica dell'Orto del Getsemani, quindi ha presieduto l'incontro ecumenico nel patriarcato greco-ortodosso di

Gerusalemme, mostrando un particolare riguardo verso l'anziano patriarca greco-ortodosso, Diodoros I. In questo incontro ecumenico, sottolineando che nella Chiesa «esiste una *legittima diversità* che non è in alcun modo contraria all'unità del Corpo di Cristo, ma piuttosto rafforza lo *splendore*» della stessa Chiesa, Giovanni Paolo II ha rinnovato il suo anelito verso l'unità visibile dei cristiani, dicendo: «Facciamo del terzo millennio cristiano il millennio della nostra gioia ritrovata nell'unità e nella pace».

L'ultimo giorno del pellegrinaggio in Terra Santa, domenica 26 marzo, ha registrato – nell'ordine – i seguenti atti del Pontefice: le visite, già ricordate, alla Spianata del Tempio e al Muro Occidentale, la messa al Santo Sepolcro, la visita al patriarcato latino di Gerusalemme col pranzo del Papa insieme con i patriarchi, vescovi e membri del suo seguito; nel pomeriggio la visita, come ricordato, fuori programma al Santo Sepolcro per una sosta di preghiera al Calvario. Nel tardo pomeriggio, salutato all'aeroporto *Ben Gurion* dal Presidente dello Stato d'Israele, il Santo Padre è ripartito per Roma, dove è giunto a notte ormai inoltrata.

Korazim: la messa per i giovani. A Korazim, sulle pendici dei monti della Galilea che degradano dolcemente verso il Monte delle Beatitudini e verso il Lago di Tiberiade o Mare di Galilea, si è svolta la più grande manifestazione pubblica mai registrata in Israele: la messa per i giovani, presieduta da Giovanni Paolo II. Preceduto da giornate fredde e piovose e accompagnato dagli ultimi piovaschi della stagione delle piogge, propria della regione mediorientale, l'incontro del Papa con i giovani è andato al di là di qualunque previsione. Gli organizzatori avevano previsto l'afflusso di 40-50.000 giovani dal Vicino Oriente, dall'Europa e dal mondo, invece ne sono giunti circa 100.000, tra cui 40.000 appartenenti al Cammino neo-catecumenale. (Il Papa ha anche visitato e benedetto il loro centro in costruzione sullo stesso posto, *Domus Galilaeae*). Non sono mancati anche disagi logistici, accresciuti dal fango e dall'umidità, ma in tutti i partecipanti è prevalso il senso gioioso di trovarsi al centro di un evento spirituale storico. Come abbiamo già accennato nella cronaca precedente, vi è stato un impatto notevole anche all'interno dei giovani israeliani e dell'intera società ebraica, quasi tutti ignari degli aspetti propriamente religiosi e spirituali del cristianesimo. Era la prima volta che la televisione israeliana trasmetteva una cerimonia religiosa cattolica. Ringraziando per quanti avevano partecipato alla preparazione di «questa messa meravigliosa», il Papa ha rivolto ai giovani il suo «arrivederci» a Roma, per la Giornata Mondiale della Gioventù (ivi, 25 marzo 2000, 5).

Nazaret: la contemplazione del Mistero dell'Incarnazione del Verbo. «25 marzo 2000, solennità dell'Annunciazione nell'anno del grande Giubileo: oggi gli occhi di tutta la Chiesa sono rivolti a Nazaret. Ho desiderato tornare nella città di Gesù, per sentire ancora una volta, a contatto con questo luogo, la presenza della donna della quale sant'Agostino ha scritto "Egli scelse la madre che aveva creato; creò la madre che aveva scelto" (cfr *Sermo* 69, 3, 4). Qui è particolarmente facile comprendere perché tutte le generazioni chiamano Maria beata (cfr *Lc* 1,48)». Così ha affermato Giovanni Paolo II all'inizio dell'omelia della concelebrazione eucaristica, da lui presieduta, nella basilica superiore di Nazaret. La visita effettuata volutamente in coincidenza con la festa liturgica dell'Annunciazione e il luogo della celebrazione, Nazaret, ossia la basilica che conserva due millenni d'ininterrotta tradizione dell'annuncio fatto a Maria, del suo incondizionato Sì (*fiat*) a Dio e della conseguente Incarnazione del Verbo, tutto questo ha conferito all'azione liturgica uno spessore inesprimibile di preghiera e di grazia. La festa di popolo che ha circondato l'arrivo del Santo Padre a Nazaret, dove metà circa della popolazione è cristiana di antichissima tradizione, non è stata turbata da nessun incidente, come si temeva alla vigilia, da parte di gruppi di integralisti islamici. Resta tuttora la provocazione a cui la comunità cristiana della città è sottoposta a seguito del progetto di costruire una grande moschea proprio a ridosso della basilica dell'Annunciazione[2]. La presenza, i gesti e le parole del Santo Padre sono stati di forte incoraggiamento e sostegno all'intera comunità cristiana di Nazaret e della Galilea in un momento particolarmente delicato, nel quale essa si sente vulnerata e minacciata proprio dai consanguinei arabi.

Ricordando la storica visita di Paolo VI alla città di Nazaret (1964), che la definì «la scuola del Vangelo», Giovanni Paolo II ha

---

2.   Cfr G. MARCHESI, «Nazaret, pietra della discordia. La basilica dell'Annunciazione sarà affiancata da una moschea?», in *Civ. Catt.* 2000 I 380-389.

pregato pubblicamente per alcune intenzioni particolari in favore della Chiesa e della società: un grande rinnovamento della fede di tutti i cristiani; la difesa della famiglia contro le numerose minacce che attualmente incombono sulla sua natura, la sua stabilità e la sua missione; la difesa della vita e il rispetto di ogni essere umano. Alla Vergine Maria, alla quale il Papa ha consacrato tutte le famiglie nella Chiesa, ha quindi elevato la preghiera che in quest'«anno di grazia del Signore» ella ci insegni «la via dell'umile e gioiosa obbedienza al Vangelo nel servizio dei nostri fratelli e delle nostre sorelle, senza preferenze e senza pregiudizi» (ivi, 26 marzo 2000, 5).

Gerusalemme: la celebrazione anticipata della Pasqua del Signore. L'intenso e faticoso pellegrinaggio di Giovanni Paolo II in Terra Santa, con la sua forte connotazione cristologica, mariana e «petrina», ha vissuto il suo momento culminante nella celebrazione eucaristica al Santo Sepolcro, che come uno scrigno prezioso conserva la memoria della crocifissione, sepoltura e risurrezione del Signore. L'esperienza peregrinante del Papa è terminata lì dove «tutto si è compiuto» (cfr *Gv* 19,30) e da dove tutto ha avuto inizio con la morte, la risurrezione di Cristo e con l'effusione dello Spirito Santo. Con quasi un mese di anticipo sul calendario liturgico, Giovanni Paolo II ha celebrato Pasqua nella basilica del Santo Sepolcro. E da qui, il più santo dei luoghi cristiani (dove però forse più che in ogni altra parte della cristianità appare evidente la divisione dei cristiani) il Santo padre ha rinnovato il suo appello all'unità degli stessi cristiani.

Tentativo di bilancio

Lo spazio non ci consente di tentare un bilancio, anche se provvisorio o a grandi linee del viaggio di Giovanni Paolo II in Terra Santa, definito «un pellegrinaggio perfetto» (card. Lustiger). Pur in forma estremamente sintetica si può dire che con esso il Santo Padre ha realizzato un altro suo «sogno», ha dato visibilità storica a un'altra sua «utopia», realizzata in pace, e senza nessun incidente di rilievo, mentre innumerevoli sembravano gli imprevisti e le minacce paventati alla vigilia. In primo luogo, come ha rilevato il Nunzio Apostolico e Delegato per la Palestina, l'arcivescovo mons. Pietro Sambi, in Terra Santa il Papa ha fatto scoprire a ebrei e musulmani la fede cristiana e la Chiesa (cfr Radio Vaticana, *Radiogiornale*, 9 aprile 2000). Questa è la constatazione anche di esponenti qualificati del mondo ebraico, come il rabbino Alon Goshen-Gottstein, uno dei pochi laureati all'Università di Tel Aviv ad aver studiato il cristianesimo: «Ci ha divisi l'ignoranza. Ora dobbiamo imparare a conoscerci più a fondo», «c'è molto dialogo interreligioso, ma poco *studio* interreligioso. Molto dell'odio che ci divide nasce dall'ignoranza» e questa, ha aggiunto, soprattutto nella parte della società israeliana che ha una visione «teocratica», quella degli ultraortodossi, «è spesso stupefacente anche per me»; quando il Papa «ha messo il suo foglietto con la preghiera in una fessura del Muro del Pianto [...] ha spazzato via ogni diffidenza. Ha strappato secoli di distanza» (*Avvenire*, 20 aprile 2000, 2). Con quel gesto, Giovanni Paolo II «ha scritto la pagina più creativa dell'intero Pontificato» (*Corriere della Sera*, 27 marzo 2000, 1); «il gesto di Giovanni Paolo II ha fatto di più per la riconciliazione [...] che molti bei discorsi teologici e politici degli ultimi trent'anni» (*Le Monde*, 28 mars 2000, 1).

Anche Elie Wiesel, Premio *Nobel* per la Pace ed ebreo, da sempre molto critico verso la Chiesa cattolica, si è dichiarato profondamente colpito e anche commosso dalle parole, dai gesti e dagli atteggiamenti interiori del Papa, affermando tra l'altro: «Quand'ero bambino avevo paura di passare davanti a una chiesa, ora tutto è cambiato. [...] Oggi il livello di comprensione tra ebrei e cattolici è già diverso da quello del giorno prima della sua visita. [...] Dobbiamo continuare a camminare sulla strada intrapresa dal Papa, e costruire ponti, aumentando le occasioni di incontro, di dialogo e di comprensione reciproca. Da entrambe le parti deve finire l'atteggiamento di scontro. Ebrei e cristiani devono chiaramente porre l'enfasi sul fatto che crediamo nello stesso Dio» e privilegiare l'istruzione, per superare «l'ignoranza» (*Avvenire*, 15 aprile 2000, 24). Un simile sforzo di reciproca conoscenza basata sul rispetto reciproco e sul dialogo, e su un più attento studio delle rispettive fedi e tradizioni religiose, riguarda ovviamente anche i rapporti tra cristiani e musulmani, credenti entrambi nello stesso Dio Creatore e Signore. Verso questo futuro traguardo d'incontro fra le tre grandi religioni monoteistiche il pellegrinaggio giubilare del Papa in Terra Santa ha gettato ponti importanti di avvicinamento, di comprensione e di pace.

BENEDETTO XVI: SEMI DI PACE*

Giuseppe De Rosa S.I.

Lo scorso 12 febbraio Benedetto XVI annunciò la sua intenzione di recarsi in Israele. L'8 marzo ne annunciò la data: dall'8 al 15 maggio avrebbe compiuto un pellegrinaggio in Terra Santa «per domandare al Signore, visitando i luoghi santificati dal suo passaggio terreno, il prezioso dono dell'unità e della pace per il Medio Oriente e per l'intera umanità». Partendo da Fiumicino l'8 maggio, il Papa è giunto ad Amman, capitale della Giordania, dove è stato accolto con particolare calore dal quarto re hascemita, Abd Allah II ibn al-Husayn, e dalla regina Rânia al-Abd Allâh. Durante il viaggio, ai giornalisti presenti sull'aereo, ha ribadito che «noi non siamo un potere politico, ma una forza spirituale, e questa forza spirituale è una realtà che può contribuire al progresso dei processi di pace», con la preghiera, con la formazione delle coscienze e con la ragione, «appoggiando le posizioni realmente ragionevoli».

Il Papa in Giordania

Giunto ad Amman, il Papa dapprima si è recato al Centro per disabili *Regina Pacis,* poi ha fatto una visita di cortesia nel palazzo reale *al-Husseinye* al Re e alla Regina di Giordania, che lo avevano accolto all'aereoporto *Queen Alia.* Il Re ha ricordato che «la Giordania è orgogliosa di ospitare il Messaggio di Amman, che esprime davanti all'umanità intera l'appello dell'islàm alla compassione, alla misericordia e alla tolleranza». «La mia speranza – egli ha aggiunto – è che assieme possiamo diffondere il dialogo che abbiamo avviato, un dialogo che accetta le nostre singole identità religiose, che non

* Titolo originale: «Semi di pace nella Terra Santa».

teme la luce della verità, che giustamente celebra i nostri valori, i nostri legami comuni e profondi». Parlando di Gerusalemme, il Re ha detto che la sua identità va preservata: «È necessario salvaguardare la città santa come luogo di culto per tutti». «Vengo in Giordania – ha detto il Papa – come pellegrino per venerare i luoghi santi»: il luogo di Mosè, il Monte Nebo, il luogo dove fu battezzato Gesù, al di là del Giordano. Avrò anche la gioia di benedire le prime pietre delle chiese che saranno costruite sul luogo tradizionale del battesimo di Gesù. «La possibilità che la comunità cattolica di Giordania possa edificare luoghi pubblici di culto è segno di stima di questo Paese per la religione e, a nome dei cattolici, desidero esprimere quanto sia apprezzata questa apertura. La libertà religiosa è certamente un diritto umano fondamentale ed è mia fervida speranza e preghiera che il rispetto per i diritti inalienabili e la dignità di ogni uomo e di ogni donna giunga ad essere sempre più affermato e difeso, non solo nel Medio Oriente, ma in ogni parte del mondo».

La mattina del 9 maggio il Papa si è recato in visita al Memoriale di Mosè sul Monte Nebo, accolto dal ministro generale dei Frati minori, J. Rodríguez Carballo, che gli ha rivolto un accorato saluto. Il Papa ha detto: «Mosè contemplò la Terra Promessa da lontano [...]. Sappiamo che, come Mosè, non vedremo il pieno compimento del piano di Dio nell'arco della nostra vita. Eppure abbiamo fiducia che, facendo la nostra piccola parte, nella fedeltà alla vocazione che ciascuno ha ricevuto, contribuiremo a rendere diritte le vie del Signore e a salutare l'alba del suo Regno. Sappiamo che Dio, il quale ha rivelato il proprio nome a Mosè come promessa che sarebbe sempre stato al nostro fianco (cfr Es 3,14), ci darà la forza di perseverare in gioiosa speranza anche tra sofferenze, prove e tribolazioni».

Il Papa poi ha rilevato che «l'antica tradizione del pellegrinaggio ai luoghi santi ci ricorda l'inseparabile vincolo che unisce la Chiesa al popolo ebreo» e «il desiderio di superare ogni ostacolo che si frappone alla riconciliazione fra cristiani ed ebrei, nel rispetto reciproco al servizio di quella pace alla quale la Parola di Dio ci chiama!». Nello stesso giorno, il Pontefice ha benedetto a Madaba la prima pietra dell'Università, voluta dal Patriarcato di Gerusalemme dei Latini, di cui oggi è patriarca l'arcivescovo Fouad Twal. Con il sostegno delle Autorità giordane e in risposta alle richieste di molte famiglie che, soddisfatte per la formazione ricevuta nelle scuole rette da autorità religiose, chiedono di poter avere un'analoga opzione a livello universitario, il Patriarcato Latino di Gerusalemme ha promosso l'istituzione di una Università, che sarà aperta agli studenti cristiani e musulmani. «La religione – ha osservato il Papa – viene sfigurata quando viene costretta a servire l'ignoranza e il pregiudizio, il disprezzo, la violenza e l'abuso». Rivolgendosi poi agli studenti, il Papa ha detto: «Siete chiamati ad essere costruttori di una società giusta e pacifica, composta di genti di varia estrazione religiosa ed etnica».

Nella stessa mattinata del 9 maggio il Papa ha visitato, senza togliersi le scarpe, la moschea di Al-Hussein Bin Talal, intitolata al defunto re Hussein di Giordania. Accompagnava il Papa il principe Gazi Bin Talal, cugino del re e promotore del dialogo cristiano-islamico, che ha ringraziato Benedetto XVI per aver voluto onorare i musulmani con la visita alla moschea, ma soprattutto per aver chiarito che la citazione da lui fatta a Ratisbona delle parole dell'imperatore di Costantinopoli non rifletteva il suo pensiero, ma era una semplice citazione accademica. Lo ha ringraziato inoltre per i numerosi gesti di amicizia e di cordialità verso i musulmani, come l'aver voluto ricevere in Vaticano i Re della Giordania e dell'Arabia Saudita e i firmatari della Lettera aperta del 13 ottobre 2007.

All'uscita dalla moschea il Papa, oltre il principe Gazi, ha incontrato i capi religiosi musulmani, il corpo diplomatico e i rettori delle università giordane, rivolgendo loro un discorso – forse tra i più impegnativi del suo pellegrinaggio in Terra Santa – sul contributo positivo che la religione può dare alla società civile. Il Papa si è detto preoccupato del fatto che oggi, con insistenza crescente, alcuni ritengono che la religione fallisca nella sua pretesa di essere, per sua natura, costruttrice di unità e di armonia, un'espressione di comunione tra persone e con Dio. Di fatto alcuni asseriscono che la religione è necessariamente una causa di divisione nel nostro mondo; e per tale ragione affermano che quanto minore attenzione viene data alla religione nella sfera pubblica, tanto meglio è. Certamente, il contrasto di tensioni e divisioni fra seguaci di differenti tradizioni religiose, purtroppo, non può essere negato. Tuttavia, non si dà anche il caso che spesso sia la manipolazione ideologica della religione, talvolta a scopi politici, il catalizzatore reale delle tensioni e delle divisioni e non di rado anche delle violenze nella società? A fronte di tale situazione, in cui gli oppositori della religione cercano non semplicemente di tacitarne la voce ma di sostituirla con la loro, il bisogno che i credenti siano fedeli ai loro princìpi e alle loro credenze è sentito in modo quanto mai acuto. Musulmani e cristiani, proprio a causa del peso della nostra storia comune così spesso segnata da incomprensioni, devono oggi impegnarsi per essere individuati e riconosciuti come adoratori di Dio fedeli alla preghiera, desiderosi di comportarsi e vivere secondo le disposizioni dell'Onnipotente, misericordiosi e compassionevoli, coerenti nel dare testimonianza di tutto ciò che è giusto e buono, sempre memori della comune origine e dignità di ogni persona umana, che resta al vertice del disegno creatore di Dio per il mondo e per la storia».

E perciò necessario che cristiani e musulmani cerchino di «sondare ancora più profondamente l'essenziale rapporto fra Dio e il mondo» per mettere in luce «il contributo positivo e creativo che la religione può e deve dare alla società civile». Il Papa ha affrontato quindi un tema a lui caro: «La sfida a coltivare, per il bene, nel contesto della fede e della verità, il vasto potenziale della ragione umana che è in se stessa dono di Dio e si eleva al piano più alto quando viene illuminata dalla luce della verità di Dio».

Benedetto XVI ha aggiunto: «Una simile comprensione della ragione, che spinge continuamente la mente umana oltre se stessa nella ricerca dell'Assoluto, pone una sfida: contiene un senso sia di speranza sia di prudenza. Insieme, cristiani e musulmani sono sospinti a cercare tutto ciò che è giusto e retto. Siamo impegnati a oltrepassare i nostri interessi particolari e ad incoraggiare gli altri, particolarmente gli amministratori e i leader sociali, a fare lo stesso al fine di assaporare la soddisfazione profonda di servire il bene comune, anche a spese personali. Ci viene ricordato che proprio perché è la nostra dignità umana che dà origine ai diritti umani universali, essi valgono ugualmente per ogni uomo e donna, senza distinzione di gruppi religiosi, sociali o etnici ai quali appartengono. Sotto tale aspetto, dobbiamo notare che il diritto alla libertà religiosa va oltre la questione del culto e include il diritto – specie per le minoranze – di equo accesso al mercato dell'impiego e alle altre sfere della vita civile».

Il 10 maggio, nello stadio di Amman, il Papa ha celebrato la prima Messa pubblica in Terra Santa, raccomandando ai cristiani di avere il coraggio di restare nei loro Paesi di origine e di mantenere «la presenza della Chiesa nel cambiamento del tessuto sociale di queste antiche terre». Questa fedeltà alle radici cristiane richiede «il coraggio della convinzione nata da una fede personale». Ha esortato poi i cattolici all'impegno del dialogo con i fedeli delle altre religioni; a lavorare con gli altri cristiani nel servizio del Vangelo e nella solidarietà con i poveri, con gli sfollati e con le vittime di tante tragedie umane.

Nel pomeriggio del 10 maggio il Papa si è recato nei luoghi del battesimo di Gesù. Al momento di lasciare la Giordania, ha posto nuovamente l'accento sulla necessità di promuovere il dialogo con le altre religioni per costruire la pace, ricordando l'esempio della Giordania come modello, per religioni diverse, di «vivere insieme in pace e in concordia» nel Medio Oriente.

Benedetto XVI in Israele

La mattina dell'11 maggio il Papa è stato accolto all'aereoporto di Tel Aviv dal presidente d'Israele, Shimon Peres, e dal primo ministro Benjamin Netanyahu, con la parola «pace» e con il saluto – in lingua latina – «*Ave, Benedicte, princeps fidelium, qui hodie Terram Sanctam visitas*». Il Presidente ha rilevato che quella del Papa era una «missione di pace» e «continuazione del dialogo tra l'ebraismo e il cristianesimo nello spirito dei Profeti», rilevando che «nel nostro Paese vivono insieme ebrei, cristiani, musulmani, beduini e circassi», e ognuno può pregare nella propria lingua senza interferenze esterne, perché «Israele salvaguarda l'assoluta libertà della pratica religiosa e il libero accesso ai Luoghi Santi».

Ringraziando per «la calorosa accoglienza» nello Stato d'Israele, il Papa ha detto di essere venuto, come un pellegrino, «per pregare nei luoghi santi, per la pace». Ha poi ricordato che la Santa Sede e Israele condividono molti valori, «primo fra tutti l'impegno di riservare alla religione il suo legittimo posto nella vita della società [...]. Quando la dimensione religiosa della persona umana viene negata o posta ai margini, viene messo in pericolo il fondamento stesso di una comprensione dei diritti umani inalienabili». «Tragicamente – ha aggiunto il Papa – il popolo ebraico ha sperimentato le terribili conseguenze di ideologie che negano la fondamentale dignità di ogni persona umana. È giusto e conveniente che, durante la mia permanenza in Israele, io abbia l'opportunità di onorare la memoria dei sei milioni di ebrei vittime della *Shoah*, e di pregare affinché l'umanità non abbia mai più ad essere testimone di un crimine di simile enormità. Sfortunatamente, l'antisemitismo continua a sollevare la sua ripugnante testa in molte parti del mondo. Questo è totalmente inaccettabile. Ogni sforzo deve essere fatto per combattere l'antisemitismo dovunque si trovi, e per promuovere il rispetto e la stima verso gli appartenenti ad ogni popolo, razza, lingua e nazione in tutto il mondo».

Poi ha aggiunto un riferimento ai negoziati di pace tra israeliani e palestinesi: «Anche se il nome Gerusalemme significa "città di pace", è del tutto evidente che per decenni la pace ha tragicamente eluso gli abitanti di questa terra santa. Gli occhi del mondo sono sui popoli di questa regione, mentre essi lottano per giungere a una soluzione giusta e duratura dei conflitti che hanno causato tante sofferenze. Le speranze di innumerevoli uomini, donne e bambini per un futuro più sicuro e più stabile dipendono dall'esito dei negoziati di pace fra israeliani e palestinesi. In unione con tutti gli uomini di buona volontà, supplico quanti sono investiti della responsabilità di esplorare ogni possibile via per la ricerca di una soluzione giusta alle enormi difficoltà, così che ambedue i popoli possano vivere in pace in una patria che sia la loro, all'interno di confini sicuri e internazionalmente riconosciuti. A tale riguardo, spero e prego che si possa presto creare un clima di maggiore fiducia, che renda capaci le parti di compiere progressi reali lungo la strada verso la pace e la stabilità».

Nel pomeriggio dell'11 maggio il Papa si è recato in visita al presidente Shimon Peres. Rivolgendosi ai presenti, il Papa ha detto che una «sicurezza durevole è questione di fiducia alimentata nella giustizia e nell'integrità [...]. Odo il grido di quanti vivono in questo Paese che invocano giustizia, pace e rispetto per la loro dignità, stabile sicurezza, una vita quotidiana libera dalla paura di minacce esterne e di insensata violenza».

Sempre nel pomeriggio dell'11 maggio il Papa ha visitato il memoriale dello Yad Vashem, accolto dal presidente S. Peres e dal direttore A. Shalev. Sul pavimento sono scritti i nomi di 22 campi di sterminio nazisti. Vi sono conservate le ceneri di molte vittime, e una fiamma verde arde incessantemente per mantenerne vivo il ricordo. Il Papa ha deposto una corona di fiori su una lastra di marmo davanti alla fiamma. Poi ha salutato sei sopravvissuti ai *lager*. Nel suo breve discorso, ha detto: «Sono giunto qui per soffermarmi in silenzio davanti a questo monumento per onorare la memoria dei milioni di ebrei uccisi nell'orrenda tragedia della *Shoah*. Essi persero la propria vita, ma non perderanno mai i loro nomi: questi sono stabilmente incisi nei cuori dei loro cari, dei loro compagni di prigionia, e di quanti sono decisi a non permettere mai più che un simile orrore possa disonorare ancora l'umanità. I loro nomi [...] sono incisi in modo indelebile nella memoria di Dio Onnipotente» [...]. Possano i nomi di queste vittime non perire mai! Possano le loro sofferenze non esser mai negate, sminuite o dimenticate! E possa ogni persona di buona volontà vigilare per sradicare dal cuore dell'uomo qualsiasi cosa capace di portare a tragedie simili a questa!»

La mattina del 12 maggio il Papa ha sostato in preghiera dinanzi al Muro occidentale, deponendovi un biglietto in cui portava al cospetto di Dio «le gioie e le speranze, le prove, il dolore e la pena di tutte le persone del mondo».

La sera dell'11 maggio aveva incontrato le organizzazioni per il dialogo interreligioso nell'auditorium del centro *Notre Dame of Jerusalem*, ponendo il problema: che cosa le religioni hanno in comune da donare al mondo? Aveva risposto Benedetto XVI: «Benché il mezzo attraverso il quale noi comprendiamo la scoperta e la comunicazione della verità differisca in parte da religione a religione, non dobbiamo essere scoraggiati nei nostri sforzi di rendere testimonianza al potere della verità. Insieme possiamo proclamare che Dio esiste e che può essere conosciuto, che la terra è sua creazione, che noi siamo sue creature, e che egli chiama ogni uomo e donna a uno stile di vita che rispetti il suo disegno per il mondo. Amici, se crediamo di avere un criterio di giudizio e di discernimento che è divino nella sua origine e destinato a tutta l'umanità, allora non possiamo stancarci di portare tale conoscenza a influire sulla vita civile. La verità deve essere offerta a tutti; essa serve a tutti i membri della società. Essa getta luce sulla fondazione della moralità e dell'etica, e permea la ragione con la forza di andare oltre i suoi limiti per dare espressione alle nostre più profonde aspirazioni comuni. Lungi dal minacciare la tolleranza delle differenze o della pluralità culturale, la verità rende il consenso possibile e mantiene ragionevole, onesto e verificabile il pubblico dibattito e apre la strada alla pace. Promuovendo la volontà di essere obbedienti alla verità, di fatto allarga il nostro concetto di ragione e il suo ambito di applicazione e rende possibile il dialogo genuino delle culture e delle religioni di cui c'è oggi particolarmente bisogno».

Nella mattinata del 12 maggio il Papa ha pure incontrato i due gran Rabbini di Gerusalemme, Yona Metzger, ashkenazita, e Shlomo Amar, sefardita, ai quali ha espresso i propri sentimenti di stima e di rispetto per essi e per le loro comunità e li ha ringraziati per l'impegno nel dialogo condotto tra la Delegazione della Comissione della Santa Sede per i Rapporti Religiosi con l'Ebraismo e la Delegazione del Gran Rabbinato di Israele per le Relazioni con la Chiesa cattolica.

Nella stessa mattinata del 12 maggio il Papa ha incontrato nella concattedrale latina di Gerusalemme circa 300 persone, tra le quali alcune religiose contemplative, alle quali ha rivolto una parola di particolare apprezzamento per il sostegno dato con la preghiera all'opera di evangelizzazione. Sempre nella mattinata del 12 maggio il Papa ha incontrato i vescovi cattolici della Terra Santa, ai quali ha assicurato la sua vicinanza, esortandoli a incoraggiare i cristiani a non lasciare la Terra Santa. Lo stesso giorno il Papa ha incontrato nella spianata delle moschee, il gran Muftì, M. A. Hussein, e altri esponenti della comunità musulmana, invitandoli «a impegnarsi a superare incomprensioni e conflitti del passato e a porsi sulla via di un dialogo sincero finalizzato alla costruzione di un mondo di giustizia e di pace per le generazioni che verranno».

Il Papa nei Territori palestinesi

Accolto dal presidente dell'Autorità palestinese, Abu Mazen, la mattina del 13 maggio il Papa è giunto a Betlemme, trascorrendovi l'intera giornata. Rispondendo al saluto di benvenuto del Presidente, Benedetto XVI ha detto: «Signor Presidente, la Santa Sede appoggia il diritto del suo popolo a una sovrana patria palestinese nella terra dei vostri antenati, sicura e in pace con i suoi vicini, entro confini internazionalmente riconosciuti. Anche se al presente questo obiettivo sembra lontano dall'essere realizzato, io incoraggio lei e tutto il suo popolo a tenere viva la fiamma della speranza, speranza che si possa trovare una via di incontro tra le legittime aspirazioni tanto degli israeliani quanto dei palestinesi alla pace e alla stabilità. Per usare le parole di Papa Giovanni Paolo II, non vi può essere "pace senza giustizia, né giustizia senza perdono". Supplico tutte le parti coinvolte in questo conflitto di vecchia data ad accantonare qualsiasi rancore e contrasto che ancora si frapponga sulla vita della riconciliazione, per arrivare a tutti ugualmente con generosità e compassione, senza discriminazione. È mia ardente speranza che i gravi problemi riguardanti la sicurezza in Israele e nei Territori Palestinesi vengano presto decisamente alleggeriti così da permettere una maggiore libertà di movimento, con speciale riguardo per i contatti tra familiari e per l'accesso ai luoghi santi. I palestinesi, così come ogni altra persona, hanno un naturale diritto a sposarsi, a formarsi una famiglia e avere accesso al lavoro, all'educazione e all'assistenza sanitaria».

Nel pomeriggio del 13 maggio il Papa ha fatto visita al campo profughi di Aida. Rivolgendosi ai presenti ha detto: «Voi ora vivete in condizioni precarie e difficili, con limitate opportunità di occupazione. È comprensibile che vi sentiate spesso frustrati. Le vostre legittime aspirazioni a una patria permanente, a uno Stato Palestinese indipendente, restano incompiute. E voi, al contrario, vi sentite intrappolati, come molti in questa regione e nel mondo, in una spirale di violenza, di attacchi e contrattacchi, di vendette e di distruzioni continue. Tutto il mondo desidera fortemente che sia spezzata questa spirale, anela a che la pace metta fine alle perenni ostilità. Incombente su di noi, mentre siamo qui riuniti questo pomeriggio, è la dura consapevolezza del punto morto a cui sembrano essere giunti i contatti tra israeliani e palestinesi – il muro. In un mondo in cui le frontiere vengono sempre più aperte [...] è tragico vedere che vengono tuttora eretti dei muri. Quanto aspiriamo a vedere i frutti del ben più difficile compito di edificare la pace! Quanto ardentemente preghiamo perché finiscano le ostilità che hanno causato l'erezione di questo muro!».

Nella cerimonia di congedo dai Territori Palestinesi, il Papa ha affermato: «Con angoscia, ho visto la situazione dei rifugiati che, come la Santa Famiglia, hanno dovuto abbandonare le loro case. E ho visto il muro che si introduce nei vostri territori, separando i vicini e dividendo le famiglie, circondare il vicino campo e nascondere molta parte di Betlemme. [...] Ecco perché, nelle mie conclusive parole, voglio fare un rinnovato appello all'apertura e alla generosità di spirito, perché sia posta fine all'intolleranza e all'esclusione. [...] Il mio vivo augurio per voi, popolo della Palestina, è che ciò accada presto, e che voi finalmente possiate godere la pace, la libertà e la stabilità che vi sono mancate per così tanto tempo».

Dopo una giornata passata a Nazaret, il 15 maggio all'aeroporto di Tel Aviv, il presidente S. Peres ha rivolto al Papa il saluto di commiato, dicendo: «Le sue dichiarazioni nel corso della visita hanno avuto un peso speciale e sostanziale, soprattutto quelle sul fatto che l'Olocausto, la *Shoah*, non devono essere dimenticati e che l'antisemitismo e la discriminazione sotto qualsiasi forma e in qualsiasi luogo devono essere contrastati vigorosamente. Ha toccato i nostri cuori e le nostre menti».

Semi di pace nei solchi di sangue della Palestina

Si è concluso, così, il «pellegrinaggio di pace» di Benedetto XVI in Terra Santa. Questo, certamente, gli è costato una grande fatica, sia per il gran numero di persone che ha dovuto incontrare in situazioni estremamente delicate, sia per i molti discorsi – una trentina in una settimana – che ha dovuto pronunciare.

Il primo compito che il Papa si era prefisso era di incoraggiare i cristiani che oggi vivono in Terra Santa a non cedere alla tentazione di emigrare in Occidente, date le enormi difficoltà di vivere – e, per i giovani, di studiare e di prevedere un futuro – sia in Israele, sia nei Territori palestinesi: l'angoscia espressa dal Papa, nella visita al campo profughi di Aida, dice qualcosa dei sentimenti che provano i cristiani che oggi vivono in Terra Santa! A questo proposito, non si può non rilevare il coraggio del Papa nel parlare della triste situazione dei cristiani, sia nello Stato d'Israele, sia nei Territori palestinesi, e della sollecitudine e vicinanza di tutta la Chiesa cattolica che egli ha espresso loro.

Il secondo scopo del pellegrinaggio del Papa era di riannodare il dialogo sia quello «bilaterale» tra cristiani ed ebrei e tra cristiani e musulmani, sia quello «trilaterale» tra cattolici, ebrei e musulmani, facendo appello al fatto che cristiani, ebrei e musulmani adorano l'unico Dio. Ecco perché il Papa ha voluto incontrare i più importanti rappresentanti dell'ebraismo e dell'islàm. Egli ha messo in chiaro che la via che conduce alla riconciliazione e alla pace sia per gli ebrei, sia per i musulmani sta nel parlarsi e nel discutere dei problemi comuni, nutrendo mutua fiducia nel dialogo paziente e sincero.

Il terzo scopo che il Papa si era prefisso era di esprimere in modo netto e senza ambiguità la posizione della Santa Sede sul problema israelo-palestinese. Così il Papa ha parlato della formazione di due Stati – Israele e Palestina – con confini ben definiti e internazionalmente riconosciuti; quindi del diritto ad avere un proprio Stato sia per gli ebrei sia per i palestinesi, e della possibilità che i palestinesi, nei limiti e nelle modalità consentiti del diritto internazionale, possano accedere per lavoro o per motivi familiari allo Stato d'Israele. Parimenti, gli ebrei hanno diritto a vedere riconosciuto universalmente lo Stato d'Israele come loro patria e possono contare sulla ferma determinazione dei cattolici perché l'antisemitismo sia combattuto ovunque nel mondo, l'orribile crimine della *Shoah* non sia mai dimenticato né più si ripeta, ma anzi si edifichino con gli ebrei ponti di amicizia duratura, ricordando di essere rami dello stesso albero di olivo, nutriti dalle stesse radici e uniti dall'amore fraterno. Ciò richiede che siano abbattuti tutti i «muri»: quelli di cemento insieme a quelli della sfiducia e dell'odio. In conclusione, Benedetto XVI, con grande coraggio, ha gettato nei solchi della Terra Santa, semi di pace. Dio voglia che riescano a germogliare.

PAPA FRANCESCO: DALLA TERRA SANTA ALLA SANTA SEDE*

GianPaolo Salvini S.I.

A 50 anni dalla storica visita di Paolo VI in Terra Santa (4-6 gennaio 1964), Papa Francesco ha voluto effettuare lo stesso pellegrinaggio, incontrando anch'egli il Patriarca ecumenico, Bartolomeo, da cui è partito l'invito, come già Paolo VI aveva incontrato l'allora Patriarca ecumenico Athenagoras.

Inutile dire che un viaggio religioso e pastorale come è quello in Terra Santa si è caricato anche di simboli, di incontri dal sapore non soltanto spirituale ed ecumenico, ma pure politico e di auspicio di pace in una regione tanto tormentata. È una terra che già da sola parla con la sua storia, i suoi monumenti e le sue presenze. Tutto il viaggio si è svolto all'insegna del dialogo e dell'invocazione della pace. Non per nulla il Papa ha voluto avere con sé nel viaggio due amici argentini, il rabbino Abraham Skorka[1] e il dottor Omar Abboud, già segretario del Centro islamico di Argentina. Il gesto voleva evidentemente dimostrare che è possibile «camminare insieme» e dialogare anche nella Terra Santa, pur appartenendo a religioni diverse. E compiere nuovi passi sulla via della pace in spirito di amicizia.

Il viaggio

Papa Francesco è partito da Fiumicino alle 8,15 di sabato 24 maggio, arrivando all'aeroporto di Amman, in Giordania, alle 13,00, ora locale, accolto da una piccola folla e da varie autorità religiose, tra le quali il nunzio apostolico in Giordania e Iraq, mons. Giorgio Lingua, il patriarca latino di

---

* Titolo originale: «Papa Francesco in Terra Santa. L'invocazione per la pace in Vaticano».

1. Cfr A. SPADARO, *Il Papa, il Rabbino, la Terra Santa. Intervista ad Abraham Skorka*, in *Civ. Catt.* 2014 II 359-393.

   © La Civiltà Cattolica 2014 II 575-584 | 3936 (21 giugno 2014)

Gerusalemme, mons. Fouad Twal, e il custode di Terra Santa, il francescano p. Pierbattista Pizzaballa, ai quali altri si sono aggiunti. In corteo poi il Papa si è diretto al palazzo reale Al-Husseini per una visita di cortesia al re Abdullah II bin Hussein e alla regina Rania. Nel pomeriggio ha celebrato la Messa nello stadio di Amman, intrattenendosi poi con i rifugiati e i giovani disabili.

Nell'incontro con re Abdullah II, il Papa, dopo i ringraziamenti per l'accoglienza ricevuta, ha subito parlato dei tanti profughi palestinesi, iracheni e soprattutto siriani, ma anche di altri Paesi, che in Giordania hanno trovato rifugio. Un'accoglienza – ha detto il Papa – che merita la stima e il sostegno della comunità internazionale. Papa Francesco ha elogiato gli sforzi delle autorità per trovare le vie di una vera pace in tutta la regione e l'impegno per una pacifica convivenza tra fedeli di religioni diverse, in particolare tra musulmani, cristiani ed ebrei. Il Governo locale ha promosso anche iniziative di dialogo interreligioso e una «Settimana di armonia tra le religioni», annuale, proposta inizialmente dalla Giordania alle Nazioni Unite.

Il Papa ha poi salutato le comunità cristiane presenti nel Paese fin dall'età apostolica. Pur essendo oggi numericamente minoritarie, «esse offrono il loro contributo per il bene comune della società nella quale sono pienamente inserite»[2]. «I cristiani si sentono e sono cittadini a pieno titolo e intendono contribuire alla costruzione della società insieme ai loro concittadini musulmani, offrendo il proprio specifico apporto».

Anche il Re, nel suo saluto, aveva toccato gli stessi argomenti, elogiando Papa Francesco come uomo del dialogo: «Oltre a essere il successore di san Pietro, lei è diventato una coscienza per il mondo intero. Sin dall'elezione ci ha ricordato con le parole e con i fatti che Pontefice significa costruttore di ponti», e ha ricordato che anche i giordani stanno costruendo ponti.

Allo stadio, dove il Papa ha celebrato la Messa, è stato accolto dalla folla, tra la quale erano presenti molti rifugiati dei campi profughi e 1.400 bambini che hanno ricevuto la Prima Comunione nel corso della celebrazione. Nell'omelia il Papa ha parlato dello Spirito Santo promesso da Gesù e si è soffermato ancora una volta sul tema della pace: «La pace non si può comperare, non si vende. La pace è un dono da ricercare pazientemente e costruire "artigianalmente" mediante piccoli e grandi gesti che coinvolgono la nostra vita quotidiana. Il

---

2. Le citazioni di questo discorso in *Oss. Rom.*, 25 maggio 2014, 8.

cammino della pace si consolida se riconosciamo che tutti abbiamo lo stesso sangue e facciamo parte dello stesso genere umano»[3].

Al termine della cerimonia Papa Francesco si è recato in auto al sito in cui una tradizione colloca il luogo del battesimo di Gesù da parte di Giovanni Battista. Qui ha lanciato un nuovo appello per la pace, e in particolare per la pace in Siria, denunciando la vendita di armi a chi fa la guerra. «Ecco la radice del male! L'odio e la cupidigia del denaro nelle fabbriche e nelle vendite delle armi [...]. Pensiamo e dal nostro cuore diciamo anche una parola per questa povera gente criminale, perché si converta».

Il giorno seguente, domenica, la giornata del Papa non è stata meno intensa. Al mattino si è recato a Betlemme, dove ha salutato il presidente palestinese Mahmoud Abbas e le altre autorità palestinesi, e poi si è spostato verso la piazza della Mangiatoia, dove avrebbe celebrato la Messa. Mentre il corteo transitava a ridosso del muro che separa la zona palestinese dallo Stato di Israele circondando quasi interamente Betlemme, il Papa ha fatto fermare la propria macchina e si è accostato alla barriera di cemento, pregando intensamente per alcuni minuti, e appoggiandovi poi la fronte, quasi a condividere le sofferenze del popolo palestinese. Ha poi ripreso il viaggio fra le acclamazioni della folla presente, che ha percepito la vicinanza espressa dal gesto.

Significativa la presenza di rappresentanze delle altre Chiese di Terra Santa: greco ortodossa, copta ortodossa, etiopica ortodossa, siro ortodossa, apostolica armena, russo ortodossa, romeno ortodossa, nonché rappresentanti anglicani e luterani. Erano presenti fedeli provenienti da tutta la Palestina. Nell'omelia il Papa ha riflettuto sul mistero del Dio bambino, fragile come tutti i neonati, che non sa neppure parlare anche se è la Parola stessa fatta carne. «Purtroppo, in questo mondo che ha sviluppato le tecnologie più sofisticate, ci sono ancora tanti bambini in condizioni disumane, che vivono ai margini della società o nelle zone rurali. Tanti bambini sono ancora oggi sfruttati, maltrattati, schiavizzati, oggetto di violenza e di traffici illeciti. Troppi bambini oggi sono profughi, rifugiati, a volte affondati nei mari, specialmente nelle acque del Mediterraneo. Di tutto questo noi ci vergogniamo oggi davanti a Dio, a Dio che si è fatto Bambino».

3.   Testo di questo e dei successivi discorsi in *Oss. Rom.*, 26-27 maggio.

Dopo la Messa il Pontefice ha rivolto al presidente palestinese l'invito a recarsi a Roma, nella casa del Papa, per un momento di preghiera comune per la pace: «Offro la mia casa in Vaticano per ospitare questo incontro di preghiera». L'invito è stato poi rinnovato anche al presidente israeliano Shimon Peres durante la cerimonia di benvenuto in Israele all'aeroporto di Tel Aviv. Come è noto, i due Presidenti hanno accettato l'invito. Dell'incontro di preghiera riferiremo al termine dell'articolo.

Nel pomeriggio il Papa, dopo una visita privata alla grotta della Natività, si è recato al campo profughi di Dheisheh, alla periferia di Betlemme, che ospita profughi palestinesi, specialmente bambini, che lo hanno accolto molto festosamente offrendogli centinaia di disegni, espressione della loro sofferenza e della loro povertà. Il Patriarca Fouad Twal, del resto, accogliendo il Papa nella grotta di Betlemme, aveva sottolineato l'armonia tra la persona di Papa Bergoglio e il suo modo di parlare al mondo e anche ai bambini, tanti dei quali in Palestina non hanno più casa: «Tanti sono oggi i bambini e i ragazzi amici di Gesù, che sentono oggi le stesse parole dette a Maria e Giuseppe, che "non c'è posto per loro nell'albergo". I nostri giovani hanno sperimentato, sulle orme del Divino Bambino, l'emigrazione, la fame, il freddo. Sono stati privati di un pezzo di pane! Sono affamati: affamati di più giustizia, di pace e sono desiderosi di una casa, di un *hogar* che li accolga. Non sono ancora finiti gli Erodi moderni, che hanno più paura della pace che della guerra».

Nel pomeriggio della domenica Papa Francesco si è trasferito all'aeroporto di Tel Aviv, dove si è svolta la cerimonia di benvenuto in Israele. Il Papa è stato accolto dal presidente Shimon Peres e dal primo ministro Benjamin Netanyahu. Ambedue lo hanno salutato come uomo di pace. «Lei arriva con grandi speranze – ha detto Shimon Peres –, con valori di amicizia e di rispetto per il prossimo. [...] L'identificazione con i poveri, con i sofferenti è ciò che potrà aiutare l'essere umano a migliorare la sua situazione». E ha riconosciuto che il Papa sta costruendo ponti e ottimi rapporti fra popoli che fino a oggi sono stati nemici tra loro. Ha poi ringraziato il Pontefice «per le sue prese di posizione, sempre e comunque, davanti a qualsiasi atto di antisemitismo, come ieri a Bruxelles nei confronti di persone innocenti» (a Bruxelles, il giorno precedente, vi era stato un grave attentato alla sede del Museo ebraico con tre morti). Gli ha fatto eco il premier Netanyahu, affermando che Papa Francesco porta con sé la riconciliazione e la pace dei cristiani nel mondo e anche di coloro che non sono cristiani, ma che sono influenzati dal suo spirito.

Papa Francesco, rispondendo ai saluti, ha ricordato il carattere unico della Terra Santa, dove «sono accaduti i principali eventi legati alla nascita e allo sviluppo delle tre grandi religioni monoteiste, l'Ebraismo, il Cristianesimo e l'Islam; perciò essa è punto di riferimento spirituale per tanta parte dell'umanità. Auspico dunque che questa Terra benedetta sia un luogo in cui non vi sia alcuno spazio per chi, strumentalizzando ed esasperando il valore della propria appartenenza religiosa, diventa intollerante e violento verso quella altrui». «Pertanto – ha detto il Papa – rinnovo l'appello che da questo luogo rivolse Benedetto XVI: sia universalmente riconosciuto che lo Stato d'Israele ha il diritto di esistere e di godere pace e sicurezza entro confini internazionalmente riconosciuti. Sia ugualmente riconosciuto che il Popolo palestinese ha il diritto a una patria sovrana, a vivere con dignità e a viaggiare liberamente. La "soluzione dei due Stati" diventi realtà e non rimanga un sogno».

Papa Francesco ha ricordato poi la tragedia della *Shoah*: «tragedia che rimane come simbolo di dove può arrivare la malvagità dell'uomo [...]. Prego Dio che non accada mai più un tale crimine, di cui sono state vittime in primo luogo ebrei e anche tanti cristiani e altri. Sempre memori del passato, promuoviamo un'educazione in cui l'esclusione e lo scontro lascino il posto all'inclusione e all'incontro, dove non ci sia posto per l'antisemitismo, in qualsiasi forma si manifesti, e per ogni espressione di ostilità, discriminazione o intolleranza verso persone e popoli».

Successivamente il Papa è arrivato a Gerusalemme, per uno degli incontri più importanti, quello con il Patriarca di Costantinopoli Bartolomeo. I due pastori si sono incontrati nel Santo Sepolcro, cuore della cristianità, ma anche drammatico simbolo delle sue divisioni, perché ogni centimetro del luogo sacro è accuratamente diviso tra le varie confessioni cristiane (greco ortodossa, armeno apostolica, e cattolica) sin dal tempo dell'impero ottomano, che ne decise la spartizione nel 1852, con un «firmano» che pose (quasi) fine alle liti.

Il Papa è stato accolto dal Patriarca greco ortodosso di Gerusalemme, Teofilo; dal Patriarca armeno apostolico Nourhan; dal custode di Terra Santa, p. Pierbattista Pizzaballa. Il Papa e il Patriarca di Costantinopoli hanno raggiunto l'edicola dell'Anastasi (la Risurrezione), dove si sono scambiati l'abbraccio, recitando insieme (solo loro due) il Padre Nostro. Poi hanno ascoltato tutti gli altri, che hanno pure recitato la preghiera di Gesù, hanno sostato dinanzi alla tomba dove fu deposto il Signore e hanno benedetto i presenti, salendo poi la scalinata che sale al Calvario.

Da un punto di vista simbolico, questo è stato uno dei momenti più significativi, vissuto da tutti come un passo avanti verso la sognata e difficile meta dell'unità dei cristiani, ripetendo i gesti di Paolo VI e di Athenagoras, che si erano abbracciati sul Monte degli Ulivi. Il Papa e il Patriarca del resto si erano già incontrati per un ampio colloquio nel primo pomeriggio nella sede della delegazione apostolica. Al termine è stata firmata una lunga dichiarazione comune nella quale si ripercorrono le tappe sinora compiute verso la piena unità e se ne auspica la continuazione.

Nella mattina di lunedì 26 maggio il Papa si è recato alla spianata delle Moschee, dove ha visitato la moschea nella Cupola della Roccia (a piedi scalzi, in segno di rispetto), incontrando poi la comunità musulmana. Rispondendo ai saluti rivoltigli dal gran muftì di Gerusalemme Sheikh Muhamad Ahmad Hussein e dal presidente del Consiglio supremo musulmano, il Papa ha parlato specialmente della figura di Abramo, pellegrino in quelle terre e nel quale ebrei, cristiani e musulmani riconoscono, anche se in modo diverso, un padre nella fede e un esempio da imitare. «Lavoriamo insieme per la giustizia e la pace» e «nessuno strumentalizzi per la violenza il nome di Dio».

Ha poi visitato il cosiddetto «muro del Pianto», cioè il muro occidentale di Gerusalemme, davanti al quale ha pregato, deponendo poi, come Giovanni Paolo II e Benedetto XVI, una sua preghiera nelle fessure del muro (il Padre Nostro in castigliano, «nella lingua in cui l'ho imparato da mia madre»). È poi passato al Monte Herzl per deporre una corona in omaggio ai caduti israeliani e, con un fuori programma analogo a quello del muro di Betlemme, per sostare davanti alla lapide in memoria delle vittime del terrorismo, che il Papa ha bollato come «un male perché nasce dall'odio, non costruisce, ma distrugge».

Una visita il Pontefice ha poi compiuto al memoriale-museo di *Yad Vashem*, costruito in memoria dei sei milioni di vittime dell'Olocausto, dove, anziché fare un discorso, ha recitato un'accorata preghiera a Dio, dai toni biblici, concludendo: «Dacci la grazia di vergognarci di ciò che, come uomini, siamo stati capaci di fare, di vergognarci di questa massima idolatria. Di aver disprezzato e distrutto la nostra carne, quella che tu impastasti dal fango, quella che tu vivificasti col tuo alito di vita. Mai più, Signore, mai più! "Adamo dove sei?". Eccoci, Signore, con la vergogna di ciò che l'uomo, creato a tua immagine e somiglianza, è stato capace di fare». Il Papa ha incontrato anche sei sopravvissuti ai campi di sterminio, a ciascuno dei quali, rovesciando per così dire la consuetudine, ha baciato le mani.

Si è poi recato alla sede del Gran Rabbinato di Israele, accolto dal gran rabbino ashkenazita Yona Metzger e da quello sefardita Shlomo Amar. Papa Francesco ha ricordato i numerosi amici ebrei sui quali ha potuto contare sin dal tempo della sua vita a Buenos Aires e quanto lega il cattolicesimo all'ebraismo: «Non si tratta solamente di stabilire, su di un piano umano, relazioni di reciproco rispetto: siamo chiamati, come cristiani ed ebrei, ad interrogarci in profondità sul significato spirituale del legame che ci unisce. Si tratta di un legame che viene dall'alto, che sorpassa la nostra volontà e che rimane integro. [...] Da parte cattolica vi è certamente l'intenzione di considerare appieno il senso delle radici ebraiche della propria fede. Confido, con il vostro aiuto, che anche da parte ebraica si mantenga, e se possibile si accresca, l'interesse per la conoscenza del cristianesimo anche in questa terra benedetta in cui esso riconosce le proprie origini».

È seguito un incontro di carattere quasi familiare con il presidente Peres, con il quale Papa Francesco ha piantato un ulivo nel giardino del palazzo presidenziale. Al momento di accommiatarsi, il Pontefice ha ringraziato il presidente Peres dicendo: «Vorrei inventare una nuova beatitudine, che applico oggi a me in questo momento: "Beato colui che entra nella casa di un uomo saggio e buono". Ed io mi sento beato. Grazie di vero cuore». Ha poi avuto un colloquio con il primo ministro Netanyahu al Pontificio Istituto *Notre Dame* di Gerusalemme. In seguito è andato al Monte degli Ulivi e al Getsemani, dove ha incontrato sacerdoti, religiosi e religiose. Ha chiuso la giornata la Messa celebrata con gli ordinari di Terra Santa nel luogo in cui una tradizione ritiene che Gesù abbia celebrato l'ultima Cena, il Cenacolo.

Infine il Papa si è recato all'aeroporto, per imbarcarsi sull'aereo che lo ha portato a Ciampino, giungendovi verso le 23,00.

Alcuni commenti

Le tre intense giornate che Papa Francesco ha dedicato alla sua visita si sono svolte all'insegna del pellegrinaggio religioso e della pace, un filo conduttore presente in ogni suo intervento, né poteva essere diversamente. In una terra dove il suono delle armi è purtroppo consueto, il Papa è arrivato armato soltanto della sua presenza, della sua fede, della sua parola e dei gesti simbolici che ha voluto compiere.

I discorsi, di cui abbiamo riportato alcuni brani, sono stati toccanti anche per i luoghi in cui sono stati pronunciati, carichi di storia, di fede e di sanguinose tragedie. Il Papa ha parlato sempre in italiano, come sua consuetudine; poche volte ha usato il castigliano. Ma, come è nel suo stile, è stato in alcuni momenti più efficace con i suoi gesti che con le parole, destinate alle volte a perdersi in un mondo come il nostro, saturo di discorsi.

L'eco del viaggio papale è stata mondiale, ma sono stati i gesti a essere particolarmente sottolineati anche dai media, sia che rientrassero nel programma sia che fossero improvvisati dal Papa. Così la sosta non programmata al muro che divide Israele dai territori palestinesi, la visita al memoriale delle vittime del terrorismo sul Monte Herzl, a Gerusalemme e l'omaggio ai caduti israeliani, il commovente incontro con i superstiti della *Shoah*, l'abbraccio davanti al muro occidentale con il rabbino Skorka e il leader musulmano Abboud, l'incontro ecumenico con i rappresentanti delle altre Chiese e confessioni cristiane e di altre religioni, l'invito rivolto ad Abbas e a Peres per l'incontro di preghiera in Vaticano e così via.

Molte testate hanno proposto dei riassunti del viaggio in forma di album fotografico, non soltanto usando materiale fornito dalle agenzie specializzate, ma avvalendosi anche di foto e filmati prelevati da *accounts*, *twitters* personali di giornalisti, di testimoni presenti ecc.

A tutti e tre i capi di Stato – re Abdullah II, Abu Mazen e Shimon Peres – il Papa ha detto: «Lei è un uomo di pace», accomunandoli nella responsabilità e invitandoli così a continuare gli sforzi per la pace.

Nei ripetuti incontri con il Patriarca Bartolomeo, Papa Francesco ha espresso visibilmente la volontà di superare lo scandalo della divisione fra i cristiani, che dura da tanti secoli e che contrasta apertamente con le parole di Gesù. Secondo la visione dinamica tipica di Papa Francesco, «l'unità si fa nella strada, l'unità è un cammino. Noi non possiamo mai fare l'unità in un congresso di teologia».

Il Pontefice, oltre a mostrare attenzione per tutte le forme di sofferenza, ben visibili anche nella Terra Santa, ha sottolineato con i suoi gesti il legame tra ecumenismo e dialogo interreligioso, ambedue necessari se si vuole testimoniare l'amore alla pace e far sì che le religioni diano un vero contributo alla sua costruzione. Ma, come ha sottolineato il card. Pietro Parolin, segretario di Stato, che ha partecipato al viaggio, il Papa ha voluto ricordare che l'arma della fede è soprattutto la preghiera. A ciascuno dei capi di Stato, in forma quasi colloquiale, il Papa ha chiesto di pregare per lui.

L'Incontro di preghiera dell'8 giugno in Vaticano

L'8 giugno, domenica di Pentecoste, il viaggio di Papa Francesco in Terra Santa ha avuto in certo senso il suo compimento con l'annunciato «Incontro di preghiera per la pace», svoltosi in Vaticano, con la presenza del presidente Shimon Peres e del presidente Mahmud Abbas, ai quali il Pontefice aveva rivolto l'invito durante il viaggio. All'incontro Papa Francesco ha invitato anche il Patriarca Bartolomeo.

L'evento è iniziato nel pomeriggio a Santa Marta, dando quindi all'incontro un carattere di familiarità, e ribadendo così anche visivamente che la pace parte dai piccoli gesti quotidiani. Il Pontefice ha ricevuto separatamente i due Presidenti, con i quali si è intrattenuto a colloquio. Successivamente si sono trasferiti su un raccolto prato triangolare nei giardini vaticani, difeso da alte siepi e situato presso la Casina Pio IV, sede della Pontificia Accademia delle Scienze.

Il Papa ha preso posto tra i due Presidenti, con il Patriarca Bartolomeo a lato in una sede distinta, mentre le delegazioni si sono disposte lungo i lati del prato. Inframmezzati da interludi musicali, sono stati letti testi di preghiera per la pace da ciascuna delle tre delegazioni, nell'ordine cronologico delle tre religioni: prima il momento dell'ebraismo (con testi in ebraico), poi il momento cristiano (con testi in inglese, italiano e arabo) e infine quello musulmano (con testi in arabo). I tre momenti di preghiera erano chiaramente distinti, con preghiere della propria religione, anche per evitare ogni impressione di sincretismo, ma con uno stesso schema in tutti e tre gli interventi delle tre religioni: un momento di ringraziamento per la creazione, poi un momento di richiesta di perdono, poi un'invocazione per la pace.

Sono seguiti i tre interventi, rispettivamente del Papa, di Peres e di Abbas, che hanno pure formulato una loro preghiera per la pace. Era previsto a questo punto un gesto di pace, come una stretta di mano, ma i quattro protagonisti hanno preferito anche abbracciarsi, visibilmente commossi. Hanno poi piantato insieme un ulivo, un rito usuale in queste occasioni, e poi i quattro protagonisti hanno ricevuto il saluto di tutti i membri delle tre delegazioni. Ha concluso l'evento un incontro riservato, non seguito cioè dai giornalisti, nella Accademia delle Scienze. Poi i due Presidenti hanno lasciato il Vaticano, mentre il Papa e il Patriarca si sono ritirati a Santa Marta.

L'incontro ha avuto ampia risonanza in tutto il mondo. Non è stato un incontro politico, come dimostrava anche la totale assenza di bandiere, ma di invocazione a Dio per il dono della pace. Il Papa voleva che, senza nulla togliere ai compiti della politica, si elevasse lo sguardo più in alto, si compisse un gesto forte per portare pure nella politica un respiro ampio, di visione dall'alto, che aiutasse anche spiritualmente a rimettere in moto il processo di pace e avesse un impatto sull'opinione pubblica, anche se non sarà da questo gesto che nascerà improvvisamente la sospirata pace. Non si è trattato di una preghiera interreligiosa, ma di un'invocazione di pace che cristiani, israeliani e palestinesi hanno elevato a Dio: israeliani e palestinesi, che sono ebrei, cristiani e musulmani (e anche di altre religioni).

Dei testi pronunciati vorremmo ricordare soltanto due frasi di Papa Francesco: «Per fare la pace ci vuole coraggio, molto più che per fare la guerra»; e: «La storia ci insegna che le nostre sole forze non bastano. [...], invochiamo Dio come atto di suprema responsabilità». Quanto al coraggio, occorre sottolineare anche quello dei due Presidenti, che hanno accettato l'invito, sfidando una parte della loro opinione pubblica. In ogni caso è stato un incontro di grande valore simbolico, che pone in primo piano il ruolo della religione anche nella costruzione della pace.

IL TEMPIO E LE CHIESE

LE DISTRUZIONI DEL TEMPIO

Pino Di Luccio S.I.

Secondo il Vangelo di Giovanni, quando Gesù in prossimità di una Pasqua ebraica cacciò i venditori dal Tempio, menzionò l'ultimo versetto del libro di Zaccaria, profetizzando la sorte escatologica di Gerusalemme e del luogo santo[1]. Per i Vangeli sinottici, invece, Gesù spiegò il suo gesto richiamando lo scopo del Tempio e, citando il rimprovero del profeta Geremia ai suoi contemporanei, disse ai venditori di aver fatto del luogo santo «un covo di banditi» (*hymeis de auton poieite spēlaion lēistōn*)[2].

Il comportamento e le parole di Gesù furono compresi dopo la distruzione del Tempio. Ma già prima di quell'evento tragico i discepoli avevano fatto esperienza della resurrezione di Gesù ed erano in grado di comprendere il senso delle «ripetizioni» delle profezie nelle sue parole. Per i contemporanei di Gesù la menzione della profezia di Geremia avrebbe potuto essere intesa come un riferimento alla sorte del luogo santo, e aver ricordato la prima distruzione del Tempio, con gli episodi che a quell'epoca caratterizzarono la storia del regno di Giuda e la vicenda personale del profeta del settimo secolo a. C.[3].

La distruzione del «primo» Tempio

La vocazione di Geremia, figlio di Chelkia – «uno dei sacerdoti che dimoravano ad Anatòt» – risale al 627/626 a. C., quando Giosia

---

1. Cfr *Gv* 2,16 con *Zc* 14,21.
2. Cfr *Mt* 21,13; *Mc* 11,17; *Lc* 19,46 con *Is* 56,7; *Ger* 7,11. Il termine greco *lēistēs* vuol dire «ladro», «bandito» e «rivoluzionario», «cospiratore». In *Mt* 27,38 e *Mc* 15,27 questo termine designa i due «ladroni» che furono crocifissi con Gesù.
3. Per l'istituzione del Tempio, cfr R. DE VAUX, *Le Istituzioni dell'Antico Testamento*, Torino, Marietti, 1964, 311-328.

(639-609 a. C.) regnava su Giuda[4]. All'inizio, per lo meno, Geremia fu favorevole alle imprese di Giosia[5]. Grazie all'indebolimento dell'impero assiro, il re di Giuda aveva intrapreso con successo campagne militari animate da una graduale riforma religiosa che culminò nella proclamazione della legge deuteronomica[6]. La purificazione del culto da elementi stranieri fu un'occasione per rafforzare la coscienza dell'identità nazionale e il processo d'indipendenza politica. Nel 622 a. C., dopo aver proclamato l'indipendenza, Giosia riconquistò il territorio di Giuda e una buona parte dell'antico regno di Israele. Animato dallo spirito nazionalista del bisnonno Ezechia, se non fosse stato per gli interessi delle potenze straniere, forse Giosia sarebbe riuscito a ricostruire il regno di Davide e di Salomone. Di fatto, però, in quel periodo l'indipendenza del regno di Giuda era limitata, e al giogo dell'Assiria si era sostituito quello dell'Egitto.

In un primo tempo l'Assiria si era alleata con l'Egitto, al quale aveva promesso la sovranità sulla Siria, sul territorio di Giuda e su quelli contigui. Quest'alleanza era però fragile come la consistenza degli alleati. Nel 612 a. C. con un attacco congiunto i babilonesi e i medi sconfissero l'esercito assiro ed espugnarono Ninive. Tre anni dopo, in seguito a una nuova alleanza tra il faraone Necao II (610-595 a. C.) e il re assiro Assuruballit (611-606 a. C.), l'esercito egiziano si spinse verso nord con l'intenzione di occupare i territori sui quali vedeva incombere la presenza dell'impero babilonese e dei medi. Giosia fu ucciso in questa occasione, a Meghiddo[7]. I fatti che seguirono mostrano come Giuda fosse vassallo dell'Egitto. Necao depose dal trono il figlio di Giosia, Sallum (Ioacàz), e lo condusse prigioniero in Egitto[8]. Al suo posto nominò il fratello maggiore Ioiakìm (609-598 a. C.), che in precedenza era stato scavalcato a

---

4.   Cfr *Ger* 1,1-10; 25,3. Sulla vocazione di Geremia e la vocazione profetica, cfr P. Bovati, «*Così parla il Signore*». *Studi sul profetismo biblico*, Bologna, Edb, 2008, 53-104.

5.   Cfr J. L. Sicre, *Profetismo in Israele*, Roma, Borla, 1995, 333 s.

6.   Cfr *2 Re* 22-23; *2 Cr* 34-35; S. Herrmann, *Storia d'Israele*, Brescia, Queriniana, 1979², 356.

7.   Cfr *2 Re* 23,29-30.

8.   Cfr *Ger* 22,10-12.

causa delle sue tendenze filo-egiziane[9]. Proprio all'inizio del regno di Ioiakìm, Geremia pronunciò «il discorso del Tempio» col quale condannava la fiducia di chi si recava al luogo santo senza obbedire ai comandi del Signore, e parlò della distruzione di Gerusalemme[10].

La profezia di Geremia cominciò a realizzarsi nel 605 a. C., quando il babilonese Nabucodònosor (605-562 a. C.), mentre suo padre Nabopolassar (626-605 a. C.) era malato, sconfisse il faraone e le sue truppe a Càrchemis[11]. L'anno seguente, diventato re con pieni poteri, Nabucodònosor conquistò Ashkelon e tre anni dopo arrivò fino ai confini con l'Egitto. In una di queste circostanze dichiarò ufficialmente lo stato di vassallaggio di Giuda. Ioiakìm preferì però rimanere fedele all'Egitto e rifiutò di pagare il tributo provocando la reazione di Nabucodònosor. Quando questi arrivò a Gerusalemme, nel 598 a. C., Ioiakìm era già morto. L'anno seguente Nabucodònosor deportò a Babilonia il figlio di Ioiakìm, Ioiakìn, che gli aveva opposto resistenza per qualche mese[12], e nominò re di Giuda Sedecìa (597-587 a. C.), il quale insieme ad altre famiglie e dignitari di corte aveva accettato il giogo del nuovo impero[13].

9. Cfr *2 Re* 23,28-35.

10. Cfr *Ger* 7,1-15; 26,1-19. Con Ioiakìm il regno di Giuda tornò nelle condizioni in cui si trovava sotto l'Assiria, soprattutto per quanto riguardava l'introduzione di culti Cfr *Ger* 7,1-15; 26,1-19. Con Ioiakìm il regno di Giuda tornò nelle condizioni in cui si trovava sotto l'Assiria, soprattutto per quanto riguardava l'introduzione di culti stranieri e il dilagare dell'ingiustizia. Nell'atrio del Tempio costruito da Salomone (cfr *1 Re* 6; *2 Cr* 3,1-14), Geremia dichiarò che senza conversione il luogo santo sarebbe diventato come quello di Silo e la città una maledizione per tutti i popoli della terra. I sacerdoti, i profeti e tutto il popolo decisero che Geremia doveva morire perché aveva profetizzato queste cose (cfr *Ger* 26,1-15).

11. Cfr *Ger* 46,1-12. Al tempo di questa battaglia si fa risalire la predizione della sciagura che Geremia vedeva abbattersi su Giuda e sull'Egitto (cfr Ger 25). Il profeta inscenò un'azione simbolica rompendo un vaso di terracotta e preannunciando così l'invasione dei babilonesi come una punizione per i peccati di Giuda (cfr *Ger* 19,1-2). In questo periodo Geremia con l'aiuto del segretario Baruc mise per iscritto le sue profezie e gliele affidò perché le leggesse nel Tempio (cfr *Ger* 36).

12. Tra i deportati del 597 a. C. insieme al re Ioiakìn e a sua madre c'erano tutta la corte, i capi e i notabili con le rispettive famiglie (cfr *Ger* 52,28-30) e il profeta Ezechiele.

13. Cfr *2 Re* 24,17. Sedecìa era zio di Ioiakìn, fratello di Ioacàz (Sallum) e di Ioiakìm, e figlio di Giosia.

Col passare del tempo Sedecìa si fece influenzare da gruppi di profeti che lo istigavano a opporsi ai babilonesi[14]. L'occasione della rivolta si presentò nel 594 a. C., quando l'impero babilonese fu scosso da una serie di disordini. Allora anche alcuni Stati confinanti con quello di Giuda formarono un'alleanza anti-babilonese e, forti delle promesse di aiuto del faraone Psammetico II (595-589 a. C.), si dichiararono pronti alla guerra. La conferenza internazionale che tramava la sommossa fu convocata a Gerusalemme[15]. Sedecìa però alla fine non vi aderì, forse per intervento del profeta Geremia che camminava per le vie della città con un giogo al collo[16].

Qualche anno dopo, nel 589 a. C., quando il partito filo-egiziano sotto il nuovo faraone Cofra (589-568 a. C.) divenne più forte, il re di Giuda si rifiutò di pagare il tributo a Nabucodònosor, e questi intervenne inviando un esercito capeggiato da Nebuzardàn. L'Egitto accorse in aiuto a Sedecìa ma senza successo[17]. Nabucodònosor stesso attaccò Gerusalemme, e il 19 luglio del 587 a. C. gli assediati capitolarono. Un mese dopo il Tempio fu distrutto, le mura della città furono abbattute e i sopravvissuti furono deportati, tranne chi si era opposto alla rivolta e chi apparteneva a fasce poco influenti della popolazione locale[18]. Il luogo santo condivise la sorte di Gerusalemme, e gli abitanti della città parteciparono – in un certo senso e in diversi modi – alla sorte del Tempio.

---

14. Cfr *Ger* 28.

15. Cfr *Ger* 27,3.

16. Cfr *Ger* 27-28. In questo periodo il profeta mandò una lettera agli esiliati invitandoli a non nutrire illusioni a proposito di un eventuale ritorno in patria e incoraggiandoli a rimanere sottomessi al giogo dei babilonesi (cfr *Ger* 29).

17. Cfr *Ger* 37,5-12.

18. Cfr *2 Re* 25; *Ger* 52. Il re Sedecìa con i suoi più stretti collaboratori tentò la fuga di notte verso il deserto di Giuda, ma fu raggiunto nei pressi di Gerico e, dopo aver assistito all'uccisione dei figli, fu accecato e portato prigioniero a Babilonia. Per l'amministrazione della provincia di Giuda fu nominato governatore Godolia (587-582 a. C.). Questi fu poi ucciso da Ismaele, che forse apparteneva alla stirpe di Davide. I capi militari per paura di essere coinvolti in nuove guerre, emigrarono in Egitto, e Geremia fu costretto a emigrare con loro (cfr *Ger* 41,17-43,7).

Eventi precedenti alla distruzione del «secondo» Tempio

Il «secondo» Tempio fu ricostruito, con un po' di ritardo, dopo il ritorno dall'esilio babilonese[19]. La dedicazione, nel 515 a. C., fece seguito alla ricostruzione delle case dei rimpatriati e alla maturazione della decisione del popolo e dei suoi capi di rimanere fedeli alla parola di Dio e all'Alleanza, per ottenere un futuro di benedizione e di vita. Nel 164 a. C., dopo la profanazione di Antioco IV Epifane, il Tempio fu dedicato di nuovo[20].

La distruzione di questo «secondo» Tempio fu conseguenza di eventi che ebbero luogo dopo la morte di Gesù, ma che erano cominciati durante la sua vita[21]. Gruppi di rivoltosi, come quelli sorti dopo il censimento di Quirino, si unirono e combattevano per la libertà e l'indipendenza nazionale[22]. Come al tempo di Giosia – e all'epoca della rivolta dei Maccabei – alla lotta per l'indipendenza politica e alla causa nazionale si accompagnavano motivi religiosi. Nei primi decenni dopo la morte di Gesù alcuni personaggi furono protagonisti di sommosse rivendicando un ruolo messianico; tra questi «il samaritano», Teuda e «l'egiziano».

Il primo guidò una processione con l'intenzione di ripristinare il servizio del Tempio sul monte Garizim. L'iniziativa fu repressa violentemente da Pilato nel 37 d. C., e costò al prefetto la sospensione dall'incarico[23]. In quell'anno Vitellio era legato di Siria e dopo Tiberio (14-37 d. C.), che si era ritirato per un lungo tempo a Capri, divenne imperatore Gaio Caligola (37-41 d. C.). L'ordine che Cali-

---

19. Cfr *Esd* 6,15; e 1,1-11; 5,1-6,13; *Ag* 1,1-2,9. Dopo la seconda deportazione l'esilio durò mezzo secolo. Fu un tempo segnato da ricordi dolorosi ma fu anche molto produttivo, come quello che seguì la fine dell'esilio, durante la ricostruzione del Tempio. Cfr L. A. SCHÖKEL - J. L. SICRE DIAZ, *I Profeti*, Roma, Borla, 1984, 751; J. L. SKA, *Introduzione alla lettura del Pentateuco*, Bologna, Edb, 2000, 211-212 e 256; R. ALBERTZ, *Israele in esilio*, Brescia, Paideia, 2009, 20-59.

20. Cfr *1 Mac* 4,36-61; 2 Mac 10,1-8. Cfr anche *2 Mac* 1,18-36; 2,1-12.

21. All'epoca di Gesù erano in corso lavori di ampliamento dell'area del Tempio (cfr *Gv* 2,20; *Mt* 24,1 par.) cominciati per iniziativa di Erode il Grande nel 19 a. C. e forse terminati soltanto nel 63 d. C. Cfr E. SCHÜRER, *Storia del popolo giudaico al tempo di Gesù Cristo (175 a.C.-135 d.C.)*, vol. I, Brescia, Paideia, 1985, 386 s.

22. Cfr P. DI LUCCIO, «Il cambio delle sorti alla fine del processo di Gesù», in *Civ. Catt.* 2010 I 544-556; ID., «Re e "pastori" prima della nascita di Gesù», ivi, 2010 IV 552-563.

23. Cfr GIUSEPPE FLAVIO, *Antichità Giudaiche* (AG) 18, 85-89.

gola diede a Petronio, successore di Vitellio, di erigergli una statua nel Tempio di Gerusalemme, provocò una grave crisi. Il peggio fu scongiurato grazie all'intervento insistente di religiosi e personalità politiche locali presso il legato, e grazie al fatto che Petronio riuscì a prolungare l'esecuzione dell'ordine dell'imperatore fino alla morte di questi[24].

Quando Caligola fu assassinato, Agrippa I si trovava a Roma e appoggiò la nomina di Claudio (41-54 d. C.). Il nuovo imperatore perciò nel 41 d. C. concesse ad Agrippa il titolo di re e i territori passati sotto la giurisdizione del prefetto dopo la deposizione di Archelao nel 6 d. C., cioè la Giudea, la Samaria e l'Idumea.[25] In questi anni i discepoli di Gesù residenti a Gerusalemme continuavano a frequentare il Tempio[26]. Anche se i rapporti con alcuni capi si erano deteriorati, i discepoli di Gesù erano talmente coinvolti nelle vicende della città e nella storia del loro popolo che per Luca la morte di Agrippa I, nel 44 d. C., fu una punizione per il trattamento che il monarca aveva riservato ad «alcuni membri della Chiesa»: in particolare per l'uccisione di Giacomo (il Maggiore) e l'imprigionamento di Pietro[27]. Alla morte di Agrippa I, suo figlio Agrippa II

24. Nelle fonti storiche l'episodio è raccontato con qualche divergenza. Cfr PHILO, *De Legatione ad Gaium* 197-337; GIUSEPPE FLAVIO, *Guerra Giudaica* (GG) 2, 184-203; AG 18, 256-309; TACITUS, *Historiarum* 5, 9; G. THEISSEN, *The Gospels in Context. Social and Political History in the Synoptic Tradition*, Edinburgh, T&T, 1992, 137-151.

25. Nel 41 d. C. il regno di Erode Agrippa I si estendeva su tutto il territorio su cui aveva regnato suo nonno Erode il Grande. Il regno di Filippo, morto nel 34 d. C. senza lasciare eredi, era stato ceduto da Caligola a Erode Agrippa I nel 37/38 d. C., e a questi nel 39 d. C. erano passate anche la Galilea e la Perea. Il fatto di concedere il governo della Giudea a un monarca del posto, appartenente alla famiglia degli Erodi e favorevole agli ebrei (cfr AG 19, 294-311; 20, 139; m Sota 7, 8), non voleva dire che Claudio si sforzasse di ristabilire buoni rapporti con la popolazione giudaica. Nel 49 d. C., infatti, espulse da Roma gli ebrei e i giudeo-cristiani (cfr *At* 18,2).

26. Cfr *At* 2,46 s; 21,17-26. Per C. *Grappe, D'un Temple à l'autre. Pierre et l'Église primitive de Jérusalem*, Paris, Presses universitaires de France, 1992, 87-101, la prima Chiesa di Gerusalemme si sarebbe considerata il Tempio escatologico.

27. Cfr *At* 12,1-23; AG 19, 343-350. Per D. MARGUERAT, «L'évasion de Pierre et la mort du tyran (Actes 12): un jeu d'échos intertextuels», in ID. - A. CURTIS (eds), *Intertextualités. La Bible en échos*, Genève, Labor et Fides 2000, 215-236; *At* 12 è un racconto composto con riferimenti «intertestuali» a *Es* 12 e *Lc* 23-24. Nel racconto degli *Atti* il ruolo di Agrippa corrisponde a quello del faraone e di Erode Antipa (cfr *Lc* 23,6-12).

aveva soltanto diciassette anni e perciò Claudio non volle cedergli il regno[28]. La Giudea fu annessa alla provincia di Siria, l'amministrazione passò di nuovo agli ufficiali dell'impero – che non si chiameranno più «prefetti» ma «procuratori» – e comparvero altri due personaggi che rivendicavano un ruolo messianico. Teuda prometteva a una folla di seguaci il passaggio all'asciutto del fiume Giordano, come una ripetizione dei prodigi dell'Esodo[29]. Cuspo Fado (44-46 d. C.), che a quel tempo era procuratore della Giudea, fece bloccare la processione verso il Giordano e fece decapitare Teuda.

«L'egiziano», infine, convinse i suoi seguaci di poter distruggere le mura di Gerusalemme con un'azione prodigiosa che doveva aver luogo dal Monte degli Ulivi, di fronte al Tempio[30]. Poi però, quando il procuratore Felice (52-58 d. C.) decise di intervenire, fuggì.

La prima guerra giudaica e la distruzione del «secondo» Tempio

La prima guerra giudaica fu come un epilogo di questi episodi. Il fatto che fece scoppiare la rivolta va datato probabilmente sotto il procuratore Gessio Florio, dopo la morte di Claudio, mentre era legato di Siria Cestio Gallo e imperatore Nerone (54-68 d. C.). Florio, che era succeduto ad Albino nel 64 d. C., diventò complice di gruppi di briganti intascando parte dei loro bottini. Nel maggio del 66 d. C. si dimostrò incapace di sedare una sommossa scoppiata a Cesarea marittima tra la comunità dei «giudei» e quella dei gentili, e in più fece prelevare dal tesoro del Tempio una somma ingente di denaro per pagare il tributo a Nerone, provocando una sommossa popolare[31]. Il sommo sacerdote e la classe dirigente di Gerusalemme

---

28. Cfr GG 2, 220.
29. Cfr *At* 5,36; AG 20, 97-98.
30. Cfr *At* 21,38; GG 2, 261-263; AG 20, 169-172.
31. Cfr GG 2, 278-308; AG 20, 257; Tacitus, *Historiarum* 5, 10. Per Giuseppe Flavio allo scoppio della prima guerra giudaica contribuì la decisione di Eleazaro, governatore del Tempio e figlio di Ananìa, di far cessare i sacrifici per gli stranieri, e per l'imperatore, una pratica che durava dai tempi di Augusto (cfr GG 2, 409-410). Giuseppe Flavio era di stirpe sacerdotale (cfr GG 1, 1) e fu uno dei capi dei rivoltosi in Galilea (cfr GG 2, 566-568). Fu fatto prigioniero a Iotpata e accettò di passare dalla parte dei vincitori adottando il nome di Flavio in onore del generale romano (cfr GG 3, 462-542). Dopo aver collaborato coi romani – forse come traduttore

non furono più in grado di controllare i movimenti anti-romani. Nei primi scontri, a Gerusalemme e in altre città dell'entroterra, i rivoltosi raccolsero successi anche se cominciarono a dividersi in fazioni fino a scontrarsi in vere e proprie battaglie, come quella tra Menachèm ed Eleàzar ben Yaìr[32].

Nerone, viste le dimensioni della rivolta, inviò nella regione uno dei suoi migliori generali, Flavio Vespasiano. Questi arrivò da Antiochia nella primavera del 67 d. C. con sessantamila uomini e riuscì a conquistare con facilità la Galilea e il nord della Transgiordania, dove si trovavano molte città a popolazione mista[33]. A Gerusalemme, intanto, si inasprivano le divisioni tra i partiti dei ribelli[34]. La capitolazione della Giudea, a questo punto, ritardò soltanto a causa di fattori circostanziali, come le susseguenti successioni al trono imperiale dei generali Galba, Otone e Vitellio. Nel luglio del 69 d. C., quando aveva già preparato la strategia dell'assedio di Gerusalemme e aveva condotto il suo esercito fino a Gerico, Vespasiano fu nominato imperatore dalle truppe dell'Oriente. Il comando dell'esercito passò allora a suo figlio Tito. Arrivato da Alessandria[35], nel maggio del 70 d. C., Tito si rese conto che il suo compito era facilitato dalle divisioni interne dei rivoltosi[36]. Accerchiò con tre legioni le parti più vulnerabili della città, da nord e da est, e il 24 luglio del 70 d. C.

– si recò a Roma. Qui subito dopo il 70 d. C. su incarico dell'imperatore scrisse la «Guerra Giudaica», e poi nel 90 d. C. le «Antichità Giudaiche».

32. Cfr GG 2, 433-448.

33. Cfr GG 3, 64-69.

34. Dopo l'assassinio di Ananìa, per mettere fine alla successione di sommi sacerdoti non sadociti, fu scelto, tirando a sorte, un nuovo sommo sacerdote, il quale per Giuseppe Flavio era uno che a stento sapeva cos'era il sommo sacerdozio (cfr GG 2, 425-441). Anna II, figlio del suocero di Caifa, incoraggiò allora la popolazione a lottare contro gli zeloti, e questi lo eliminarono con l'accusa di essere passato dalla parte dei romani (cfr GG 4, 163-192.305-333). Per lo storico ebreo, gli zeloti prendendo «rifugio» (kataphugē) nel Tempio lo resero «sede di una tirannia» (*turanneion*). Cfr GG 4, 147-157. Per la presentazione del Tempio nella *Guerra Giudaica*, cfr B. CHILTON, *The Temple of Jesus. His Sacrifical Program Within a Cultural History of Sacrifice*, Pennsylvania, State University Press, 1992, 69-87.

35. Cfr GG 3, 1-8; 4,658-663.

36. Prima della caduta di Gerusalemme, nella città erano asserragliate tre fazioni di ribelli: una capeggiata da Iochannàn di Gìschala, un'altra da Eleàzar ben Simon, e una di moderati guidata da Simon ben Gioras. Cfr TACITUS, *Historiarum* 5, 12.

espugnò la fortezza Antonia. Il 10 agosto il Tempio fu bruciato[37]. Alla fine di settembre fu espugnata anche la città, i prigionieri furono destinati in parte ai lavori forzati e in parte ai giochi del circo, e molti furono venduti come schiavi[38].

Dopo il 70 d. C. la Giudea divenne «provincia» e fu amministrata da un legato. Ad Agrippa II – menzionato in At 25,13-26,32 – ultimo discendente degli erodi e amico dei romani, oltre all'antico regno di Filippo che già governava dal 53 d. C. e ai territori della Galilea e della Perea aggiunti da Nerone[39], fu assegnata l'amministrazione di altri distretti. Alla sua morte, nel 93 d. C., questi territori furono annessi al resto della provincia. Le redazioni dei gesti e delle parole di Gesù nel Tempio di Gerusalemme furono completate in questi anni: dopo la prima guerra giudaica, e prima della morte di Agrippa II e dell'imperatore Domiziano (81-96 d. C.). Quest'ultimo era un uomo ambizioso e crudele, e si faceva chiamare «signore e dio»[40]. Assomigliava a Nerone nelle spese per i divertimenti, nel favore poco competente per la cultura ellenistica e nelle pretese di gusti artistici. Anche sotto di lui, come durante il regno di Nerone, i cristiani dovettero far fronte a persecuzioni e

37. Cfr GG 6, 260. Nel calendario ebraico la commemorazione della distruzione del Tempio ricorre il nove (*tishà*) del mese di *Av* (luglio-agosto).

38. Nel 71 d. C. fu espugnato l'Erodion, nei pressi di Betlemme. Poi, nell'estate dell'anno seguente, fu la volta del Macheronte, sulla sponda nord orientale del Mar Morto, dove probabilmente quarant'anni prima era stato decapitato Giovanni il Battista. Iarde, un'altra fortezza nei pressi del Macheronte, cadde subito dopo, e nel 74 d. C. si concluse tragicamente la resistenza degli zeloti asserragliati a Massada (cfr GG 7, 163.210-215.320-406).

39. Cfr GG 2, 223.247.252; AG 20, 104.138.159. Agrippa II dal tempo di Claudio era anche sovrintendente del Tempio: nominava il sommo sacerdote, era custode delle sue vesti e del tesoro (cfr AG 20, 211-223).

40. Cfr Suetonius, *De vita Caesarum, Domitianus* 13, 2; Dio Cassius, *Historia Romana* 67, 4-7. Il primo successore di Vespasiano, morto il 24 giugno del 79 d. C., fu il figlio Tito, che aveva trentanove anni. Tito portò con sé a Roma settecento prigionieri — incluso Simon ben Gioras e Iochannàn di Gìschala — e il bottino di guerra che comprendeva i tesori del Tempio di Gerusalemme (cfr GG 7, 116-154). Morì all'età di quarantadue anni in seguito a una febbre e siccome aveva un'unica figlia, Giulia, il suo successore fu il fratello minore Domiziano, che prese il nome di Germanicus dopo aver sedato alcune rivolte in Germania, nell'83 d. C.

sofferenze[41]. In esse videro la realizzazione delle profezie di Gesù e sperimentarono la «ripetizione» della sua sorte.

Le profezie di Gesù sulla sorte del Tempio

Durante i primi decenni della storia delle comunità cristiane molti avvenimenti assomigliavano a quelli già trascorsi: promesse messianiche, avvicendamenti di reggenti che producevano crisi di governo, sommosse dovute a motivi religiosi e con risvolti politici, e anche la distruzione del luogo santo che il Signore si era scelto come dimora dai tempi di Salomone[42]. Dopo la resurrezione di Gesù i discepoli vissero la «ripetizione» degli avvenimenti del loro tempo in un modo nuovo. La comunione con Gesù Risorto e la partecipazione alla sua sorte fu per loro come una «ripetizione» nuova e innovativa, e la novità di ogni «ripetizione»[43]. Per questo quando il Tempio fu distrutto potevano comprendere in modo nuovo il senso della «ripetizione» delle profezie contenute nelle parole e nei gesti di Gesù, e vedere nella sorte del luogo santo una «ripetizione» di quella del suo corpo.

L'episodio cosiddetto della «purificazione» del Tempio è menzionato in tutti i Vangeli canonici. Per il quarto Vangelo, Gesù fece una frusta di cordicelle e scacciò dal Tempio tutti, con le pecore e i buoi. Rovesciò i banchi dei cambiamonete e gettò a terra il denaro[44]. Ai venditori di colombe disse: «Portate via di qui queste cose e non fate della casa del Padre mio un mercato!» (*Gv* 2,16). Nei primi due Vangeli canonici non è menzionata la frusta, e nemmeno i buoi

---

41. Cfr Tacitus, *Annalium* 15, 44-45; Dio Cassius, *Historia Romana* 67, 14; W. H. C. Frend, *Martyrdom and Persecution in the Early Church. A Study of a Conflict from the Maccabees to Donatus*, Garden City-New York, Doubleday & Company, 1967, 113-154; B. Witherington, *New Testament History. A Narrative Account*, Grand Rapids, Baker, 2001, 390-394.

42. Cfr *2 Sam* 7,1-16; *1 Re* 8,14-21.30-40; *Sal* 132.

43. Cfr P. Di Luccio, «Embarazos en la Biblia hebrea y en el Nuevo Testamento», in *Sal Terrae* 98 (2010) 859-869.

44. Per pagare la tassa annuale del sacrificio quotidiano (*tamíd*) nel Tempio di Gerusalemme non si utilizzavano monete romane – sulle quali era impressa l'immagine dell'imperatore – ma un'antica valuta di Tiro. Per il cambio della moneta, il 25 di Adàr (febbraio-marzo) nell'atrio dei gentili venivano installati i banchi dei cambiavalute (cfr m Shek 1, 3).

e le pecore. Gesù rovesciò i tavoli dei cambiamonete e le sedie dei venditori di colombe, e cacciò tutti quelli che nel Tempio vendevano e compravano (cfr *Mt* 21,12). Marco aggiunge che «non permetteva che si trasportassero cose attraverso il Tempio» (*Mc* 11,16). Il Vangelo di Luca dice soltanto che Gesù cacciò quelli che vendevano (cfr *Lc* 19,45)[45]. Per i Sinottici, inoltre, la «purificazione» ebbe luogo dopo l'ingresso di Gesù a Gerusalemme, verso la fine del suo ministero pubblico. Nel Vangelo di Giovanni l'episodio della «purificazione» coincide con una celebrazione della Pasqua ebraica, ma si trova all'inizio del ministero di Gesù. In tale occasione, per il quarto Vangelo canonico, Gesù parlò anche della distruzione del luogo santo. Ma non citò la profezia di Geremia, come dicono invece i Vangeli sinottici. D'altra parte, nei Vangeli di Matteo e di Marco la profezia sulla sorte del Tempio – intesa come una minaccia – fa parte delle accuse a Gesù durante il processo ed è ripetuta al momento della crocifissione[46], ma non è menzionata nell'episodio della «purificazione».

In questi due Vangeli, e anche in quello di Luca, Gesù profetizzò la distruzione del Tempio dopo la «purificazione», in un discorso apocalittico che tenne prima dell'inizio della sua Passione, rispondendo ai commenti sulle belle pietre che adornavano il luogo santo, probabilmente un riferimento ai lavori avviati da Erode il Grande[47]. Le parole che seguono la profezia della distruzione del Tempio – prima quelle sulle guerre e le rivoluzioni, e poi quelle sulle persecuzioni dei discepoli – fanno parte dello stesso discorso e prolungano la descrizione della sorte del luogo santo. Dopo aver

45. Per I. Buse, «The Cleansing of the Temple in the Synoptics and in John», in *The Expository Times* 70 (1958) 22-24, le differenze e le somiglianze del racconto della «puri ficazione» si spiegano supponendo che i Sinottici e Giovanni dipendano da una stessa fonte, più antica della redazione dei Vangeli.

46. Cfr *Mt* 26,61; *Mc* 14,58; e *Mt* 27,40; *Mc* 15,29; *At* 6,14. In *Mc* 14,58 Gesù è accusato di voler distruggere il Tempio «fatto da mani d'uomo» e costruirne in tre giorni «un altro, non fatto da mani d'uomo».

47. Cfr *Mt* 24,1-2; *Mc* 13,1-4; *Lc* 21,5-6; AG 15, 380; 20, 219. Per G. Theissen, *The Gospels in Context*, cit., 151-165, la composizione della tradizione del discorso apocalittico in Mc 13 risale alla guerra tra Erode Antipa e il re dei nabatei Areta IV nel 35/36 d. C. (cfr AG 18, 111-112), e alla crisi provocata dall'ordine di Caligola a Petronio nel 39/40 d. C. di erigergli una statua nel Tempio di Gerusalemme.

parlato delle dimensioni ampie della tragica rovina del Tempio con guerre, calamità e segni straordinari nel cielo, Gesù profetizza situazioni drammatiche anche per le relazioni più intime e familiari dei discepoli, e nel Vangelo di Luca menziona esplicitamente Gerusalemme[48]. In questo modo, probabilmente, Gesù parla della distruzione del Tempio e della rovina di Gerusalemme spiegando ciò che riguarda tutti[49]. Quasi certamente nei Vangeli sinottici Gesù parla della rovina del Tempio spiegando ciò che riguarda lui stesso, così come sono interpretate le sue parole in *Gv* 2,19-21.

La distruzione del Tempio e la resurrezione di Gesù

Con l'episodio della «purificazione» il quarto Vangelo, a differenza dei Sinottici, mette chiaramente in relazione la sorte del Tempio e quella del corpo di Gesù. L'evangelista specifica che quando Gesù disse: «Distruggete questo tempio e in tre giorni lo farò risorgere», parlava «del tempio del suo corpo»[50]. Questo di per sé può voler dire che non parlava della distruzione del Tempio. Ma può anche voler dire che ne parlava, riferendosi alla sorte del suo corpo. In quest'ultimo caso, la profezia della distruzione del «secondo» Tempio contiene l'annuncio di una novità, la quale, con tutta la drammaticità che comporta, dovrebbe essere intesa come un evento salvifico, perché è collegata da Gesù alla sua stessa sorte. Forse proprio per sottolineare la novità significata dai gesti e dalle parole di Gesù, nell'episodio della «purificazione» del quarto Vangelo non ci sono riferimenti alla profezia di Geremia e c'è invece una menzione del futuro escatologico del Tempio e di Gerusalemme[51]. Così

48. Cfr *Lc* 21,20-24.

49. Gerusalemme nella Bibbia ebraica è la patria di tutti (cfr *Sal* 87,5).

50. Cfr *Gv* 2,19-22. Per il quarto Vangelo, assistendo alla «purificazione del Tempio» i discepoli di Gesù si ricordarono le parole del *Sal* 69,10 che si conclude parlando della ricostruzione di Giuda, della salvezza di Sion e dei suoi futuri abitanti (cfr vv. 36-37).

51. All'epoca di Gesù tra le attese escatologiche c'era anche quella di un nuovo Tempio (cfr 1 En 53,6; 90,28-30; 91,13; Giub 1,17; 11QTemple; Sib Or 5, 425. Cfr anche *Ez* 40-44; Ag 2,7 s; *Zc* 2,5-9; *Tb* 14,5). Nei documenti di Qumran la comunità degli esseni è paragonata all'edificio del nuovo Tempio (cfr 1QS 5, 5s; 8, 7-10; 1QH 7, 7-9). In *1 Cor* 3,16-17; 6,19; 2 Cor 6,16 il nuovo Tempio sono i discepoli di Gesù. In *Ap* 21,22 «il Signore Dio, l'Onnipotente, e l'Agnello» sono il Tempio della

l'evangelista potrebbe indicare che la futura sorte del Tempio non avrebbe avuto paragoni con la storia passata.

Nei Vangeli Sinottici la profezia della sorte del Tempio non coincide con le parole e coi gesti di Gesù nel luogo santo. La menzione delle parole di Geremia da parte di Gesù non è però una semplice «ripetizione» della profezia. Anche nei Sinottici il gesto di Gesù nel Tempio, se considerato insieme alle parole sulla sorte del luogo santo, non esprime soltanto una critica ai sacerdoti e ai responsabili del servizio liturgico, ma pure una profezia sulla sorte del servizio liturgico e del Tempio[52]. Matteo e Marco riferiscono l'accusa della distruzione del Tempio sotto la croce di Gesù, e così forse collegano – in una maniera meno esplicita di Giovanni – la sorte di Gesù a quella del Tempio. I due primi Vangeli canonici, poi, con quello di Luca presentano la catastrofe apocalittica che accompagna la rovina del Tempio come il momento della rivelazione del «Figlio dell'Uomo»[53], e dicono che quando Gesù morì il velo del Tempio si squarciò in due[54]. Forse questo è un altro modo per presentare la novità della sorte del Tempio in relazione a quella di Gesù. In ogni caso, soltanto il Vangelo di Giovanni collega esplicitamente la sorte del Tempio a quella del «corpo» di Gesù – e non solamente alla sua morte e resurrezione – indicando che per le comunità del quarto Vangelo canonico la sorte del corpo di Gesù avrebbe comportato una novità anche per l'istituzione del Tempio[55]. Per questa ragio-

nuova Gerusalemme. Cfr T. Wardle, *The Jerusalem Temple and Early Christian Identity*, Tübingen, Mohr Siebeck, 2010, 206-226.

52. Per E. P. Sanders, *Jesus and Judaism*, London, Scm, 1985, 61-76, i gesti di Gesù furono una dimostrazione profetica della futura distruzione del Tempio. Per C. A. Evans, «Jesus' Action in the Temple: Cleansing or Portent of Destruction?», in *The Catholic Biblical Quarterly* 51 (1989) 237-270, i gesti di Gesù esprimevano una critica nei confronti della corruzione della classe sacerdotale che officiava nel Tempio.

53. Cfr *Mt* 24,29-30; *Mc* 13,24-26; *Lc* 21,25-28 con *Dn* 7,13-14.

54. Cfr *Mt* 27,51; *Mc* 15,38; *Lc* 23,45.

55. Il «lettore implicito» del quarto Vangelo è condotto a vedere nella presenza del Signore risorto il Tempio che non sarà mai distrutto, secondo l'esperienza fatta dai membri della comunità di Giovanni. Cfr F. J. Moloney, «Reading John 2:13-22: The Purification of the Temple», in *Revue Biblique* 97 (1990) 432-452. Nel quarto Vangelo Gesù stesso spiega la sorte del Tempio nella conversazione con la samaritana (cfr *Gv* 4,21-23) e in altre occasioni (cfr *Gv* 1,51), soprattutto durante la festa delle Capanne e quella della Dedicazione. Cfr *Gv* 7-10; M. L. Coloe, *God*

ne, probabilmente, il collegamento tra la sorte del Tempio e quella del corpo di Gesù nel Vangelo di Giovanni è più esplicita che nei Vangeli Sinottici. E per questa stessa ragione, forse, nell'episodio della «purificazione» del Tempio il quarto Vangelo menziona una profezia che rimanda al futuro escatologico del luogo santo invece che alla sua distruzione.

Riepilogo e conclusione

Quando i Vangeli canonici riferiscono l'episodio della «purificazione» del Tempio menzionano le citazioni delle profezie con cui Gesù spiegò il suo gesto, e così presentano la comprensione che egli ebbe della sorte di Gerusalemme e del luogo santo. Le parole di Gesù sulla sorte del Tempio – che nei Sinottici sono presentate in un discorso apocalittico e nel Vangelo di Giovanni sono incluse nell'episodio della «purificazione» – non devono essere viste come *vaticinia ex eventu*, cioè opera dei suoi discepoli dopo che i fatti accaddero. All'inizio del primo secolo d. C. erano in corso eventi nei quali Gesù potrebbe aver previsto la sorte futura di Gerusalemme e del luogo santo. Anche nei primi decenni dopo la morte e resurrezione di Gesù la storia della Giudea assomigliava – per certi aspetti politici e per la «ripetizione» di alcuni avvenimenti – a quella passata, compresa la storia del regno di Giuda nel VI secolo a. C. Grazie all'esperienza di Pasqua, i fatti tragici del 70 d. C. furono spiegati nelle redazioni dei Vangeli canonici come la realizzazione delle profezie ripetute da Gesù, con la novità che, secondo l'esperienza di fede dei discepoli, comportava la «ripetizione» della sua sorte[56]. Nell'episodio della distruzione del Tempio, negli eventi che lo precedettero e in quelli seguenti, i discepoli non videro una semplice ripetizione di fatti già accaduti e nemmeno la semplice realizzazione di cose predette. La resurrezione di Gesù era stata per i discepoli un'esperienza nuova e «diversa» – com'è indicato, ad esem-

---

Dwells with Us. Temple Symbolism in the Fourth Gospel, Collegeville, The Liturgical Press, 2001, 115-155.

56. Per alcuni critici del Nuovo Testamento la redazione del Vangelo di Marco è anteriore al 70 d. C. Cfr J. G. CROSSLEY, *The Date of Mark's Gospel. Insight for the Law in Earliest Christianity*, London - New York, T&T Clark, 2004, 1-3.

pio, dall'aspetto del Risorto in *Lc* 24,13-35 e *Gv* 20,11-18 – e aveva cambiato la loro vita, determinando il modo con cui compresero i fatti della storia nei quali erano coinvolti. Con l'esperienza della Pasqua di Gesù impararono a riconoscere la novità del Risorto[57], e la «ripetizione» della sorte del suo corpo nella loro vita, per esempio durante le persecuzioni[58]. Perciò, in modi diversi, le redazioni dei Vangeli possono presentare la novità contenuta nella «ripetizione» della profezia di Gesù e, in modi diversi, possono spiegare l'episodio tragico della distruzione del Tempio come un evento misteriosamente salvifico, per tutti e non solamente per Gerusalemme e i suoi abitanti[59].

57. Cfr *Lc* 24,36-43; *Gv* 20,19-29.

58. Cfr *At* 12.

59. Cfr *Mt* 28,19-20; *At* 1,8. Nel quarto Vangelo, Caifa profetizza che Gesù morirà «per la nazione, e non soltanto per la nazione ma anche per riunire insieme i figli di Dio che sono dispersi». *Gv* 11,51-52.

CHIESE DI GERUSALEMME
E ALTRI LUOGHI SANTI

Pino Di Luccio S.I.

Il luogo della crocifissione di Gesù si chiamava *Gòlgota*, un termine aramaico che nella forma corretta dovrebbe essere *Gulgùlta* o *Gulgàlta*, e significa «[luogo del] cranio», in latino *Calvariae (locus)*[1]. Il luogo era fuori dalle mura di Gerusalemme[2], vicino a un giardino dove si trovava la tomba, nuova e scavata nella roccia, nella quale fu sepolto Gesù[3]. Nella prima metà del IV secolo d.C. il «Calvario» e la tomba di Gesù furono identificati nel settore nord-occidentale di Gerusalemme, in una zona che era servita per cave e sepolture. Qui, tra il 326 e il 335 d.C., quando Macario era vescovo di Gerusalemme, l'imperatore Costantino fece costruire la basilica del Santo Sepolcro. Anche oggi, come nel IV secolo d.C., la basilica è dentro le mura della città. Le mura odierne di Gerusalemme furono, però, fatte costruire cinque secoli fa da Solimano il Magnifico e non includono tutta l'area della città dell'epoca bizantina[4].

Chiese e mura di Gerusalemme

A Gerusalemme, in epoca bizantina, furono costruite molte chiese, il cui ricordo si conserva grazie a riparazioni e a ricostru-

1.   Cfr *Mt* 27,33; *Mc* 15,22; *Lc* 23,33; *Gv* 19,17.
2.   Cfr *Mc* 15,20; *Gv* 19,20; *Eb* 13,12.
3.   Cfr *Mc* 15,46; *Gv* 19,41.
4.   Cfr J. Murphy-O'Connor, *La terra santa*, Bologna, Edb, 1997, 20. Prima della distruzione del Tempio (70 d.C.), il Calvario e la tomba di Gesù erano stati inclusi dentro le nuove mura della città fatte costruire da Erode Agrippa I. In questo stesso luogo, dopo il 135 d.C., l'imperatore Adriano edificò un tempio capitolino e un tempio a Venere. Cfr Eusebius, *Vita Constantini* 3, 26; J. Murphy-O'Connor, «The Argument for the Holy Sepulchre», in *Revue Biblique* 117 (2010) 55-91. La chiesa del Santo Sepolcro, che in origine era molto più grande di quella odierna, nel corso dei secoli è stata distrutta e ricostruita, danneggiata e riparata. Cfr Id., *La terra santa*, cit., 54-62.

© La Civiltà Cattolica 2014 II 249-262 | 3933 (3 maggio 2014)

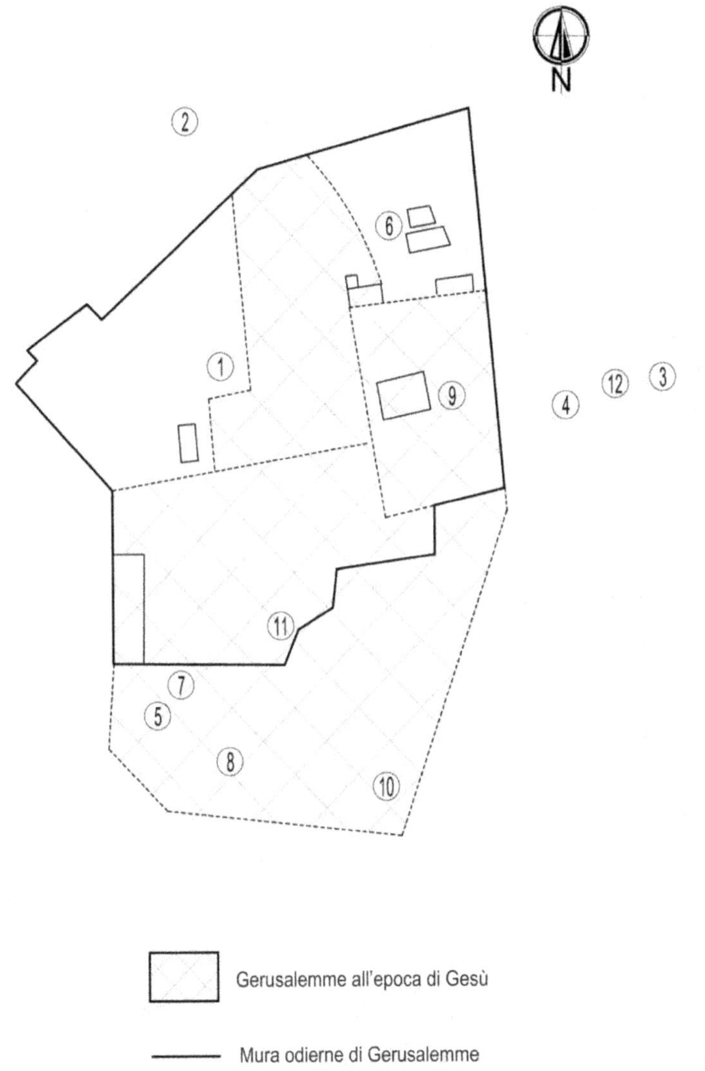

Gerusalemme all'epoca di Gesù

Mura odierne di Gerusalemme

1	Golgota - Santo Sepolcro (Martyrium e Anastasis)	7	Casa di Caifa (?)
2	Chiesa di Santo Stefano	8	San Pietro in Gallicantu
3	Monte degli Ulivi - Eleona e Imbomon (Pater Noster)	9	Spianata del Tempio e Santuario
4	Getsemani - Chiesa delle Nazioni	10	Piscina di Siloe
5	Santa Sion - Dormizione di Maria (Cenacolo)	11	Nea
6	Piscina Probatica	12	Dominus Flevit

zioni fatte agli edifici nel corso dei secoli, e grazie a testimonianze letterarie e archeologiche. Anche alcune opere d'arte testimoniano l'esistenza e l'ubicazione delle chiese e degli antichi memoriali dei Luoghi Santi di Gerusalemme. Le chiese della Gerusalemme di epoca bizantina, per esempio, sono rappresentate in un mosaico della seconda metà del VI secolo d.C. scoperto nel 1884 sul pavimento della chiesa di San Giorgio, a Màdaba, nei pressi del Monte Nebo[5]. Confrontando la mappa di Gerusalemme in questo mosaico con quella degli atlanti che riproducono il perimetro della città nel I secolo d.C. e nei secoli seguenti, si nota che i siti di alcune chiese incluse dentro le mura della città di epoca bizantina erano fuori dalle mura al tempo di Gesù. Altre chiese sono sempre state fuori dal perimetro delle mura della città: in epoca bizantina e medievale, e anche oggi. Infine, alcuni luoghi che erano dentro le mura della Gerusalemme dell'epoca di Gesù, oggi sono fuori dalle mura della città.

Il sito dove è stata costruita la basilica del Santo Sepolcro è dentro le mura odierne di Gerusalemme, ed era dentro le mura della città in epoca bizantina e medievale, ma era fuori dalle mura occidentali della città all'epoca di Gesù. Il luogo, fuori dalle mura settentrionali di Gerusalemme, dove all'inizio del secolo scorso è stata costruita la chiesa di Santo Stefano, sul sito in cui nel V secolo d.C. si trovava già una chiesa, probabilmente è sempre stato fuori dalle mura della città[6], come è il caso delle chiese al Monte degli Ulivi.

Qui, nel IV secolo d.C., sant'Elena, madre di Costantino, fece costruire la chiesa dell'*Eleòna* sulla grotta in cui, secondo la tradizione locale, Gesù aveva parlato del futuro di Gerusalemme e del Tempio[7]. Di questa chiesa oggi rimane la grotta, con i resti di qualche mosaico. Alle pendici occidentali del Monte degli Ulivi rimangono parti del mosaico di un'altra chiesa di epoca bizantina, che si

---

5. Cfr H. DONNER, *The Mosaic Map of Madaba. An Introductory Guide*, Kampen, Kok Pharos, 1992.

6. Cfr M. KÜCHLER, *Jerusalem. Ein Handbuch und Studienreiseführer zur Heiligen Stadt*, Göttingen, Vanderhoeck & Ruprecht, 2007, 978-985.

7. Cfr *Lc* 21,5-6 par. Il termine, Eleòna, è una forma aramaicizzata del greco *elaiòn*, che vuol dire «oliveto». In questo luogo, dall'epoca medievale si ricorda l'insegnamento del *Padre nostro*. Cfr M. KÜCHLER, *Jerusalem...*, cit., 852-873.

trovava nel luogo della moderna «Chiesa delle Nazioni», dove oggi si ricorda la preghiera di Gesù al Getsemani dopo l'Ultima Cena[8].

La chiesa moderna della «Dormizione» di Maria[9], sulla collina occidentale di Gerusalemme[10], oggi è fuori dalle mura meridionali della città, ma all'epoca di Gesù il luogo dove è costruita la chiesa era dentro le mura. La «Dormizione» risale all'inizio del secolo scorso ed è costruita solo in parte nell'area in cui, in epoca bizantina, si ergeva la «Santa Sion», e poi, in epoca medievale, la chiesa di «Santa Maria al Monte Sion». Secondo una tradizione della seconda metà del IV secolo d.C., qui si trovava Maria con i discepoli quando accaddero i fatti di Pentecoste[11].

In questo stesso luogo una tradizione ha identificato anche il Cenacolo, la stanza nella quale Gesù ha fatto l'Ultima Cena con i suoi discepoli. Il Cenacolo era parte della chiesa bizantina e di quella medievale; poi ha subìto varie trasformazioni, e oggi è separato dalla chiesa della «Dormizione» da una strada[12].

Nel VI secolo d.C., dentro le mura di Gerusalemme vi era un luogo dedicato alla memoria di Maria, presso la «piscina probatica», nella parte nord-orientale della città. In questo sito – che al tempo di Gesù era fuori dalle mura – in epoca medievale fu costruita la bella chiesa romanica di Sant'Anna, in cui si ricordava la nascita di Maria e la casa dei nonni materni di Gesù[13]. Poche decine di metri più a nord, nello stesso periodo era stata costruita un'altra chiesetta, di cui restano ancora le mura dell'abside, sulla diga che separa due piscine di epoca diversa.

8. Sul versante orientale del Monte degli Ulivi, alla fine del IV secolo d.C., una chiesa ricordava il luogo della risurrezione di Lazzaro (cfr *Gv* 11,1-2). La chiesa fu distrutta da un terremoto, ricostruita due secoli dopo e restaurata in epoca medievale. Cfr J. MURPHY-O'CONNOR, *La terra santa*, cit., 137 s.

9. Con la «Dormizione» di Maria (*Dormitio Mariae*) nella tradizione cristiana locale si intende la morte della madre di Gesù. Cfr M. KÜCHLER, *Jerusalem…*, cit., 619 s.

10. Gerusalemme è costruita su due colline. La collina occidentale è più alta di quella orientale, dove era la città che il re Davide conquistò (cfr *2 Sam* 5,5-12), e dove suo figlio Salomone costruì il Tempio (cfr *2 Cr* 3,1-2). Cfr J. MURPHY-O'CONNOR, «The Argument for the Holy Sepulchre», cit., 66.

11. Cfr *At* 2,1-2.

12. Cfr M. KÜCHLER, *Jerusalem…*, cit., 624 s.

13. Cfr *Protovangelo di Giacomo* 1-5.

Nel V secolo d.C., alla «piscina probatica», una chiesa molto più grande di quella costruita in epoca medievale sulla diga evocava il luogo di un miracolo compiuto da Gesù durante una festa ebraica[14]. Nel mosaico di Màdaba, la chiesa alla «piscina probatica» è riconoscibile più facilmente di altre chiese[15]. Per esempio, nella mappa di Màdaba si vede un edificio sulla collina occidentale, un poco a nord della «Santa Sion». Quell'edificio potrebbe ricordare il sito in cui, secondo una tradizione del VI secolo d.C., si trovava la casa di Caifa, e in cui Pietro aveva negato per tre volte di conoscere Gesù. La chiesa moderna di «San Pietro in Gallicantu» con una cripta sopra una grande grotta evoca questo episodio, ma identifica la casa di Caifa sulla parte bassa della collina occidentale, a sud della «Dormizione»[16].

Nei pressi della chiesa di «San Pietro in Gallicantu», un modello della Gerusalemme di epoca bizantina riproduce le chiese rappresentate nel mosaico di Màdaba. L'area dove sorgeva il Tempio è deserta, e a sud e a sud-ovest di essa si vedono due chiese. La prima, presso la piscina di Sìloe, commemorava la guarigione del cieco nato[17]. L'altra chiesa, «nuova» e molto grande, ricordava la dedicazione di Maria al Tempio[18], e si chiamava *Nea* (*ekklesìa tēs Theotòkou*). I resti di un'abside laterale di questa chiesa sono adiacenti alla parte interna delle mura odierne di Gerusalemme, a est della porta di Sion.

Il racconto di Egeria

Quando la pellegrina Egeria arrivò a Gerusalemme, nella seconda metà del IV secolo d.C., prese parte alle liturgie dei cristiani locali e visitò le chiese della città e quelle che all'epoca del suo pel-

14. Cfr *Gv* 5,1-2.

15. Per H. DONNER, *The Mosaic Map of Madaba*, cit., 88-94, nella mappa di Màdaba sono raffigurate anche le chiese di Santa Sofia, la chiesa al pinnacolo del Tempio e quella dei santi Cosma e Damiano. Non è raffigurata la chiesa dedicata a san Giovanni Battista, un poco più a sud del Santo Sepolcro, che per J. MURPHY-O'CONNOR, *La terra santa*, cit., 68, è la chiesa più antica di Gerusalemme.

16. L'edificio a sud della «Santa Sion», per H. DONNER, *The Mosaic Map of Madaba*, cit., 92, sarebbe il *Diaconicon* di questa chiesa.

17. Cfr *Gv* 9. La piscina di Sìloe all'epoca di Gesù era inclusa dentro le mura della città. Oggi il sito dove si trovava la piscina è fuori dalle mura.

18. Cfr *Protovangelo di Giacomo* 4,1; 7,1-3.

legrinaggio si trovavano fuori dalle mura. Descrivendo la liturgia del Giovedì santo, Egeria menziona il *Martyrium* e l'*Anastasis* nella basilica del Santo Sepolcro, e poi i Luoghi Santi al Monte degli Ulivi: l'*Eleòna*, l'*Imbòmon*, il *Getsémani* e una «chiesa elegante»[19]. Alcuni archeologi identificano quest'ultima chiesa con quella di epoca bizantina che si trovava dove è stata costruita la «Chiesa delle Nazioni», al *Getsémani*[20]. La «chiesa elegante» menzionata da Egeria però potrebbe essere stata anche a metà del monte, dov'è la chiesetta moderna a forma di lacrima del *Dominus flevit*[21], e dove sono stati trovati i resti di una chiesa e di un monastero di epoca bizantina.

Descrivendo i Luoghi Santi sulla riva nord-occidentale del lago di Galilea, Egeria menziona: *1)* Cafarnao; *2)* un po' più a sud, il prato con molte palme e sette fonti (*septem fontes*), dove si ricordava una moltiplicazione dei pani; *3)* lì vicino, la pietra sulla quale «il Signore mise il pane» (*Dominus panem posuit*), identificata con il luogo del dialogo di Gesù risorto con Pietro[22]; e *4)* la grotta alla quale «il Salvatore salì e disse le Beatitudini» (*spelunca in qua ascendens beatitudines dixit Salvator*)[23].

In tutti questi luoghi oggi ci sono chiese moderne. I cristiani locali e i pellegrini non si pongono molte domande sull'origine delle tre chiese moderne che, a distanza ravvicinata, commemorano il Discorso della Montagna, un'apparizione del Risorto e una moltiplicazione dei pani[24].

---

19. Cfr R. WEBER (ed.), *Corpus Christianorum. Series latina*, vol. CLXXV, Turnhout, Brepols, 1965, 78-80.

20. Nel sito della moderna «Chiesa delle Nazioni» sono state costruite due chiese più antiche: una in epoca medievale, e una in epoca bizantina. Quest'ultima aveva le stesse dimensioni della chiesa moderna. La grotta dell'arresto, nei pressi della «Chiesa delle Nazioni», è stata un luogo di pellegrinaggio dai tempi antichi. In questa grotta il *Breviarius de Hierosolyma* colloca il luogo dell'Ultima Cena. Cfr R. WEBER (ed.), *Corpus Christianorum*, cit., 111. La venerazione della tomba di Maria, vicino alla grotta dell'arresto, è posteriore all'epoca di Egeria e risale al VI secolo d.C.

21. Cfr *Lc* 19,41-44.

22. Cfr *Gv* 21.

23. Cfr R. WEBER (ed.), *Corpus Christianorum*, cit., 99.

24. Cfr J. MURPHY-O'CONNOR, *La terra santa*, cit., 427-431. Per altre chiese di questo periodo in Galilea, cfr W. TABBERNEE, «Material Evidence for Early Christian Groups during the First Two Centuries C.E.», in *Annali di Storia dell'Esegesi* 30 (2013) 298 s.

Anche a Cafarnao, pochi visitatori sono sorpresi dalla presenza di una grande sinagoga vicino alla chiesa moderna costruita sui resti di un'abitazione di epoca romana, che è identificata con la casa di Pietro[25]. Secondo i risultati degli scavi condotti in questo sito a partire dall'aprile del 1968 dai padri francescani, l'edificio costruito nel II secolo d.C. sopra la casa di Pietro è la *Domus-Ecclesia*, cioè la «Casa-Chiesa» di cui parla Egeria nel suo racconto di pellegrinaggio. Quando Egeria arrivò a Cafarnao, la casa di Pietro e l'area circostante erano state infatti recintate da un muro e trasformate in luogo di preghiera.

Pochi metri a nord della casa di Pietro, i padri francescani hanno ricostruito una grande sinagoga, che essi datano al IV o al V secolo d.C., e sotto la quale si trovano i resti di una sinagoga di epoca precedente, forse quella frequentata da Gesù. La sinagoga che oggi è visibile apparteneva a una comunità di ebrei o ai cristiani locali? Non è certo che una comunità ebraica locale abbia costruito un edificio così imponente nel luogo in cui si evocavano tanti miracoli e discorsi importanti di Gesù[26]. Si può supporre che la sinagoga sia un edificio cristiano? Quando Egeria descrive la *Domus-Ecclesia*, menziona anche la sinagoga, e anche a questo luogo riferisce i ricordi del ministero di Gesù. La descrizione di Egeria, però, non permette di concludere con certezza che si tratti, in entrambi i casi, di edifici cristiani[27].

La «Sinagoga bianca» di Cafarnao

L'edificio dell'attuale sinagoga di Cafarnao, orientato verso Gerusalemme, è costruito con grandi pietre calcaree bianche sopra almeno un'altra sinagoga, ed è composto da *1)* una grande sala di preghiera, alla quale si accede da tre ingressi sul lato meridionale; *2)* una balconata su questo lato; *3)* un cortile orientale; e *4)* una ca-

25. La «casa del principe degli apostoli», come la chiama Egeria, oggi la si può vedere anche dall'alto, attraverso un vetro situato al centro del pavimento della chiesa moderna.

26. Cfr *Mc* 1,21-34; *Gv* 6,26-59.

27. «A Cafarnao, inoltre, della *casa* del principe degli apostoli, le cui pareti stanno fino ad oggi così com'erano, è stata fatta una *chiesa*. Qui il Signore guarì il paralitico. Lì c'è anche la sinagoga nella quale il Signore ha guarito l'indemoniato e a cui si sale per molti gradini. Questa sinagoga è fatta di pietre squadrate» (traduzione libera da R. WEBER [ed.], *Corpus Christianorum*, cit., 98 s).

meretta con scalinate esterne sul lato nord–occidentale[28]. Durante gli scavi, avviati nel 1969, sotto il pavimento della sala di preghiera è stato ritrovato un muro di basalto.

Per p. Virgilio Corbo, questo muro appartiene alla sinagoga frequentata da Gesù[29]. Per p. Stanislao Loffreda – che collaborò con il p. Corbo alle campagne dei primi scavi archeologici e assunse la direzione degli scavi più recenti –, la conclusione della costruzione della «Sinagoga bianca» risale alla seconda metà del V secolo d.C. A quest'epoca è datata anche la chiesa ottagonale, che includeva la *Domus-Ecclesia*, e a cui fu poi aggiunto un battistero sul lato orientale[30].

Nei pressi della sinagoga non sono stati trovati bagni rituali (*miqwaòt*), i quali dimostrerebbero l'uso liturgico e giudaico dell'edificio, come è il caso delle altre sinagoghe dello stesso periodo in questa zona. Le pietre della «Sinagoga bianca», inoltre, si distinguono da quelle basaltiche scure delle abitazioni di Cafarnao e da quelle di altre sinagoghe della Galilea dello stesso periodo, e la fanno assomigliare a un Tempio.

Le belle decorazioni dell'edificio, che includono l'arca dell'Alleanza, la *Menorà* e i *Lulavìm* della festa di *Sukkòt*, indicano che la sinagoga contiene riferimenti al Tempio di Gerusalemme, come altre sinagoghe contemporanee della Galilea. Ma questi particolari non permettono di concludere con certezza che la «Sinagoga bianca» sia un edificio ebraico.

La sinagoga di Cafarnao potrebbe rappresentare il significato escatologico del Tempio nel discorso sul pane che Gesù aveva tenuto proprio in questo luogo[31]. Potrebbe essere, cioè, un memoriale al

28. Cfr S. LOFFREDA, *Cafarnao*, Jerusalem, FPP, 1995, 32-40.

29. Cfr V. CORBO, «Resti della sinagoga del I secolo a Cafarnao», in G. C. BOTTINI (ed.), *Studia Hierosolymitana III. Nell'Ottavo Centenario Francescano (1182-1982)*, Jerusalem, FPP, 1982, 313-357.

30. Cfr V. CORBO, «La casa di san Pietro a Cafarnao. Relazione preliminare della I campagna di scavi nell'area della basilica ottagonale bizantina: 16/4-19/6/1968», in *Liber Annuus* 18 (1968) 5-54; S. LOFFREDA, «The Synagogue of Capharnaum. Archaeological Evidence for its Late Chronology», in *Liber Annuus* 22 (1972) 5-29.

31. Cfr *Gv* 6,27-59. Per le menzioni della sinagoga di Cafarnao nei Vangeli, cfr *Mt* 4,13.23; 9,35; 12,9 (cfr *Mc* 3,1); *Mc* 1,21-29.39; 3,1; *Lc* 4,15.31-38; 6,6 (cfr *Mc* 3,1); 7,1-5; 8,41-42 (cfr *Mc* 5,21-22); *Gv* 6,59; 18,20.

pane «eucaristico», che mette il credente in comunione con Gesù, che, per il Vangelo di Giovanni, è il Tempio escatologico[32].

Non è chiara la funzione che avrebbe svolto il cortile orientale, se la sinagoga di Cafarnao fosse un edificio cristiano. Ma, dato che non ci sono testimonianze evidenti a favore dell'uso liturgico e giudaico dell'edificio; dato che la sinagoga contiene molti riferimenti al Tempio di Gerusalemme; e dato che conserva il ricordo di un discorso eucaristico che riguarda anche la sorte futura del Tempio, è probabile che questa sinagoga sia un edificio cristiano. Essa, in questo caso, potrebbe essere stata costruita da una comunità di cristiani locali che avevano un particolare interesse per la teologia del Vangelo di Giovanni e anche per le sinagoghe e per la simbologia del Tempio.

Lo scopo della costruzione dell'edificio potrebbe essere stato quello di commemorare il luogo del discorso di Gesù sul «pane della vita» e sul «pane vivo»[33]. Molti anni dopo la distruzione del Tempio di Gerusalemme e alcuni anni dopo il tentativo fallito di ricostruire il Tempio, all'epoca di Giuliano l'Apostata (363 d.C.)[34], i cristiani del luogo potrebbero aver costruito un monumento sulla sinagoga in cui Gesù aveva parlato di sé come «pane della vita», identificandosi con la Parola di Dio e con il Tempio escatologico.

Il Tempio e le case nel Vangelo di Marco

I termini che nel testo greco dei Vangeli designano il Tempio sono *naòs* (santuario), che si riferisce all'area sacra; *hieròn* (tempio), che indica tutta l'area circostante il luogo sacro; e *òikos* (casa), come a volte è chiamato il luogo santo anche nella Bibbia ebraica[35]. Il termine greco *òikos*

---

32. Cfr *Gv* 2,21; 6,48-58. Nella sinagoga di Cafarnao la carne e il sangue di Gesù sono identificati con il pane dal cielo; e nell'episodio della «purificazione» il corpo di Gesù è identificato con la sorte del Tempio. Cfr *Gv* 2,13-14; P. Di Luccio, «Pane, acqua e vestiti nella Bibbia ebraica, nella letteratura rabbinica e nel vangelo di Giovanni», in S. Khalil Samir – J. P. Monferrer-Sala (eds), *Graeco-latina et orientalia*, Beirut, Cedrac, 2013, 137-158.

33. Cfr *Gv* 6,35.48.51.59.

34. Cfr Ammianus Marcellinus, *Res gestae* XIII 1,2-3; P. Athanassiadi-Fowden, *Giuliano. Ultimo degli imperatori pagani*, Genova, Ecig, 1994.

35. Cfr *Mc* 2,26; 11,17 par.; *Is* 56,7; *Gv* 2,16; *2 Sam* 7,1-7; *2 Cr* 3,1. La casa designa il Tempio anche quando Gesù, parlando della sorte di Gerusalemme, dichiara: «La vostra casa (*òikos*) è lasciata a voi deserta» (cfr *Mt* 23,38; *Lc* 13,35).

nei Vangeli ricorre anche per indicare le case private che Gesù visitava durante il suo ministero. A questo proposito, nel testo greco dei Vangeli ricorre anche un altro termine: *oikìa*[36]. Con l'uso di questi due termini il Vangelo di Marco descrive un nuovo «ambito familiare» creato da Gesù tramite l'annuncio della venuta del Regno e tramite l'accoglienza della sua Parola. Questo ambito familiare, per il Vangelo di Marco, comporta una novità in riferimento al Tempio e alla «Casa» di Dio.

In *Mc* 1,29 Gesù esce dalla sinagoga di Cafarnao e, in compagnia di Giacomo e di Giovanni, entra nella casa (*oikìa*) di Pietro e di Andrea. Questa casa, che è anche un ambito familiare, diventa una comunità allargata di discepoli di Gesù, come la casa (*oikìa*) di Levi in *Mc* 2,15. Nella casa (*òikos*) di Pietro, poi, Gesù guarisce un paralitico, per dimostrare che ha autorità di rimettere i peccati[37]. La casa di Pietro diventa così non soltanto il luogo di una nuova familiarità creata da Gesù, ma assume anche una novità in riferimento al Tempio, che nel I secolo d.C. era il luogo designato, istituzionalmente, per la remissione dei peccati.

Nel Vangelo di Marco, la novità a proposito del Tempio è indicata anche dalla menzione degli spostamenti di Gesù e dall'ubicazione geografica delle case che visitava. Gesù prima porta il regno di Dio sulla sponda occidentale del lago di Galilea, nella casa di Pietro e nelle case dei «suoi»[38]; poi passa dall'altra parte del «mare» e va nella Decapoli, un territorio abitato da pagani[39]. Qui guarisce un indemoniato e lo rimanda a casa (*òikos*) sua[40]. Dopo il miracolo ritorna di nuovo sulla riva occidentale del lago ed entra nella casa (*òikos*) di Giàiro, capo di una sinagoga. Qui egli compie un altro miracolo, risuscitando la figlia del capo della sinagoga[41].

---

36. Il termine *òikos* designa: *1)* un'abitazione; *2)* la famiglia; *3)* i discendenti di una famiglia; *4)* le proprietà della casa. Il termine *oikìa* comporta uno dei primi due significati di *òikos*, o anche tutti e due i significati, o una posizione di mezzo tra i due significati (cfr *Mt* 10,12-13). Cfr W. F. ARNDT - F. W. GINGRICH, *A Greek-English Lexicon of the New Testament and Other Early Christian Literature*, Chicago - London, University Press, 1979, 556 s, 560 s.

37. Cfr *Mc* 2,1.11; cfr *Mt* 8; *Lc* 5.

38. *Mc* 2,1-2.

39. Cfr *Mc* 5,1-2.

40. Cfr *Mc* 5,19.

41. Cfr *Mc* 5,38-39.

In seguito Gesù si sposta di nuovo in territori pagani: va nella regione di Tiro, dove in una casa (*oikìa*) incontra la donna siro-fenicia che lo prega di guarire la figlia posseduta da uno spirito impuro; e si reca di nuovo nella Decàpoli, dove non vuole rimandare a casa (*òikos*) la folla senza averla sfamata[42]. Poi va di nuovo tra i «suoi»[43]: cammina per i villaggi istruendo i discepoli, insegna nelle case[44] e, prima di mettersi in cammino verso Gerusalemme, ritorna nella casa (*oikìa*) di Pietro[45].

Con il ministero di Gesù, per il Vangelo di Marco, il regno di Dio – celebrato in modo speciale nel Tempio di Gerusalemme – attraversa le zone abitate da ebrei, entra nelle loro case, e «sconfina» nelle regioni pagane[46].

La casa di Pietro e il Tempio

L'ingresso di Gesù a Gerusalemme, per il Vangelo di Marco, coincide con il suo ingresso nel Tempio (*hieròn*)[47]. Qui Gesù scaccia coloro che vendevano e che compravano. L'evangelista spiega questo episodio come una dimostrazione dell'estensione del luogo sacro (*naòs*) fuori dall'area del Santuario. Gesù infatti, per il Vangelo di Marco, non permette che si trasportino utensili (*skèuos*) nemmeno «attraverso il Tempio», designato con un termine, *hieròn*, che non è quello utilizzato per indicare l'area sacra del Santuario (*naòs*)[48].

---

42. Cfr *Mc* 7,24; 8,3.
43. Cfr *Mc* 8,10.22.
44. Cfr *Mc* 9,27-28; cfr *Lc* 9,37-38 e *Mt* 17,14-15.
45. Cfr *Mc* 10,1.32.46, e *Mc* 9,33. La casa (*oikìa*) nella quale Gesù entra quando è nella regione di Tiro (*Mc* 7,24) potrebbe essere proprietà di un gentile. Ma alla donna siro-fenicia che in questa casa gli chiede di guarire la figlia posseduta da uno spirito impuro Gesù fa capire di privilegiare le relazioni con i «figli».
46. Il Regno viene con l'ascolto e la pratica della parola di Dio. Cfr *Dt* 6,4-5; m *Ber* 2,2; *Targ Jon a Ez* 2,9-10; *Sifre Dt* 32,29, L. FINKELSTEIN (ed.), *Sifre on Deuteronomy*, Berlin - New York, Abteilung Verlag, 1939-1969, 372. Regno di Dio e Tempio sono identificati, per esempio, in *Targ Jon a Is* 31,4; *Mek Es* 15,17-21, cfr J. Z. LAUTERBACH (ed.), *Mekilta de-Rebbi Ishmael*, vol. II, Philadelphia, JPS, 1933, 79 s.
47. Cfr *Mc* 11,11; e *Mc* 11,15.27.
48. Cfr *Mc* 11,16; D. ZELLER, *Jesus – Logienquelle – Evangelien*, Stuttgart, Katholisches Bibelwerk, 2012, 269-272.

Prima di questo episodio, noto come «la purificazione del Tempio», il Vangelo di Marco aveva già dimostrato che con il ministero di Gesù la «Casa» di Dio non era più limitata all'area sacra del Santuario (*naòs*), e nemmeno dentro le mura di Gerusalemme.

Il luogo in cui dopo la «purificazione» del Tempio Gesù farà l'Ultima Cena con i suoi discepoli è una locanda (*katàlyma*), e una stanza situata al piano superiore (*anàgaion*) di un edificio di Gerusalemme[49]. Questo luogo, che la tradizione bizantina ha identificato con il Cenacolo, sulla collina occidentale della città, per il Vangelo di Marco non assume un significato speciale in relazione al futuro del Tempio, come lo assumono invece le parole di Gesù. Durante l'Ultima Cena, infatti, Gesù identifica il suo corpo con il significato del pane della Pasqua ebraica, che è la parola di Dio[50], e riferisce il significato del pane della Pasqua ebraica alla sorte del suo corpo e a quella del Tempio.

L'«estensione» e l'accessibilità del luogo più santo del Tempio (*naòs*), indicata dal racconto del particolare dello squarciamento del velo in *Mc* 15,37-38, e spiegata con la «purificazione» del Tempio e con le parole dell'Ultima Cena, è inclusa nel significato dei pasti consumati da Gesù, a volte nelle case di pubblicani e in compagnia dei peccatori[51]. Questi episodi sono stati associati alla pratica delle confraternite (*Chaburòt*) dei farisei, i quali si riunivano e mangiavano in stato di purità rituale per portare l'altare del Tempio sulle mense di tutto Israele. Così i farisei volevano rendere «popolare» la partecipazione alla santità del Tempio[52]. Può darsi che anche Gesù abbia seguito questa pratica, e può darsi che, prendendo i pasti nelle case di peccatori e di pubblicani, egli abbia voluto rendere ancora più inclusiva la partecipazione alla santità del Tempio[53].

---

49. Cfr *Mc* 14,13-14; cfr *Lc* 2,7. Nel Vangelo di Marco, dopo l'ingresso di Gesù a Gerusalemme, il termine *òikos* ricorre solo nell'episodio della «purificazione» e per designare il Tempio (cfr *Mc* 11,17). Il termine *oikìa* ricorre in *Mc* 12,40; 13,15.34.35 e per designare la casa di Simone «il lebbroso», in cui una donna unge con il profumo il capo di Gesù.

50. Cfr *Mc* 14,12.22; P. Di Luccio, «Tradizioni dell'Ultima Cena», in *Rassegna di Teologia* 54 (2013) 391-416.

51. Cfr *Mc* 2,15; *Lc* 15,2.

52. Cfr *m Ber* 6,6; 7,5; *Mc* 7,1-13.

53. Cfr *Mc* 2,13-17 par; 7,1-8; *Lc* 7,31-35.36-50; 14,12-14; 15,1; 19,1-10; J. Neusner, «The Fellowship (*Haburah*) in the Second Jewish Commonwealth», in *Harvard Theological Review* 53 (1960) 125-142.

Nel Vangelo di Marco, la menzione delle case, dei pasti di Gesù e dell'Ultima Cena è in relazione però soprattutto alle profezie escatologiche[54]. Gesù introduce il regno di Dio nelle case che visita, estende la santità del Tempio mangiando con i peccatori, e parla della sua morte, identificando, in una locanda di Gerusalemme, il suo corpo con il pane della Pasqua ebraica e con la sorte del Tempio, perché in questo modo egli interpreta e compie le profezie e le promesse escatologiche che sono contenute nella parola di Dio e che riguardano anche il futuro di Gerusalemme e del Tempio[55].

Per il Vangelo di Marco, il «Luogo santo» non è più delimitato dagli spazi del Tempio e dalle mura di Gerusalemme[56]. La casa in cui è inaugurata questa novità, che compie le profezie, è l'abitazione di Pietro, menzionata all'inizio del ministero pubblico di Gesù, prima dell'ingresso a Gerusalemme e nel Tempio, prima della «purificazione» della «Casa di Dio», prima dell'Ultima Cena in una locanda di Gerusalemme, e prima della crocifissione fuori dalle mura della città[57].

Prima della costruzione dell'edificio ottagonale sulla casa di Pietro, e prima della costruzione della «Sinagoga bianca» orientata verso Gerusalemme, le celebrazioni del ricordo dell'Ultima Cena nella *Domus-Ecclesia* di Cafarnao potrebbero aver evocato anche il significato della casa di Pietro in relazione al Tempio. La «Sinagoga bianca» di Cafarnao può essere perciò interpretata come una presentazione alternativa al significato escatologico del Tempio, rappresentato dalla casa di Pietro e celebrato in essa. Un edificio che fa riferimento al Tempio – anche prima della costruzione dell'edificio ottagonale sulla casa di Pietro – potrebbe aver voluto indicare che la sinagoga, e non la *Domus-Ecclesia*, è il luogo che ricorda il Tempio e le novità a proposito di Gerusalemme e del Tempio. La sinagoga

---

54. Cfr *Is* 25,6-12; C. BLOMBERG, «Jesus, Sinners, and Table Fellowship», in *Bulletin for Biblical Research* 19 (2009) 35-62.

55. Cfr *Is* 60–66; *Ger* 31,31-34; *Ez* 36,26-27. Cfr anche *Zc* 6,9-14; 4Q174; *1 Cor* 3,16-17; 6,19; *Gal* 4,21-31; *Ap* 21,22-27.

56. La Lettera agli Ebrei e il Vangelo di Giovanni – anche con il discorso di Gesù nella sinagoga di Cafarnao – spiegano approfonditamente le ragioni per le quali il Tempio di Gerusalemme non delimita più il «Luogo santo». Cfr P. DI LUCCIO, «Pane, acqua e vestiti...», cit.

57. Cfr *Mc* 1,29; 9,33; 11,11.15; 14,14.

di Cafarnao, in questo caso, potrebbe essere proprietà di una comunità ebraica e potrebbe testimoniare le origini della storia e della teologia dei «luoghi santi» cristiani.

Conclusione

Le chiese di epoca bizantina a Gerusalemme e a sud di Cafarnao sono state costruite sui luoghi che evocano la vita di Gesù, la sua predicazione, i suoi miracoli e la sua morte e risurrezione. Anche gli edifici di Cafarnao commemorano la vita e il ministero di Gesù. La «Sinagoga bianca», riportata alla luce dagli scavi dei padri francescani nel villaggio arabo di Talhùm, identificato con Cafarnao – sulla sponda occidentale del lago di Galilea, 16 chilometri a nord di Tiberiade e 210 metri sotto il livello del mare –, contiene riferimenti al Tempio di Gerusalemme *1)* per le caratteristiche architettoniche che la contraddistinguono, e *2)* perché questo riferimento è riconoscibile nelle sinagoghe della stessa epoca in Galilea. La sinagoga di Cafarnao potrebbe essere una rappresentazione del Tempio di Gerusalemme *3)* per una comunità cristiana che, con la costruzione di questo edificio, avrebbe commemorato il significato del discorso di Gesù sul «pane vivo». La «Sinagoga bianca» potrebbe rappresentare il Tempio anche *4)* per una comunità ebraica in relazione, e in reazione, alla vicina *Domus-Ecclesia*, che richiamava, anche con le celebrazioni liturgiche, le profezie sul Tempio e su Gerusalemme fatte da Gesù. La «Sinagoga bianca» e la *Domus-Ecclesia* di Cafarnao, in entrambi i casi, conservano il ricordo del significato dei Luoghi Santi cristiani e della storia che è alle origini di questi luoghi[58].

58.   Non ci sono testimonianze di comunità giudeo-cristiane – o di buone relazioni tra le comunità cristiane e quelle ebraiche – in questa zona alla fine del IV secolo d.C. Tali testimonianze fornirebbero indicazioni per altre interpretazioni della «Sinagoga bianca» di Cafarnao. Quando sarà conclusa la pubblicazione delle raffigurazioni e delle decorazioni della sinagoga di Cafarnao, sarà possibile approfondire le ricerche sul significato della «Sinagoga bianca», e stabilire anche il significato delle somiglianze e delle differenze della sinagoga di Cafarnao con altre sinagoghe contemporanee della zona, inclusa quella del I secolo d.C. scoperta recentemente a Magdala.

LA CIVILTÀ CATTOLICA

RIVISTA QUINDICINALE DI CULTURA DELLA COMPAGNIA DI GESÙ, FONDATA NEL 1850

ABBONAMENTI

ITALIA

1 anno € 95,00; 2 anni € 160,00; 3 anni € 240,00

ZONA EURO

1 anno € 120,00; 2 anni € 210,00; 3 anni € 320,00

ALTRI PAESI

1 anno € 195,00; 2 anni € 330,00; 3 anni € 540,00

Puoi acquistare un quaderno (€ 9,00 per l'annata in corso, € 15,00 per gli arretrati), sottoscrivere o rinnovare l'abbonamento alla nostra rivista con carta di credito o prepagata, bonifico e PayPal.

direttamente sul sito:	laciviltacattolica.it
oppure tramite c/c postale:	n. 588004 intestato a La Civiltà Cattolica, via di Porta Pinciana, 1 00187 Roma
c/c bancario:	intestato al Collegio degli scrittori della Civiltà Cattolica IBAN IT 71 B 02008 05038 000003380976 BIC SWIFT: UNCRITMM

[IVA assolta dall'editore ai sensi dell'art. 74, 1° comma, lett. c), D.P.R. 633/1972 e successive modifiche]
Direzione, amministrazione e gestione della pubblicità: via di Porta Pinciana, 1 - 00187 Roma.
Telefoni: centralino (06) 69.79.201; fax (06) 69.79.20.22; abbonamenti (06) 69.79.20.50

www.ingramcontent.com/pod-product-compliance
Lightning Source LLC
Chambersburg PA
CBHW060044260726

48658CB00004B/1175